好妈妈不吼不叫教子方法

张卉研 编著

上册

哈爾濱工業大學出版社
HARBIN INSTITUTE OF TECHNOLOGY PRESS

图书在版编目 (CIP) 数据

好妈妈不吼不叫教子方法：全 2 册 / 张卉妍编著 .
-- 哈尔滨：哈尔滨工业大学出版社 ,2017. 10
ISBN 978-7-5603-6241-0
Ⅰ . ①好… Ⅱ . ①张… Ⅲ . ①家庭教育 Ⅳ .
① G78

中国版本图书馆 CIP 数据核字 (2016) 第 245665 号

策划编辑 常 雨
责任编辑 张凤涛
出版发行 哈尔滨工业大学出版社
社 址 哈尔滨市南岗区复华四道街 10 号 邮编 150006
传 真 0451-86414749
网 址 http:/ / hitpress. hit. edu. cn
印 刷 厂 三河市同力彩印有限公司
开 本 880mm × 1230mm 1/32 印张 12 字数 320 千字
版 次 2017 年 10 月第 1 版 2017 年 10 月第 1 次印刷
书 号 ISBN 978-7-5603-6241-0
定 价 59.00 元（全 2 册）

前 言

妈妈是朋友，妈妈是老师，妈妈是孩子的引路人。天下所有的妈妈都有望子成龙、望女成凤的强烈愿望，都希望自己的孩子能学有所成，成就一番属于自己的事业。这种美好的愿望是否能够实现，很大程度上取决于妈妈是如何教导孩子的。那么如何教育孩子，才能达到事半功倍的效果呢?

几乎所有的妈妈都有这样的经历：当小孩子做出一些不听话、很淘气的事时，便会不知不觉地情绪失控，失去耐心，过分训斥孩子。一番大吼大叫之后，孩子好像暂时被震住了，不闹了，变乖了。可事实上，孩子在心里对妈妈的管教未必真的服气。如果妈妈长期用这样的方式去教育孩子，非但不会使孩子走上成才之路，反而会使他产生逆反心理，或者给他带来恐惧感和不安全感，对于他的成长和发展没有任何好处。因此，我们要摒弃吼叫的教育方式，态度要温和一些，要心平气和地与孩子进行沟通，给予他正确的引导和培养。

时代在变，观念也在更新，父母管教孩子的方法当然也不可能不变通。有效的教育应该是以身作则，不吼不叫，举止淡定，率先垂范。教育孩子时，妈妈不吼不叫，才会有更多的教育智慧。不吼不叫，会给妈妈们一个提醒，一种警示；不吼不叫，容易培养融洽的母子关系；不吼不叫，家庭关系会更加和谐；不吼不叫，妈妈更轻松；不吼不叫，孩子更优秀……不吼不叫才是孩子眼中的好妈妈，孩子才会主动向你敞开心扉，你才会赢得他的信任和尊重。只有走进孩子的心里，你才能在应对孩子的问题时游刃有余，才能教育好你的孩子。

有的妈妈可能会问："面对调皮捣蛋的孩子，我们也可以不吼不叫吗？"当然可以，而且是必须的。不吼不叫，照样能培养出优秀的孩子。这是因为，当一位妈妈情绪稳定时，她的决定是理智的，她所说的每一句话、所做的每一件事情、所传递出的每一个眼神，都是经过深思熟虑的，都能够经得起孩子的"检验"，孩子自然就会信服。

不吼不叫，不仅是一种教育智慧，也是一种教育艺术，更是一种人性化的教育理念。同时，这种教育方式也是对孩子的一种尊重与鼓励。这样，孩子在妈妈那里感受到的就是温暖，就是积极、正面的期许，他就会变得有自信，就会有解决问题、战胜困难的勇气和力量。对于孩子来说，妈妈对他进行理智的、没有吼叫的教育，他是很容易接受的；而对他大吼大叫，甚至大打出手的教育方式，会使他产生逆反心理，也不会认真去改正自己的过失。所以说，妈妈温和些、讲理些，效果要比吼叫强很多倍。以尊重的态度让孩子自己负责，才能培养孩子独立而理性的人格；以激励、赏识和引导的方法教育孩子，才能教出成功的孩子。

有这样一句非常有哲理的话："掌控情绪，才能掌握未来。"在教育孩子的问题上，其实也是一样的道理。本书从如何走进孩子的内心，怎样培养孩子的独立性、责任感、情商、财商、沟通能力，如何帮助孩子平稳度过青春期等方面，结合生动而真实的案例，全面总结了好妈妈不吼不叫教育孩子的各种方法。做妈妈的一旦懂得了"不吼不叫"的教育精髓，学会控制自己的情绪，不喊不叫缓和紧张气氛，就能读懂孩子的心理，让孩子自觉做出改变；一旦把这些方法付诸行动，就能轻松地让孩子健康、快乐地成长，从而成为聪明、上进、负责、优秀的人。

上篇
好妈妈不吼不叫
——运用现代教育智慧

言传身教，做孩子人生路上的好榜样

把“不吼不叫教育孩子”当作一种使命…………………… 2

一个不吼不叫的妈妈胜过 10 个好老师 ………………… 5

妈妈以身作则，孩子“不令而行” ……………………… 8

给孩子温馨和谐的家庭氛围………………………… 12

多读一些教育类书籍，提升素养…………………… 16

教育孩子要有一致、持续的意见…………………… 18

好妈妈用爱的语言使孩子幸福……………………… 24

好妈妈要谨慎对待陪读问题………………………… 26

身教胜于言传，用榜样的力量带动孩子…………… 30

第2章 尊重孩子，学会倾听，跨越代沟与孩子做朋友

尊重孩子，孩子才可能获得自尊…………………… 34

尊重孩子的兴趣和爱好…………………… 37

尊重孩子的自主性…………………… 39

尊重孩子的隐私…………………… 43

与孩子交流时应当少说多听…………………… 46

认真倾听，解开孩子的心结…………………… 48

父母请注意，不要以责备的语气提问…………………… 52

在发表自己的观点前给孩子说话的机会…………………… 55

提供选择，让孩子感到平等…………………… 58

[redacted] 谨慎处理，帮助孩子平稳度过青春期

正确对待叛逆的青春期孩子…………………… 62

给青春期孩子一个自由的空间…………………… 65

父母是孩子最早的生理老师…………………… 68

允许青春期孩子申辩，给他解释的权利…………………… 70

和早恋孩子讨论一下什么是爱情…………………… 72

对孩子进行青春期性教育…………………… 75

早恋不可怕，关键在转化…………………… 80

第4章 多些夸奖，少些批评，教育孩子要讲究策略

赞扬孩子的努力而不是聪明…………………… 83
及时赞扬孩子的每一个进步…………………… 86
要善于挖掘孩子身上的闪光点………………… 89
在别人面前赞扬孩子…………………………… 92
站在孩子的角度看待和处理问题……………… 95
眼睛不要只盯着孩子的考试分数……………… 97
包容孩子的过失，给责备加点糖衣…………… 98
批评孩子要“偷偷”地进行…………………… 101

第5章 培养情商财商要从小开始

培养孩子不急不躁的平和心态………………… 104
培养孩子用乐观的态度面对人生……………… 106
平衡孩子心态，让其明白知足常乐…………… 108
培养孩子逆境中也乐观的心态………………… 110
对孩子加强情商培养…………………………… 113
教孩子早日学会自我激励……………………… 116
教孩子控制冲动，延迟满足…………………… 119
培养并引导孩子的好胜心……………………… 121
教孩子遇到突发事件时镇定自若……………… 124

教会孩子控制不良的情绪…… 126
教孩子掌握应对挫折的方法…… 130
帮孩子纠正嫉妒心理…… 134
给孩子“金山”不如给他“点金术”…… 137
培养孩子正确的消费观…… 139
让孩子自己处理压岁钱，但是妈妈要当顾问…… 142
把节俭的美德留给孩子，而不是留下财富…… 144

戒掉坏习惯，养成好习惯

迷恋电视，一回家就打开电视机…… 149
粗心马虎，大错误不犯小错误不断…… 152
脾气暴躁，什么话都听不进去…… 156
赖床不起，任由父母火冒三丈…… 160
很不听话，总找理由为自己辩护…… 163
不讲卫生，总是把房间弄得乱七八糟…… 166
不让孩子沉迷于网络…… 168
纠正孩子的攻击行为…… 171
孩子偷拿别人的东西怎么办…… 174
选择适合孩子的体育锻炼方式…… 176
让孩子养成正确的饮食习惯…… 178

下篇
好妈妈不吼不叫
——培养杰出孩子

第 1 章 和谐家庭，给孩子创造良好的成长环境

家庭布置以保持整洁为原则…………………………… 182

创造健康的生活环境………………………………… 184

与孩子共同保持良好的生活环境…………………… 189

培养孩子的主人翁意识……………………………… 191

让孩子在家庭中享有平等的权利…………………… 193

从生活细节上关爱孩子的成长……………………… 188

做孩子永远的支持者………………………………… 202

对孩子适当妥协……………………………………… 207

爱孩子，也教会孩子付出爱………………………… 211

制订规范孩子行为的家规…………………………… 214

第 2 章 良好的品德和性格，让孩子一生绽放光彩

培养孩子的孝心，这是做人的根本…… 219

教孩子懂得每天反省自己，不断进步…… 223

意志力决定孩子的路能走多远…… 226

可以接受好意，但要说声“谢谢”…… 229

教育孩子从宽容中得到快乐…… 232

懂得乐观，才能拥有永久的幸福…… 236

要让孩子成为一个有教育的人…… 239

孩子缺乏诚实的品质，妈妈该怎么办…… 242

教育的关键就是培养孩子的好性格…… 245

顽强和执着是搏击风雨的盾牌…… 248

从容果断能谋大事…… 251

天真活泼的孩子人见人爱…… 255

第 3 章 有责任，勇于承担的孩子最优秀

让孩子学会对自己的事情负责…… 260

孩子学会道歉，是学会承担责任的一种表现…… 264

把价值观纳入到责任感教育中来…… 267

帮孩子丢掉依赖，是培养孩子责任意识的开始…… 270

不让孩子为自己的错误找各种借口…… 272

孩子的责任感一定要从小培养…………………… 276

第4章 要“狠”心，让孩子学会独立自主

放手，让孩子打理自己的生活…………………… 282
多给孩子一些信任与理解………………………… 285
鼓励并充分尊重孩子发表自己的见解…………… 288
鼓励孩子积极与困难做斗争……………………… 291
把孩子当强者看，他就是强者…………………… 293
教孩子勇敢并不等于让他去冒险………………… 296
让孩子做一些力所能及的事……………………… 298
让孩子学会自己解决问题………………………… 301

第5章 让孩子天赋自由发展，体会学习的快乐

抓住孩子智能开发的关键期……………………… 305
怎样尽早发现孩子的天赋………………………… 307
怎样对孩子进行早期智力开发…………………… 309
打破思维定式容易成功…………………………… 312
怎样提高孩子的判断能力………………………… 316
教孩子学会自学，提高孩子的学习效率………… 318
鼓励孩子多动脑筋，学会独立思考……………… 322

找到最适合孩子的黄金学习法…………………………… 326
用远大的理想激发孩子的学习热情………………………… 330
变孩子的“要我学习”为“我要学习”………………… 334

第6章 教孩子为人处世，做一个人见人爱的“小大人”

让孩子拥有健康的性格……………………………………… 338
懂得分享让孩子拥有好人缘………………………………… 342
宽容豁达让孩子拥有更广阔的天地………………………… 345
让孩子融入集体，收获来自群体的快乐…………………… 348
让孩子拥有良好的人际关系………………………………… 350
孩子的社交恐惧症病源在妈妈，药方也在妈妈………… 352
微笑是给孩子最好的礼物…………………………………… 356
未来的道路需要孩子自己开拓……………………………… 360
缺乏伙伴的童年，会对孩子的健康成长产生不良影响 363
在团队活动中培养孩子的信心和领导能力……………… 366
别让孩子输在诚信上………………………………………… 369

上篇

好妈妈不吼不叫——运用现代教育智慧

第1章

言传身教，做孩子人生路上的好榜样

把“不吼不叫教育孩子”当作一种使命

近些年来，家庭教育越来越倾向于和平处理，我们现在经常会听到的一个词——“零吼叫”，也就是说用不吼不叫的方法把孩子教育好。这个“ 零吼叫”的教育方式，和以往的教育方式不同，它强调的是妈妈们应该把教育孩子时的关键点放在如何安抚自己的焦虑情绪上，而不是用近似吼叫的方式达到控制孩子的目的。

作为妈妈，肯定会怀疑这种不吼不叫的教育方式能够起到更好的作用，它会胜过吼叫吗？只要能够起到教育孩子、警示孩子的作用，那么还何必一定要控制自己不吼叫呢？这种质疑是值得人们去思考的。

在教育孩子时，某个特定的时段，妈妈们的一声吼叫往往会比轻声细语管用，因此，有的妈妈开始怀疑这种“零吼叫”的教育方式。“零吼叫”或者说“不吼不叫”的教育方式到底有什么优点呢？我们为什么要把这种教育方式当作教育孩子的使命呢？这些都是现代妈妈们要思考和学习的，毕竟“使命”意味着无条件地承担，妈妈们有必要把“不吼不叫”的教育方式当成使命吗？

妈妈们可以静静地思考一下：为什么会在教育孩子的时候吼叫？一般又在什么情况下会吼叫？当然，随之而来的一个问题就是：在妈妈们吼叫完之后又会出现什么样的结果呢？

妈妈刚从菜市场买回来新鲜的鸡蛋，正打算放进冰箱，这个时候女儿跑了过来，然后趁妈妈不注意，拿起了一个鸡蛋，她只是好奇鸡蛋为什么会颜色不一样，有的颜色深有的颜色浅。此时此刻，妈妈看到了女儿的“大胆举动”，然后对女儿吼道：“哎呀，别拿鸡蛋，你会把鸡蛋打碎的。”女儿听到妈妈的吼叫，先是一惊，这一惊可不要紧，手中的鸡蛋一下子掉到了地上，随后女儿哭了起来，并哭着说道：“妈妈，以后我再也不碰鸡蛋了。”

看到这个简单的例子，妈妈们应该去思考一下：故事中的妈妈为什么会吼叫呢？是因为害怕女儿会一不小心打碎鸡蛋，还是不信任女儿，觉得女儿会闯祸，而如果下次遇到类似的情形，妈妈还会对女儿吼叫吗？答案是肯定的，因为吼叫起到了作用，虽然最后鸡蛋也打碎了，女儿也被吓哭了。

当然在生活中，妈妈们除了想制止孩子的行为之外，当孩子调皮地将妈妈们惹得暴跳如雷时，妈妈们会惯用大吼大叫的方式来表达自己当时的情绪，而此时的大声吼叫变成了妈妈们发泄自己情感的方式；当妈妈们苦口婆心地教导孩子，孩子却屡教不改时，她们自然还是会选择这种方式来教导孩子，因为她们觉得这是最好的办法，当然也是无奈之举。

由此可见，引发妈妈们大吼大叫的根源通常是孩子的所作所为完全不符合大人们的心意，激发了妈妈们内心的愤怒情绪，而妈妈们又急切地希望孩子能够服从指令、顺从教导，于是妈妈们就会音量增大了，语速加快了，面目也变得十分吓人了。

所以说在一般情况下，愤怒的情绪和想要控制孩子的想法，往往会使妈妈们不得不吼叫。久而久之，妈妈们便习惯用这种吼叫的方式来教育孩子，却忽略了孩子的反应和感受。孩子一般会有什么反应呢？

1. 行动服从，但是心不服

当我们对孩子吼叫的时候，孩子一般的表现是只会做出或服从或反抗的反应，有的时候妈妈的吼叫会吓到孩子，因此，孩子的情绪还会起伏。如果孩子服从了，妈妈会立刻尝到吼叫教育的“甜头”，在今后的生活中，会加大使用这种教育方式的力度和强度。但是妈妈却从来没有思考过，即便是孩子行为上服从了，他们的内心是否真正服从了呢？如果他口服心不服的话又该怎么办，等到他到了“忍无可忍”的那一天的时候，孩子往往会用更强烈的方式给妈妈以突然反击，以此来表达对妈妈的不满。到了那个时候，妈妈除了伤心难过之外，很难把孩子爆发的原因总结出来，更不会想到这是因为自己经常冲着孩子大吼大叫而造成的。

而且从此之后，妈妈往往也永远失去了能制服孩子的招数，不管自己怎么做，孩子似乎都不愿意听妈妈的教导了，此时此刻，孩子也就“名正言顺”地进入了逆反期。更为可怕的是，孩子此时的反叛情绪往往会伤及其他人，比如说亲人、朋友、同学等，从而成为别人眼中的“坏孩子”。

2. 心服了，性格却变得懦弱了

如果面对妈妈的大吼大叫，孩子心服口服地接受了，他往往会为了避免听到妈妈的再次吼叫，而战战兢兢地生活，什么事情也不敢去触碰。孩子不会主动去尝试新鲜的事物，更不会积极主动地去迎接挑战，他会害怕因为自己的积极主动而犯错或者是遭到妈妈的斥责，从而逐渐变得胆怯和懦弱，最后成长为一个懦弱、不敢承担责任的人。所以说，用吼叫的方式来教育孩子，往往会让孩子的性格走向极端，不是变成叛逆者就是成为生活中的懦夫，这也就是为什么我们要把“零吼叫”教育当作使命的根本原因。

孩子的成长道路需要他自己去走，妈妈不要因为自己的教育方式不正确而影响了孩子的成长，因此，妈妈要做的就是相信自己，相信“零吼叫”的教育方式，用善言柔语一样能够让孩子感受到自己的错误，也能够让孩子变得更优秀。

当然，这个学习和练习的过程也许需要花费很长的时间，也许妈妈有时真的无法控制住情绪做到不吼叫。但是，只要妈妈有这个意识，不断地去鼓励自己、激励孩子，那么吼叫的频率就会呈现下降趋势，孩子的性格也会逐渐变好。当然，随着妈妈教育方式的转变，孩子也会逐渐朝着积极的方向发展，总有一天，妈妈会发现这种教育方式让孩子变得更加优秀了。

一个不吼不叫的妈妈胜过 10 个好老师

“妈妈”和“老师”对于孩子而言都是十分重要的角色，不过无论老师多么重要，在孩子的思想中都无法替代妈妈。一个好妈妈的确可以胜过一个好老师，而不吼不叫的妈妈也会起到超过 10 个好老师的作用！

我们不是刻意地拿“妈妈”和“老师”进行比较，而是更强调好妈妈的重要性。因为孩子自呱呱坠地起到上幼儿园之前，“老师”这个名词对其来说是空白的，甚至是十分陌生的。但是，妈妈却一直陪伴在孩子身边，而在这段时间中，孩子虽然没有“老师”，但是依然在学习，学习的对象就是妈妈，妈妈的言行举止一直影响着他，感染着他。而等到孩子已经长大，开始进入学校的时候，孩子本身已经在妈妈的影响之下，形成了一定的思维模式和行为习惯，甚至对一些事物的发展已经有了固定的认识。从这个角度来讲，妈妈就是孩子人生中的第一任老师，而作为孩子的第一任老师，妈妈们要怎么去教导孩子呢？如果我们懂得用不吼不叫的方式教育孩子，孩子一定会对事物有一个很好的认识，对人对事也会有很好的心态。

在很多时候，妈妈们总是会毫不客气地把教育孩子的希望寄托在老师的身上。但是，对于老师来讲，其精力是很有限的，毕竟在班级中并非只有一个孩子，老师要在同一时间中照看好几十个孩子，要想达到更好的教育效果，必然也要依赖妈妈们的日常辅导。所以，与其希望孩子遇到10位好老师，妈妈们还不如让自己成为那个“以一当十”的不吼不叫的好妈妈。

另外，在孩子入学之后，他的生活除了学校就是家庭，可想而知，如果孩子在学校被老师刚训斥完，那么在孩子回到家之后，再面对妈妈的大吼大叫，他心里会是多么难受，这个时候孩子内心往往会有一种挫败感。如果这个时候老师能够柔声细语地给他讲道理，而妈妈却总是大吼大叫地斥责他，妈妈在孩子心目中的威信和地位自然而然会越来越低，他也会越来越不听妈妈的话，反而会听老师的话，这是一种很奇怪的现象，却很常见。所以说，孩子在受教育的过程中，一定要受到好妈妈的正确引导和教育。

1. 妈妈要善用温柔化解孩子的挫败感

小峰因为在学校和同学发生矛盾，并打了同学，被老师狠狠地训斥了一顿，可想而知，小峰的心里是多么难受。小峰一回到家中，细心的妈妈便看出了他的脸色不对，妈妈心里明白肯定发生了什么事情。于是，在妈妈的询问下，小峰把在学校和同学产生矛盾到打架的过程说了一遍。原来是因为同学玩他的小飞机，不小心将他的小飞机弄坏了，但是也不给他道歉，就这样一来二去，小峰就出手打了对方。

妈妈耐心地听了小峰的描述之后，不急不慢地对小峰说：“妈妈很理解小峰的心情，以后和同学玩玩具的时候注意一些，即便是对方做错了，儿子你也不要动手打对方，你可以将这件事情告诉老师，老师自然会帮助你们解决的。老师批评你了，证明你也有做错的地方，起码你不应该先动手打人，但是妈妈理解你，不怪你，别多想了，洗洗手去，今天妈妈给你买了你爱吃的水果，妈妈洗给你吃！”

孩子被老师批评之后，他回到家中，最需要的就是妈妈的安慰，即便是自己真的做错了，他也希望妈妈能够理解自己。如果此时我们因为孩子做错了事，仍然不放过孩子，喋喋不休地大声斥责孩子，他一定会感到十分无助和伤心，会因不被理解而更加难受。所以，此时此刻妈妈可以用自己温柔的语言来表达对孩子的理解，让孩子明白他错了，但是妈妈也会帮他化解在学校的遭遇。

2. 别让“吼叫”使妈妈丧失了威信

一天，小港兴高采烈地对妈妈说：“妈妈，我们学校今天组织为山区孩子募捐图书的活动，我把上个星期你给我买的两本书都捐了，老师还夸奖我了呢。”

妈妈听到小港这样说，就大吼道：“你把新买的两本书都捐了？你知不知道，那两本书花了好几十块钱呢，再说你可以捐旧书，干吗要把新书捐了，哪儿有你这么傻的孩子，你看谁像你一样把刚买不到两个星期的书捐了？你们老师当然会夸你，因为别人捐的都是不看的旧书。”

小港听妈妈这样一说，也大吼道：“没有，我们老师开始不让，后来知道我读完了他才同意的。我们班捐新书的还有好几个呢，再说我也把书看完了，这两本我看了两遍呢，人家还有捐 5 本的呢。”说完，小港转身跑开了。

小港的表现自然会赢得老师的夸奖，在了解小港的情况之后，支持他捐两本新书的老师是位好老师。可是妈妈的教育方式和老师形成了巨大的反差，这不得不让小港更喜欢老师，而远离妈妈了。

话说回来，即使小港没有看完就将两本书捐掉了，妈妈也应该用柔和的语言和孩子耐心地讲道理，告诉他这些书买得不容易，起码应该看完之后再捐献，这才有意义。用这种和气的方式教育孩子，他不但能听懂道理，而且会敬仰妈妈。如果妈妈们习惯了用吼叫的方式给孩子讲道理，孩子非但不会听进去，反而还会因为妈妈的态度过于恶劣而感觉生气，结果，妈妈的教育目的也是不会达到的，并且孩子会对妈妈的教育方式产生抵触心理。所以，孩子对妈妈产生了依赖感还是排斥感，完全取决于妈妈的教育方法和态度。

妈妈以身作则，孩子“不令而行”

俗话说得好：“妈妈是孩子的第一任老师”，妈妈对孩子的教育，足以影响孩子的一生，为人母亲者，着实不易。正人先正己，想要教育好孩子，就要以身示范，给孩子做一个好榜样，如果妈妈都不在乎自己的行为，那么还有什么资格来要求孩子做好呢？要知道，妈妈的行为在孩子的内心中占有很重的分量，如果妈妈起不到榜样的作用，那么孩子怎么还会做好呢？

家庭是最容易培养孩子习惯的大环境，妈妈的习惯会对孩子产生影响，不仅是指对孩子的行为产生影响，更为重要的是妈妈的习惯也会在潜移默化中对孩子的观念造成一定的影响，久而久之，会使孩子们养成某种特定的习惯。

丝丝的爸爸妈妈都是国家中央机关的工作人员，她于2008年以年级第一的成绩从美国斯坦福大学毕业，而后被哈佛大学工商管理学院录取。对于教育，丝丝的妈妈有着很独到的经验。

丝丝6岁的时候，她妈妈李梅女士的一位朋友遭遇了重大挫折，并打电话向李梅哭诉。李女士当时安慰道：“别哭了，擦擦眼泪，没什么事情是过不去的，问题总可以解决的。”这件很平常的事情过去了不久，丝丝的幼儿园老师对李女士说：“每次在幼儿园有小朋友哭闹着要回家的时候，丝丝就会主动走上去劝人家，说不要哭了，很快就能够回家了，你看马上就到星期五了，马上就可以回家见爸爸妈妈了。丝丝一边劝其他的小朋友，还一边给小朋友擦眼泪，做得有模有样。”李女士一听，一下子明白这到底是什么原因了。

还有一次，李女士在与朋友交谈的时候，多次说到了“谢谢”一词。第二天，李女士在给丝丝顺手捡东西的时候，丝丝竟然大声说道：“谢谢妈妈！”

通过这两件事情，李女士意识到，父母的言行对孩子的成长是有很大的影响力的。于是，她在生活中，就更加注重自己的言谈举止，因为她知道孩子接纳、学习新知识的能力特别强。妈妈千万不要低估了身教的力量，妈妈自己行得正、坐得端，孩子自然会按照妈妈的做法去做，从而成为一个听话的孩子。

古语说：“其身正，不令而行；其身不正，虽令不从。”如果我们能给孩子树立一个好的榜样，不用要求孩子，他就会学着我们的样子行动起来；相反，如果连我们自己都做不到，却要求孩子做到，即使我们把嗓子吼破，他也只能充耳不闻。所以，妈妈们都应该明白到这一点，也就用不着大吼大叫地去要求他、控制他，妈妈需要做的就是把注意力放在如何改变自己的行为习惯上。

对于妈妈来讲，言传身教的方法对孩子的教育很重要，苏联著名教育家马卡连柯曾说：“不要以为只有你们同儿童谈话，或教导儿童、吩咐儿童的时候，才教育着儿童。在你们生活的每一瞬间甚至当你们不在家的时候都教育着儿童。你们怎样穿衣服，怎样跟别人谈话，怎样谈论其他的人，你们怎样表示欢欣和不快，怎样对待朋友和仇敌，怎样笑，怎样读报……所有这一切对儿童都有很大意义。”这位教育家说得很正确，身教虽然是无声的教育，却能够起到很重要的作用。

有一个已经上了小学四年级的孩子，他的爱好就是读书，如果每天没有两个小时的读书时间，他就会觉得时间被浪费了，或者会很不开心。后来别人问他为什么这么喜欢读书，他道出了原委。原来，阅读是妈妈的一大爱好，妈妈每天有空就会读书。她从来没有要求孩子去读书，可是孩子自己就爱上了读书。

类似这样的例子屡见不鲜。泡在肥皂剧中的妈妈总会吼叫着催促孩子去学习，而经常抽时间学习的妈妈，不用去催促孩子学习，他自然就去学习了。所以说，教育的真谛很简单，就是“榜样”二字。既然是这样，妈妈们就要立志把“吼叫教育”转变成“榜样教育”。

李峰总喜欢给其他同学起外号，因此大家都很不喜欢他。老师问他为什么总喜欢给别人起外号，他说妈妈在家里提起邻居、同事或朋友的时候，都是以“代号”相称的，也很少称呼对方的名字或者是尊称。于是，李峰觉得给同学起外号是很正常的事情。

孩子在成长的过程中，由于年龄还小，对于好坏、是非并没有十分明确的概念。他自身并不知道什么话是应该说的，什么话是不该说的，什么事是不该做的。他看妈妈说了、做了，就认为那是正确的，是可以去做的，他的人生观和价值观完全是从妈妈的言行举止中获得的。

如果一位妈妈经常撒谎，就别指望她的孩子能够诚信做人；如果妈妈不能孝顺父母，也别指望孩子将来会孝顺妈妈；如果妈妈习惯冲别人吼叫，那么也就别指望孩子能够柔声细语地对父母讲话。所以说，妈妈们如果想让自己的孩子成为什么样的人，那么自己就要先成为那样的人。

在一个家庭中，如果妈妈们注重的并不是言传身教，根本不注重自己的行为，却总是用吼叫的方式来要求孩子，那么孩子怎么可能会心甘情愿地听从呢？只言不教的教育手段是很不利于孩子成长的。

在生活中，如果妈妈们无法去接受孩子从外界带来的新观点或者无法尊重孩子自己的观点，那么势必会和孩子产生矛盾，影响到两代人之间的感情。由此可见，认为自己只靠说教教育孩子养成良好习惯的妈妈是在自欺欺人。

在生活中，以前妈妈们如果没有注意到言传身教对于孩子成长的意义，那么在今后应该注意发挥言传身教的作用了。

1. 妈妈们放下架子，改掉陋习

由于爸爸和妈妈本身就来自于不同的家庭，所接受的教育可能也是不同的。因此，父母在沟通的时候，一定要注意不要摆架子，尤其是和孩子沟通一定要放下架子，做到合情合理，与此同时，在沟通的过程中，如果发现了彼此存在的不良生活习惯，也一定要给对方指出来，然后相互监督。当然在这个过程中，如果孩子发现了妈妈身上存在的缺点，那么妈妈也应该去虚心聆听，并且接受孩子的建议，改掉缺点，只有这样，才能帮助孩子养成好的习惯。

2. 妈妈教孩子时，要给孩子讲明道理

孩子年龄还小，对于事物的理解能力还是比较弱的，所以在这个过程中，要给予孩子比较多的讲解，不要让孩子感觉到疑惑，要先给孩子讲明其中的道理，这样孩子才会愿意按照妈妈所说的去做。如果妈妈不给孩子讲清楚其中的道理，按照孩子的智商是无法理解的，自然孩子也就不会达到妈妈们的要求了。

3. 做好榜样不是一两天的事情，要坚持下来

妈妈不要单纯地认为自己只要给孩子做榜样，让孩子明白这件事情要怎么做就可以了，等到孩子按照自己的要求和想法去做的时候，妈妈就不用再去做榜样了，“做做样子就行”的思想是万万不能有的。妈妈们要懂得坚持，因为这是一种好的习惯，坚持做好会让孩子也主动去改善自己。

给孩子温馨和谐的家庭氛围

对于孩子来说，家庭与社会相比，前者对他们的影响更大，因为家庭是他们主要的生活场所和赖以生存的地方。所以，创造一个良好的家庭环境，酝酿一种快乐和睦、温馨甜蜜的家庭气氛，对孩子身心的健康成长相当重要。

妈妈们自然都希望自己的孩子能够开心快乐地成长，这是毋庸置疑的。但是如果妈妈们无法给孩子创造很好的家庭条件和氛围，那么孩子的成长也会变得不开心，有的母亲却认为只要给孩子提供丰厚的物质条件就可以了，这种观点自然是错误的。家庭的和谐氛围才是影响孩子成长的关键因素，为孩子创造和谐的家庭氛围，让孩子感受到家庭的温暖，是妈妈能给孩子的最好的礼物。

刘晓霞很希望自己的儿子有出息，因此在她看到和自己儿子一样大的小朋友都报了兴趣爱好班之后，她心里也开始着急了。以前孩子总是周六日在家中玩儿或者跟着自己出去逛街，现在她觉得孩子是在浪费时间，她决定给孩子也报一个周末的兴趣班。于是，她决定和丈夫商量一下这件事情。

晚上儿子在客厅里玩玩具，刘晓霞将自己的想法跟丈夫说了，丈夫觉得这是个好事情，便表示同意。但是这个时候刘晓霞却发愁了，因为她不知道要给孩子报什么班，她希望孩子能学很多东西，恨不得把所有的班都报了。因为孩子刚刚八岁，丈夫说儿子还小，可以学学儿童跆拳道，这样能够让儿子锻炼身体，并且以后还可以防身。而刘晓霞却不想让孩子学这个，她觉得学这个没有用，她看到别人家的小孩儿都是上的英语班或者是音乐班之类的，至此，她和丈夫的观点产生了很大的分歧。

此时，在一旁玩儿的儿子似乎已经注意到父母的谈话内容。他看到妈妈和爸爸因为意见不合开始争执的时候，他突然说道："妈妈，我不学跆拳道也不学英语，我想学打乒乓球。"当时刘晓霞愣了，因为她没想到儿子会说想学乒乓球。当然，刘晓霞是绝对不会允许儿子学这个的，因为她觉得学乒乓球对学习毫无用处，又因为正在和丈夫讨论的气头上，于是，刘晓霞便对孩子嚷道："学什么打乒乓球，学那个有什么用，只能是浪费钱。如果你不想学英语，就按照你爸爸的观点，学习跆拳道，从这两个里面选吧。"

最后因为这个事情，刘晓霞和丈夫发生了争吵，一气之下她擅自给儿子报了英语班，每周六她都送儿子去上课。但是在每次去的时候，儿子都哭闹着不想去，即便去了在班里也不好好学习，更是不会认真听老师讲课。渐渐地，刘晓霞发现儿子不再跟自己聊天了，更多的时候孩子宁愿看电视也不跟自己说话，她也不知道这是为什么。后来，儿子情愿在自己屋里玩儿拼图，也不喜欢跟自己出去逛街了。

其实，对于孩子的成长来说，家庭的环境是十分重要的，孩子希望家庭能够和谐，并且在他们的生活中更需要来自母亲的尊重。如果孩子感受不到来自妈妈的尊重，妈妈又只是将自己的观点强加给孩子，那么这矛盾最终必然会影响到母子之间的关系。就如同上面例子中的刘晓霞一样，她将自己的意愿强压给儿子，虽然她也是为了儿子好，但是她却根本没有考虑到孩子的感受。最终，导致儿子慢慢疏远自己。一个合格的妈妈，不仅要考虑到孩子的感受，更要能够为孩子创造和谐的氛围，让孩子感觉在家庭中地位平等，让孩子有被尊重的感觉，这样孩子自然而然能感受到快乐。如果孩子感受到的不是平等，而是妈妈的强迫，那么他又怎么可能在和谐快乐的环境中成长呢？

作为父母，我们该怎样为孩子营造一种健康的家庭氛围呢？

1. 营造和谐的家庭气氛

家庭氛围是实施家庭教育的要素之一。为了孩子的将来，也为了全家人的幸福，所有的家庭成员都应当努力营造一个有利于孩子成长的家庭氛围。这种家庭氛围，对孩子的思想品德、性格和为人处世的影响是很大的。

任何家庭都会有矛盾，有争吵，但尽量不要把矛盾和争吵暴露在孩子面前，更不能因此而对孩子造成伤害，尤其不要把孩子当作出气筒。和睦的家庭、轻松的环境对孩子的身心发展有着至关重要的作用。营造和睦的家庭气氛与家庭的经济状况和家长受教育的程度没有多大关系，关键是父母的重视程度。

心理学家研究表明，从小就生活在气氛紧张的“缺陷家庭”中的孩子，智商一般较低，而且存在不少心理问题；而生活在和睦家庭中的孩子，心理都比较健康。

在夫妻恩爱、和睦温馨的家庭里，孩子过着无忧无虑、井然有序的幸福生活。父母经常带孩子散步、逛公园、参加体育锻炼、做游戏等，孩子可以接受全方位教育，从而使孩子热爱学习，对周围的事物充满好奇和求知欲。反之，若夫妻感情不和，家庭气氛紧张，父母不仅无心照顾孩子，甚至还会将孩子当作“出气筒”。这种家庭的孩子感情上很痛苦，精神上很压抑，健康和智力都会受到严重影响。

家庭环境是否和睦，对孩子健康成长起着极其重要的作用，家庭是孩子成长的摇篮，父母的一言一行对孩子是无声的教育。比如一个尊老爱幼、团结和睦的家庭环境，能让孩子体验到一种浓浓的亲情、一份拳拳的爱心，感受到温暖和幸福。家长的辛辛苦苦、忙忙碌碌，可以让孩子体验到父母的勤劳，感受到奋斗的乐趣。

2. 营造平等、开放的家庭氛围

家并不是单单指一座孤零零的房子，而是由所有家庭成员组成的一个整体。现在的家庭已鲜少看见往日的四代同堂，大多为三口之家。中国人是含蓄的，“爱”字不轻易说出口是很多中国父母根深蒂固的观念。孩子是妈妈身上掉下来的肉，没有一个父母不爱自己的孩子，但大多数的父母总是喜欢将这种爱埋藏在心底。很多的家长都认为孩子只要完成学业就好，并不会将家中发生的事情或者自己工作上的快乐与烦恼与孩子分享。在家长的心中不论孩子多大，他们都会觉得孩子终究是他们的孩子，还是掌心里的宝贝、小不点儿。在这里建议父母把家里发生的事情以及工作上的欢乐与烦恼一同与孩子分享。因为孩子也是家庭的一分子，他也有权知道家里所发生的每一件事情。有的父母总是以为孩子太小理解不了，却忘了一句话："以为，终究是以为。"父母这样做无非是想要保护孩子，当然这也是一种爱的表现，但却往往事与愿违地让孩子觉得自己与家庭格格不入，然后会导致孩子的孤独感产生。家庭成员中应该保持一种平等的关系，并不以年龄、地位的高低来区分家庭地位。家庭中的每一件事情，每一个人都有权利发表自己的看法，每一个人都应该受到彼此的尊敬。

和谐的家庭氛围应该是父母鼓励孩子多说，即便看法不对也并不要紧，只有这样才能避免矛盾，让家人心心相印。

3. 营造快乐的家庭氛围

有人做过这样的一个调查：分别比较家庭气氛融洽的家庭与家庭气氛紧张的家庭中孩子的情商与智商等多方面的发育之间的差别。调查结果发现，当家庭中笑声常驻时，孩子的情商与智商普遍偏高。

这项研究表明，提高孩子的情商和智商的因素是多方面的。而家庭氛围融洽、活跃的孩子的性格会变得开朗。在这样一个愉悦且轻松的环境中成长、生活不仅能提高孩子的脑细胞的发育，还会对孩子的交际能力有很好地锻炼。

有这样一句话："与别人分享你的快乐，快乐总能翻倍。"当每一个家庭成员都将快乐带回家的时候，整个家庭中无疑会充满欢声笑语，而若家庭成员总是将不满的情绪带回家，家中的氛围也会可想而知。这并不是说回到家里的时候遇到不快乐的事也要强颜欢笑，而是说父母本身应多一份豁达与乐观的心态，这样才能给孩子营造更快乐、轻松的环境。

每一个父母都有为孩子营造快乐的家庭氛围的职责。

多读一些教育类书籍，提升素养

妈妈们在教育孩子的过程中，一定要学会去体会孩子的感受，多去理解孩子，当妈妈的“心”听到孩子的心声时，自然就激发了自身教育的灵感，也就能够找到好的教育方法了，并且也能够从一些教育类书籍中找到适合自己的方法。此时，教育效果一定会很好。所以，借助书籍来提升教育心境，这才是妈妈们的学习目的。

一位新妈妈对教育孩子根本没有什么经验，她的儿子刚出生没多久，她就因为自己的工作忙，把儿子托付给了保姆来照看。自己只是在每天下班回到家以后，看看孩子，也很少跟儿子进行互动或者交流。为了不影响到自己的工作状态，在晚上儿子也是和保姆一起睡的。保姆人很老实，但是她唯一的一个缺点就是话不多，很少和这个孩子对话。渐渐地，这位妈妈就发现自己的儿子比同龄的孩子语言能力要差很多。

于是，她开始担心起来，她害怕自己的儿子以后会不懂得怎么样很好地与人交流，便开始翻看一些教育类的书籍。有些书中明确提到，在3岁之前的这段时间，往往是孩子语言发育的关键时期，如果在这个时期父母能够常常和孩子对话和交流，孩子的语言能力就会很快提高。如果错过了这一关键时期，再想提高孩子的语言表达能力，妈妈们就要付出更多的心血。

这位妈妈看到这里，心里十分后悔。不过，她没有放弃，从那之后，她经常和孩子一起做游戏，甚至请假陪孩子，后来，孩子的语言表达能力提高很多。

从上例中可以看出，虽然有一些人已经为人母，但是妈妈们对教育并不一定精通，甚至是一窍不通。妈妈们会因为这样或者是那样的原因，根据自己的经验、习惯和心情来对孩子进行教导，而妈妈的经验并不一定是正确的，也不一定科学。如果用并不正确的方式来对孩子进行教导，我们真的无法预料孩子会发展成什么样。

所以说，妈妈们一定要有意识地去学习。学习的途径有很多种，比如说阅读很多教育类的书籍，因为它为妈妈们提供了大量可考证的、通过实践总结出来的教育方法和经验，可以说，这些书是妈妈们正确教育孩子的指南针和方向标。妈妈们只有通过读书学习，进一步来提升自己的教育素养，提高自己的教育水平，才能最大限度地避免因错误施教而产生的不良后果。那么，作为妈妈的你应该从教育书籍中学习些什么呢？

1. 要主动了解孩子的成长规律

两岁多一点的玮玮最近一段时间总是爱咬人，不是咬爸爸的胳膊，就是咬妈妈的手。每次，妈妈被咬疼了就会大声地呵斥他，以便让他知道咬人是不正确的事情。但是，玮玮好像根本不去改正，总会情不自禁地咬人。

如果妈妈不了解孩子的成长规律自然不知道孩子为什么会咬人，此时，妈妈们习惯大声地斥责孩子。其实，这个时候是孩子进入了用口探索环境的敏感期。此时，妈妈们需要做的是给他准备无毒无害又干净的东西去满足孩子咬东西的欲望，等过了这个时期他自然就不会再去咬了。

那么，妈妈们可能会问：这些有关孩子成长规律的知识是从哪儿知道的？无疑是从教育类书籍中。妈妈们如果了解这些知识，就很容易理解孩子处在某一阶段的特殊行为。理解之后，妈妈们再次遇到这样的情况，自然不会去吼叫孩子，而是用有效的方法帮他们度过每一个敏感期。

2. 学会用好方法来教育孩子

有一些教育类书籍的作者对于教育孩子有一定的经验，他们或者是教育出优秀儿女的妈妈，或者是被学生喜爱的好老师，要么是有高度教育敏感度的教育专家等。他们往往会通过书籍，把好的教育方法以及对教育的感悟进行展现，以供读者借鉴。同时，他们也会把在教育实践中用错的方法或者是手段写出来，避免妈妈们再次出错。因此，他们所呈现在书籍中的内容是十分具有科学依据的。那么，妈妈们完全可以借助这些书籍，去思考并且选择适当的方式来教育孩子。这样，我们在教育的路上才会少走一些弯路，孩子的成长也才会因我们教育素养的提升而得到应有的保障。

3. 妈妈们要以提升教育心境为根本

我们在阅读教育类书籍的时候，一定要知道的是，书中所有的例子和方法，只能起到抛砖引玉的作用，我们不能一味照搬，更不能盲目效仿。因为同一种方法，对于不同的孩子有不同的作用，也就会呈现出不同的效果，所以要懂得因材施教。千万不要照搬照抄这些经验，要按照自己家孩子的特点进行教育。

教育孩子要有一致、持续的意见

妈妈是孩子的榜样，在孩子面前做事情要十分注意。生活中，我们经常会看到一种很奇特的现象，一个家里父母在教育孩子方面出现了不一致时，很多妈妈就会进行自己单方面的教育，她不会考虑到孩子爸爸的观点，甚至觉得自己的教育方法是最正确的。当然，孩子也会因为爸妈的态度不一致而产生困惑，因为困惑而犯错也成了孩子的家常便饭。如果孩子犯错了，此时父母双方的观点还不能保持一致，这种情况自然会让孩子感觉到不知所措。

在生活中，常会出现妈妈经常会规定出孩子“不可以”做的事情，爸爸却在背地里偷偷答应、允许孩子去做的情况；然而孩子很有底气地按照爸爸答应的去做了，最终被妈妈发现后，却要受到妈妈的批评和指责。而这个时候，爸爸可能会觉得妈妈做出的决定是正确的，此时，爸爸就要出来管教孩子，而妈妈却心疼孩子，便又会出来解围，替孩子说情等。这样，在一个家庭里，无形中就会呈现出双重标准，这不但不利于孩子性格的形成，更会对孩子的成长产生很不利的影响，孩子根本找不到正确做事情的标准。爸爸妈妈们是否认真想过，在这样的双重标准要求下，孩子怎么可能会学习和掌握正确的做事标准呢？

孩子虽然年龄比较小，但是也具备了一定的察言观色的能力，他能够在生活中，准确地分辨出爸爸和妈妈之间对他的态度的差异来，而这种差异在很多时候是父母自动表现出来的。其实这种情况我们经常会看到，不是吗？爸爸妈妈们不妨仔细观察自己的生活，当孩子犯了一些错的时候，爸爸开始对孩子进行管教，孩子往往会有满肚子的委屈情绪，甚至会说“这是妈妈让我做的”，而妈妈们看到孩子哭泣，自然很心疼，也会出来给孩子解围，那么，孩子顷刻间就会哭得更厉害。孩子为什么会做出这样的举动？其实原因很简单，就是因为孩子发现了爸爸和妈妈之间的态度存在着不一致性，就会本能地去利用这一点希望能够逃避惩罚。

在生活中，爸妈的意见一定要保持一致，即便是出现了不一致的情况，也要在孩子面前表现出一致，只有这样孩子才会感受到自己做错了。等孩子不在的时候，父母再说出不同的意见。这样才能够让孩子明白，自己所作所为到底是正确还是错误，是值得表扬还是要受到惩罚。

饭后洗碗成了豆豆的固定“工作”，虽然豆豆还很小，才上二年级。但爸爸要求他有一定的生活独立性，经过全家的一致商议决定，豆豆每天晚上在大家吃完饭之后，就要负责刷碗的工作，当然，在开始的时候，妈妈也会帮助他去做，但是在一个星期之后，这一项工作就全部交给了豆豆来完成。

可是豆豆很不情愿去做这件事情，他回到家中，对妈妈说："妈妈为什么要我刷碗，隔壁的小强和琳琳都不用刷碗。更何况我还只是小孩子，为什么我就必须要洗碗呢？"这个理由看起来很简单也很合理，妈妈不好反驳。不过爸爸却有办法，他问豆豆："别人的孩子是否像你那样有那么多的自由，比如周六可以不去上补习班。另外每个家庭都有每个家庭的特点。"此时，豆豆觉得爸爸说得有点牵强，很不服气，于是又去问妈妈，说自己可不可以跟别的小朋友一样，不刷碗，此时妈妈却说："爸爸妈妈不知道别人家庭的具体情况，别的小朋友可能不需要刷碗，他们的父母可能会给他们安排别的事情，比如去洗衣服、去擦地，不管怎么样你都是我们家的一分子，爸爸妈妈有义务去劳动，豆豆也有义务去为家庭做出点贡献，所以说你爸爸的说法很正确。"豆豆没有办法，只好按照爸妈的要求继续自己的刷碗活动。

但豆豆仍然表现出很不乐意去做的样子。当然刷碗也会很不认真，比如说在每次洗碗的时候，经常会将碗摔碎，或者是刷得不认真不彻底，还留有上顿饭的残迹。爸妈提醒了他好多次，可他就是改不了，没有办法，后来，爸爸妈妈想出了一个办法。爸妈规定豆豆刷不干净的碗筷，就留给豆豆用。如果是白天妈妈没刷干净的碗筷，晚上让妈妈用。虽然这个措施有点狠，但是爸妈希望豆豆能够做事认真点。

周日，妈妈突然有了好心情，晚上包了饺子，还炒了豆豆爱吃的醋熘土豆丝。爸爸摆好了碗筷，准备用餐，但是却发现一双筷子用来吃饭的那头上，竟然还沾有大米糊糊，爸爸想起来昨晚吃的是大米饭，今天一天没在家吃饭。于是，他将这件事情小声告诉了豆豆的妈妈，并且说打算拿这件事情作为典型，跟豆豆较次真儿，妈妈自然也默许了。

爸爸用手指着大米糊糊告诉豆豆说，今天这双筷子就归豆豆用了，因为豆豆没有刷干净。此时此刻，豆豆很生气，他没想到爸爸会真的实行规定，于是就把筷子架在了碗上面，便往自己房间走去了。等了大约有十五分钟的时间，爸妈都开始吃饭了，豆豆还没有出来，等到晚上真的饿了，他只能去厨房里找吃的，发现妈妈给自己留了一盘饺子。从那次之后，豆豆在刷碗的时候很认真了。

对孩子好的事情，爸爸妈妈自然要推崇，即便孩子不认为父母的做法是正确的，父母也应该向孩子解释。但是即便是这样，在实行的过程中，还是有可能会引发孩子的不理解，此时爸妈更要有统一的腔调，千万不要因为看到孩子不开心或者不吃饭，而放弃了原本的计划。如果在豆豆刷碗的事情上，爸妈不能够保持统一的思想，这样豆豆最终是不会接受的，也不会按照父母的要求去做事情。

吃饭时间到了，东东却又玩又闹，不好好吃东西。妈妈要管，爸爸却说：“随他去吧，小孩子，饿了就会回到餐桌旁的。”结果，饭后妈妈好不容易把一切收拾干净，一扭身却见儿子用一双脏手在厨房的盘子里抓菜吃。妈妈当然不能允许，爸爸却说：“饭还没有凉，让他去吃好了。”孩子认为爸爸才是自己的救星，妈妈居然不让自己吃饭，真不是一个好妈妈。以后每当做了不应该做的事都向爸爸求救，只要用祈求的眼神望着爸爸，爸爸就会为他解围，妈妈一点办法也没有。

这位父亲有意偏袒、庇护孩子，是一种溺爱。往往妈妈正费力纠正的毛病，被爸爸一个赞许的眼神给肯定了。孩子在爸爸的支持下打败了妈妈，挫败了纠正他错误行为的意图，助长了孩子的错误倾向。父母在教育子女问题上不能很好地沟通，造成孩子与父母之间难以协调，孩子无形中对父亲产生过分的依赖，认为反正有爸爸撑腰，有爸爸管着、护着，妈妈也不能把我怎么样，从此更加任性。

有的家庭恰恰相反，父亲严厉管教，母亲却时时流露出对孩子的溺爱，父亲刚刚教训完，孩子哭泣的泪还没干，母亲就迫不及待将孩子叫到另一间屋中，又是发糖果，又是拥抱，仿佛孩子接受的不是教育而是无端的责难和惩罚。

无论父母哪一方过于严厉或过于放纵，若在孩子的教育过程中暴露出矛盾，都会带来副作用。那么在教育孩子的问题上，若父母之间存在分歧该怎么办呢？

小迪是一个聪明却又十分好动的孩子。爸妈都是研究人员，他们对小迪有着很高的期望，但教育方法不同，爸爸提倡启发式教育，而妈妈却更偏重于高强度训练，打几下、教训教训是经常的事情。一个周末，爸爸正在院子里除草，儿子急急忙忙地跑到爸爸身边，叫喊着："爸爸，妈妈要打我，快帮忙。""为什么？""说我的作业潦草。""不要怕，让我和你妈妈谈谈，有我在，她不敢把你怎么样！"小迪放心了，很得意地跑掉了。

爸爸妈妈对教育方式有不同的看法，这一点小迪早已得知，而更让小迪认为有机可乘的是爸爸愿意为自己辩护，这样小迪可以用父亲做挡箭牌，为自己的行为做掩护。

父母在教育孩子的问题上不能意见一致、相互配合，是一件憾事，而因此引起争端，使孩子利用父母的矛盾逃避自己应负的责任，就更是可悲。事实上，大多数父母在教育方式上看法有异，并非就一定会有坏的效果，关键在于父母双方怎样处理这种分歧。

需要明确的是，父子与母子之间的关系是有相对独立性的，虽然三者生活在一个家庭里，但并非要按照同样的模式处理关系。父亲如果不同意母亲对待儿子的方式，可以发表自己的意见，或与其进行讨论，但绝不该进行干涉。尤其不应该当面阻止和提出反对意见，伤感情不说，还会让孩子不知所措。

对孩子的教育父母都有责任与权利，但并不等于一方可以干预另一方的决定。而且尽管父母都可能认为自己的方式是正确的，但究竟是否完全正确，或谁的更正确，却是难以回答的问题。即使双方在基本点上的认识一致，遇到有些具体问题也可能产生分歧。

一般来讲，现代家庭中没有绝对的权威，父母可按自己认为正确的方式来处理与孩子的关系。而孩子应该懂得与妈妈之间的问题与妈妈解决，而不应去搬爸爸做救兵，这是对他自己和父母的尊重，而父母不应交叉参与相互关系问题的解决，也是对孩子的信任。在父母双方不同的教育观点下成长的孩子，应学会取舍，而不为分歧所迷惑。如果父母能尊重对方的观点，不加干涉，两种方式可和谐相处，而孩子可以从每一对关系中获取对自己成长最大的益处。

不干涉孩子与父母任何一方的关系，并不等于对孩子的求援耸耸肩，不予理睬。父亲可以帮助孩子分析一下为什么妈妈要打他，是不是孩子自己有错却不自知。在这个例子中爸爸应指出作业潦草是不对的，如果将作业写得整齐就不会挨打了。这样直接走入问题的中心而避免因方式不同而起争执，使孩子无隙可乘，双亲的教育可谓殊途同归。

在生活中，爸爸妈妈们要在孩子面前保持一致的思想和态度，那么究竟要注意什么呢？

1. 父母做出某项决定的时候，要提前商量好

为了培养孩子的某种思想和品质，父母们需要做出一些决策，这些政策可能会让孩子暂时不开心，妈妈们千万不要心软，看到孩子不开心的样子而放弃计划。父母在决定这样做之前，一定要商量好怎么样跟孩子去解释，如果孩子接受不了，那么一定要耐心地跟孩子去说理，在孩子面前一定要保持一致的态度。

2. 当孩子提出异议的时候，父母更要“联手”

在生活中，父母所做的决定，很可能会让孩子觉得是不可理解的，那么在此时，最重要的就是要用父母的强大说服力，告诉孩子应该怎么去做，父母为什么要让孩子去这样做，并一起来教育孩子，让孩子认识到自己的错误。

好妈妈用爱的语言使孩子幸福

孩子都希望自己的妈妈能够善解人意，理解自己，温和而不是暴躁地对待自己，当然这样的妈妈会让孩子感觉到很幸福。在日常生活中，孩子希望妈妈用自己的语言向他表达爱，这样往往能够让孩子更加开心。

和孩子对话是一门有规则的独特艺术，有它自己的含义。因此，妈妈们要注意自己的话语，让孩子通过与自己的交流，感觉到幸福和开心。一个能够通过语言使孩子感觉到幸福的妈妈，她的语言往往具有一定的魅力。

人们常说幸福感，可是幸福感究竟从哪里来？其实幸福感多数来源于情绪。一个成功的母亲会引导孩子面对生活、学习中的挫折，并正确对待自己。让孩子感到幸福便是身为母亲最大的成就。有人不禁会问：“那到底该如何让孩子感到幸福呢？”答案很简单——通过语言。因为妈妈的话语会在孩子的心中占有很重的分量，若是妈妈将自己的爱表达出来，孩子便会极大地感到幸福和快乐。

当然，孩子希望妈妈最爱的是自己，也希望妈妈能够表现出自己的爱，当妈妈们表达爱的时候，就会发现孩子露出幸福的笑脸，在孩子的内心已经绽放出幸福的花朵，所以说不要吝啬自己的爱的语言，大胆地对孩子说出你的爱。

李珊珊有一个活泼可爱的女儿名叫乐乐，正如她的名字一样，乐乐总是表现得十分活泼，并且开心快乐。不管是在去上学的路上还是在学校与小朋友玩耍的时候，她总是露出开心的笑脸，学校的老师们都没有见到过乐乐哭泣，更没有看到过乐乐愁眉苦脸。

当然，乐乐的同班同学也都喜欢和她一起玩耍，老师很奇怪为什么乐乐能够整天这么快乐。一次，老师好奇地问她的妈妈。李珊珊面对老师的疑问笑了笑说道：“其实很简单，我让孩子知道妈妈是爱她的，每次在孩子不开心的时候，我都会首先出现在孩子的面前，然后抱起孩子，对孩子说我爱她。即便是在孩子生病的时候，我也会先亲亲女儿，然后告诉她妈妈喜欢坚强的孩子，总之，就是尽可能地让孩子感受到自己的爱，通过语言来促使孩子享受到快乐。”

李珊珊记得女儿还小的时候，她要出差几天，当时女儿哭着怎么也不让她走，李珊珊没有像其他母亲那样不顾及孩子的感受，她决定先不出差。等到女儿情绪稳定之后，她对女儿说：“乖女儿，你知道妈妈最爱谁吗？”乐乐眨了眨眼睛没说话，李珊珊继续说道：“妈妈最爱我们家乐乐，因为乐乐是最心疼妈妈的，乐乐也是最理解妈妈的人。”乐乐听到妈妈的话，心里自然是十分高兴，紧接着李珊珊对女儿说：“乐乐，妈妈出差是为了能够在回来之后有时间陪乐乐，妈妈保证即便是在看不到乐乐的这几天里，妈妈也会天天给乐乐打电话，因为妈妈肯定会特别特别想乐乐的。”乐乐听了李珊珊的话，说道：“那妈妈一定要给我打电话，我也会很想妈妈的。”

李珊珊按照约定每天给女儿打电话，女儿每天都乐呵呵地去上学。出差回来之后，李珊珊听丈夫说乐乐这几天很开心，因为她说：“妈妈在那么远的地方，竟然还想着乐乐。”

通过这个故事可以看到，李珊珊在教育女儿的时候让孩子明白，自己是爱她的，同时让孩子感受到了幸福和温暖。对于孩子来讲，他们年龄还小根本不会想过多物质上的事情，多半最关心的就是自己的父母爱不爱自己。如果当妈妈们用充满爱意的语言来跟孩子进行沟通，他们幼小的心灵自然会感受到来自母亲的爱，这样自然会感觉到无比的幸福。那么作为母亲，要怎么样让孩子通过你的语言来感受到幸福呢？

1. 不要羞于表达对孩子的爱

不管孩子是开心还是不开心，该表达对孩子爱的时候就要表达出来，比如对孩子说“我爱你”，让孩子知道你对他的爱从来没有消失过，让孩子明白妈妈是永远爱他的。这样一来，即便是孩子不开心，起码有妈妈爱自己，他们的内心也会变得幸福起来。

2. 多与孩子沟通，关心他的思想

很多妈妈认为只要自己给孩子提供优厚的物质条件就足够了，孩子也就能够快乐幸福。其实不然，孩子需要妈妈的理解，也需要理解妈妈，在这个时候，妈妈们不妨多和孩子沟通，表达对孩子的理解，比如告诉孩子“妈妈理解你”。这样孩子自然也会感受到来自妈妈的爱。

3. 支持孩子的正当行为

孩子和大人一样，都需要有人支持自己。在孩子做事情之前，他总是希望自己的妈妈能够支持自己，也正是因为这样他才能够更好地实现自己的愿望，所以说妈妈们可以告诉孩子“妈妈支持你”，这样孩子会有一种被关注和在乎的感觉，自然也会感受到来自己妈妈的爱和幸福。

好妈妈要谨慎对待陪读问题

陪读家长越来越多，说明现在的家长对子女的教育越来越重视，这无疑是好事。但另一方面，陪读对孩子的成长会带来十分不利的影响。从大的方面说，陪读不利于培养孩子的自主性、独立性，不利于培养孩子坚忍不拔、吃苦耐劳的品质。从小的方面说，陪读也很难真正起到促进孩子学习的作用。

上学读书做作业本来是孩子的事，然而在不少家庭，这却变成了孩子和家长共同的事。孩子读书，家长要陪读，孩子读书辛苦，家长陪读自然也不轻松，就像有的家长跟孩子说的“我为什么跟你一块儿受罪”，尽管这样，不少家长觉得自己为了孩子又必须受这个罪。

家长们陪读主要是“陪”在以下这几个方面。

1. 陪孩子上放学

家长一般是先送孩子上学，然后再去上班，下午下班时再到学校接孩子回家，来回都有家长保驾护航。在过去，孩子上幼儿园和小学时，家长才接送，现在孩子上了中学，家长仍然每天接送的现象十分常见，有的高中生放学后，家里不来人接就不敢回家。

2. 陪孩子做家庭作业

孩子做家庭作业，家长则在旁边答疑解惑，有的家长还亲自为孩子解题、手把手地教孩子写作业。再就是家长陪孩子读课外读物，这是名副其实的“陪读”，孩子读童话故事，家长也读童话故事，孩子读诗歌散文，家长也在一旁读诗歌散文，家长孩子共读同一本书。

3. 陪孩子上各种各样的培训班、辅导班

在一些大中城市的不少特长培训班、辅导班门前，经常都能看到这样的画面：孩子们在教室里学习，家长们在旁边陪练。教室里也经常坐满了陪练的家长，不仅教室里，教室外的草地、台阶上也坐满了家长。有的家长见自己的孩子动作不标准，还会临时客串一回教练，对自己孩子指指点点。还有陪军训的：有的中学对高一新生开始了为期一周的军训，天气闷热，不少家长担心孩子不能适应军训生活，准备了饮料、食品和毛巾，站在烈日下的操场边等候。

4. 陪考

陪考当然更常见，高考就不用说了，像期中、期末考试、竞赛考试等稍具规模一些的考试，考试当日，考场外经常是家长云集，考生在考场里紧张地应试答卷，家长们则拎着各种饮料和食品在考场外徘徊、等待。

看了以上的各种“陪”，我们不禁感叹：可怜天下父母心！

关于陪读一事，一个有趣的比例也许值得我们深思：在家长这方面，说要将陪读进行到底的，和呼吁“陪读无益”者，大约比例是 8∶2；而在孩子那方面，恰好是赞成陪读的占两成，不赞成者占八成。陪读能不能如我们父母所设想的那样“出效益”，关键不在父母是否舍得下功夫，而在于孩子是否甘心被陪，是否对这样近距离的监督有抵触情绪。一位在大学教书的父亲说：“让孩子明白父母的苦心，明了自己的责任，这比什么都重要，比今儿是否背了 100 个单词做了 100 道计算题重要多了。”

有位名叫周俊彦的小朋友（11 岁，上小学六年级）是这样看待父母的陪读的：

我上了 6 年学，我妈陪了我 6 年，我稍微打个呵欠伸个懒腰，都逃不过我妈的火眼金睛，她立刻会冲过来数落我一顿，什么“你这孩子到现在还没有一点紧迫感啊”，什么“你知道不知道考实验中学，少一分得交上万块钱呀”，什么“瞧我为你做出多少牺牲，人家的妈妈有饭局有酒宴，我呢，多少应酬我都推了，为了回来陪你这小祖宗！你怎么还不明白妈妈的苦心呢！”

这些话听得我耳朵都起茧了。有次我忍不住顶嘴：“我又没让您待在家，我自己的功课我自己有数。您也可以出去吃饭呀跳舞呀，只求您别天天在我耳边念‘实验学校’，别给我念紧箍咒就谢天谢地了！”为了这一句话，我妈打了我，还气得直哆嗦。我爸怒吼着要我跟我妈道歉，他们都说我“没良心”！可我只不过说了一句大实话，我们这儿最好的初中每年从 6000 人当中录取 300 人，录取率比重点大学还小呢，我不敢保证我就一定能考得上。爸爸妈妈给我这么大压力，我也很委屈，我现在每天已经花十几个小时学习了，还要怎么样？不愿意陪，可以不陪我，别给我这么大压力，也许我考上的希望还大一点。

适时适度的陪读对低年级的孩子来说是有利的，但家长在陪读的过程中一定要注意陪读的分寸，如果把握不好，就会造成如下弊病。

1. 助长孩子的依赖性

这主要是由于家长陪读过于细腻而造成的。每次完成作业或预习功课，都由家长管着，家长说开始便开始，叫停便停，学习的过程中家长安排内容与次序，孩子完全没有自主性，只是一味地服从。久而久之，学习对于孩子便成了一种被动的机械活动，没有家长的呼唤，孩子便想不起主动地学习。这种依赖性一旦形成，便很快蔓延到生活中的其他方面，使孩子成为一个懒散、无责任性的人。这种作业中的依赖性若迁移到学习活动中，孩子就会变得懒于动脑动手，在学习上缺乏自主性与创造性。

2. 妨碍智力的发展

孩子在不断求知的过程中拓展了思维，锻炼了大脑，发展了智力。由于陪读过细而形成依赖性的孩子，会把这种依赖性充斥他的学习活动中，这样势必会影响他对知识的获取。另外，由于存在较强的依赖性，对生活中的麻烦、小事情，他们也不肯自己动脑筋想办法去解决，而是逃避或依赖，这不仅不利于他们培养自觉思考问题，解决问题的能力，也在一定程度上影响其智力的正常发展。

3. 使孩子产生厌学情绪

孩子读书，家长坐在一旁，他的一举一动都在父母监视之下，稍有“越轨”行为便会招来一阵唠叨或训斥。随着年龄的增长，孩子的约束感越强，心情的压抑和无可名状的烦恼就越多，这种消极的情绪会降低孩子的学习动力。

如果孩子年龄尚小，比如处于学前教育阶段或小学低年级阶段，家长陪读对于促进孩子的学习，其作用十分明显。比如家长陪孩子看书、识字、写作业，解答孩子的问题，这既可以培养孩子的学习兴趣，又能融洽亲子关系，增加生活情趣。在这阶段，陪读甚至是必不可少的。但是，随着孩子年龄的增长，家长陪读的时间和频率应逐步减少，直至减少到零。孩子的年龄不断增长，他的自主意识、独立行为能力和学习能力也在不断增强，学习就完全成了他个人的事。

在很多时候，孩子都希望能自己解决学习方面的问题，比如制订学习计划和安排作息时间，希望能自己做主、自行其是，不希望受到家长的控制和干预，而且随着学校学习压力的增大，他也希望回到家之后能缓释一下学习压力，如果家长陪读，家长的眼睛时刻盯着他的一举一动，使他容易产生被监控、被强迫的感觉，这不仅不能缓释压力，反而更进一步增加了他的学习压力和心理负担。另外，很多家长名义上是陪读，但实际上自己在辅导孩子的学习方面，能力相当有限，初中或高中水平的作业题、考试题，很多家长根本就不会做，孩子学习上有疑难问题请家长解答，家长自己也摸不着头脑。这更让孩子感觉家长只是在监督、控制自己，不信任自己。所以不少孩子对家长的这种陪读十分反感。

孩子到了一定年龄，家长再陪读就会“吃力不讨好”，对孩子弊大于利。家长所要做的不是陪读，而是要为孩子的学习提供一个良好的家庭学习环境，包括着力营造和谐融洽的家庭氛围，充分信任孩子学习的主动性、自觉性，还孩子学习的自由，而不是用“陪读”来限制这种自由。

身教胜于言传，用榜样的力量带动孩子

俗话说得好，“父母是孩子的第一任良师益友”，所以说妈妈对孩子的教育，足可以影响孩子的一生，为人父母者，着实不易。妈妈们肯定听说过一句话“正人先正己”，所以说在教育孩子的过程中，如果想要教育好孩子，就要以身作则，多给孩子做好榜样，如果妈妈都不在乎自己的行为了，那么还有什么资格来要求孩子去做好呢？妈妈的行为在孩子的内心中往往会占有很重的分量，如果妈妈不能够以身作则，那么孩子怎么会做好呢？

家庭是最容易表露出习惯的环境，也是对孩子的学习起到影响作用的大环境，妈妈的习惯和行为往往会对孩子产生很大的影响，当然不仅是对孩子的行为产生影响，也会对孩子的习惯和思想产生潜移默化的影响，久而久之，会使孩子也养成某种习惯。

在一个家庭中，如果妈妈注重的不是言传身教，而是只言不教，那么最终会影响到孩子的成长。如果说妈妈只是在对孩子说要怎么做、怎么去做，而自己却不做出榜样，那么孩子会很不服气，也不会按照妈妈的要求去做。此时，妈妈们就会说孩子不听话，久而久之会让亲子关系变得很尴尬。由此可见，认为自己只靠说教而不以身作则就能教育孩子，让孩子养成良好习惯的妈妈其实是在自欺欺人。

很多妈妈喜欢对孩子讲一些大道理，一位社会学家曾经说过这样的话：“道理其实是十分复杂的，道理也未必真的能够去支配人的行为，否则的话，世上会出现很多十分完美、全能的人。”由此可见，道理虽然是实情，但是却不容易被孩子理解和接纳，因为孩子的年龄很小，他们还不能完全理解道理，所以说妈妈们不妨在日常生活中，进行潜移默化的、直观的影响，这样的方式才更容易让孩子接受。打个比方，如果妈妈在一边要求孩子好好学习的同时，自己一边还在打麻将，那教育的效果可想而知。因此，妈妈需要以身作则，更要给孩子树立良好的榜样，也只有这样，孩子才会愿意按照妈妈的要求去做。

丰风今天又被妈妈成欢批评了，原因很简单，因为妈妈一直要求丰风将自己的东西整理放好，但是丰风从来都没有按照妈妈的要求去做过。成欢的儿子丰风已经上了二年级，他有个不好的习惯，那就是每次放学回到家中，总是将书包、衣服随便乱扔。成欢每次都要跟在孩子屁股后面捡衣服，整理东西。她觉得儿子已经大了，这种习惯是坚决要不得的，于是，成欢给孩子定了一条规则，那就是自己的东西自己放好，但是儿子很少按照妈妈的要求去做。

这天儿子又像平时一样，回家后，直接将书包扔在了地上，鞋子也不换，衣服往沙发上随便一扔，急急忙忙打开电视就看电视了，成欢很是生气。这次，她没有像平时那样跟在孩子身后捡东西，而是生气地走到儿子面前将电视关掉了，然后让儿子去整理自己的东西。但是没想到此时儿子并没有去整理，而是振振有词地说道："妈妈为什么只要求我一个人呢？每次爸爸出差回来，都将衣服和书包乱扔到沙发上，公文包也是随手一放，每次妈妈都会耐心地将爸爸的东西整理好，为什么妈妈就不能帮我弄呢？爸爸不做的事情妈妈就会去做，为什么现在妈妈却要要求我做这些事情呢？"

面对儿子的质问，成欢不知如何去回答，因为她知道儿子说的是实情，每次老公出差回来，总是习惯将东西随手一扔。因为觉得老公工作很累，出差好几天一定很辛苦，成欢就没有说什么，自己跟在他的后面去捡。没想到儿子竟然将这件事情放到了心里，还当作了"把柄"。

当天晚上老公下班回家，成欢将儿子的话一字不差地告诉了老公，然后成欢对老公说，希望老公改了这个不好的习惯，也按照规定的去做，只有这样儿子才会觉得爸爸是自己学习的榜样。从那之后，老公也按照成欢的要求去做事情，儿子自然也不敢再乱扔东西，他每天回家之后，都会将自己的东西摆放到该放的地方。

在现今社会，中国父母总是习惯把对孩子的智力要求放在最重要的位置，于是为了让孩子好好学习，便允许孩子可以什么事情都不去做。其实这是不正确的，毕竟现在的社会需要的是有能力的人，而不是一个书呆子。作为妈妈应该要求孩子做些力所能及的事情，并且也要保证自己能够做好，多给孩子树立良好的榜样，这样一来孩子才会发自内心地去做这件事情，就如同前面例子中的丰风一样，当他看到自己的爸爸也按照妈妈的规定做事情后，自己也会要求自己去做，这就是榜样的作用。如果妈妈只是在一遍遍地教导甚至是怒骂孩子，却不知道让大人做榜样，那么孩子也是不会服气的，甚至还会有叛逆思想的产生。妈妈要注重言传身教的作用，想要孩子养成好的习惯，那么自身也必须养成好习惯才行。

在生活中，以前妈妈如果没有注意到通过身教来教育孩子，那么在今后的教育中，妈妈们要怎么发挥榜样的作用呢？

1. 妈妈们应该主动放下架子，改掉陋习

很多妈妈都会觉得自己是孩子的妈妈，自己生养了他，所以孩子的一切事情都应该听自己的，并且，按照自己多年的经验来指导孩子的，如果孩子不按照自己的意愿去做，那就不行。其实，很多妈妈都会有这种想法，然而这样的想法对孩子的成长是十分不利的。在生活中，我们需要的是让孩子变得更加积极主动，那么妈妈们不妨放下架子，和孩子成为朋友，如果孩子发现了妈妈身上的缺点，那么妈妈也应该虚心地接受孩子的监督，然后接受孩子的建议，改掉陋习，只有这样，才有助于孩子养成好的习惯。

2. 妈妈教孩子时，要给孩子讲明道理

孩子年龄比较小，理解能力还不是很好，所以在教育的过程中，妈妈们就要给予孩子比较多的讲解，要让孩子明白其中的道理，这样孩子才会愿意按照妈妈所说的去做。如果妈妈不跟孩子讲清楚道理，按照孩子的智商也是无法去理解的，自然也就不会达到妈妈想要的效果了。

3. 做好榜样不是一两天的事情，要坚持

妈妈不要认为自己只要给孩子做了好榜样，让孩子明白到底怎么样来做就行，等到孩子能够按照自己的要求去做的时候，妈妈就不用再去做榜样了。其实这种想法是完全不正确的。妈妈们要懂得坚持，毕竟这是一种好的习惯，不要只在孩子面前坚持，即便不是为了孩子，也应该坚持好的习惯。

第2章
尊重孩子，学会倾听，跨越代沟与孩子做朋友

尊重孩子，孩子才可能获得自尊

我们大人有自尊心，孩子同样也有。很多妈妈往往忽略了孩子的自尊心，在很多言行上伤害到孩子的自尊心。孩子也需要别人的尊重，尤其需要来自妈妈的尊重。

自尊心对一个人人格的影响是非常大的，可以说，培养孩子的自尊心直接影响到孩子的未来。历史上那些成功人物虽然个性不一，但他们都有一个共同点：都具有强烈的自尊意识，都多少有点“士可杀，不可辱”的特点。所以，做妈妈的绝对不要伤害孩子的自尊心。事实上，妈妈无意间伤害孩子自尊心的事经常发生。

从前有一个孩子，似乎是上帝特意关上了他歌唱的窗户，他不仅五音不全而且音色难听。这个孩子也意识到自己的歌声不好听，所以很少在外人面前唱歌。当他念四年级的时候学校要举行歌唱比赛，无奈下他只得在家抓紧练习。没想到，母亲听了他的声音恨铁不成钢地教训说：“你这是在唱歌还是在狼嚎？”虽然母亲并非是存心让孩子伤心，但就是这样的一句无意识的话，却让孩子连校门都不想再跨进。

有的人会说这样的话，朋友之间也会经常玩笑，为什么就没有事呢？其实主要是因为这句批评来自于母亲。在孩子的心里

母亲是他最尊敬的人，当这样的话从母亲嘴里说出，孩子毫无反驳的余地。这样的无形伤害是巨大的。

还有一种无意的伤害，那就是妈妈总认为自己的孩子不懂事，无论什么事情都替孩子做主。其中最常见情形是：同学来找孩子出去玩，妈妈也不管孩子愿不愿意，就不假思索地代他说："看书呢，不去。"妈妈的行为会让孩子在同学面前很没面子。孩子进入小学后，就会有自己的生活圈，有自己的朋友、自己的世界。为了维护自己的面子，有时孩子甚至会故意不听话。妈妈在孩子的朋友面前指责孩子，这对孩子社会性的发展非常不利。

然而，孩子的这种心理却不易被妈妈理解或为妈妈所忽视，以至于亲子之间产生一些不必要的争执和伤害。这些都值得做妈妈的警惕与注意。要求孩子尊重妈妈，是古今中外公认的道德规范。但是，要求孩子尊重妈妈是以妈妈也要尊重孩子为前提的。很多妈妈可能还无法接受这样的理论。妈妈是长辈，子女是晚辈，子女尊重父母天经地义，而且千百年来历来如此，却从没听说过妈妈有尊重子女的责任。

不管妈妈们怎么想，为了孩子的将来，尊重孩子都是势在必行的。一个孩子长到八九岁，就会有些独立的意志和欲望，尤其是进中学以后，他会在心理上认为自己是独立的。他已经有了一些是非善恶的标准与概念。对孩子的这些概念，只要不是错误的，妈妈就应尊重。而且事实上，做妈妈的也大都这样做了，因为谁都不会有意去侮辱自己的孩子。孩子如果在外面受了委屈，妈妈都会愤愤不平。但是，在日常生活中，有的妈妈自己无意间伤了孩子的自尊，却往往没有发现。

小孩子在家里不免乱拿东西，而且用过了，也不知道放回原来的地方。于是，有时妈妈要找一个东西用，找不到就会问孩子把东西拿到哪里去了。如果孩子真的拿了，而且经母亲一问孩子马上就想起来，那当然很好。可是如果孩子没有拿，妈妈却一再追问埋怨，往往就会在孩子的心灵上留下阴影。

有的孩子既好奇又调皮，总觉得大人做的一切都新鲜。孩子喜欢在爸爸不在的时候，拿他的钢笔做功课；喜欢趁妈妈不在的时候，偷偷穿妈妈的高跟鞋。这些小事发生多了，就会在妈妈的头脑里产生一种条件反射，只要有什么东西一时找不到了，马上就认为是孩子拿了。

孩子说没拿，母亲不信，反而说孩子是撒谎，这实质上是对孩子人格的一种侮辱，孩子心里自然会十分痛苦。然而主观武断的母亲却没有意识到自己无意间对孩子心灵上的伤害，还以为自己是正确的。过了几天，母亲自己又无意间在另一个抽屉或什么地方发现了之前没找到的东西，才恍然大悟，是自己放错了地方。

类似的事情，在不少家庭中都经常发生，而且常常被妈妈忽视。这种无意间的伤害，不仅给孩子幼小心灵造成创伤，也很容易造成妈妈与孩子感情上的隔阂。所以，妈妈一定要学会尊重孩子的自尊心。试想，一个没有自尊心的人，将来会怎样呢？一个孩子一旦失去了自尊心，也就会丧失了前进和奋发图强的意志和勇气。

一个不用功和粗心的孩子，在做功课。母亲看到孩子的作业本或试卷上连简单的试题都答错了，感到气愤和失望。于是可能会骂："这么简单的题目都不会做！你还能做什么！"有的为了刺激一下孩子，还故意辱骂一两句："你真是白吃了几年饭！你是小学一年级的吧！"

当然，这种话也可能促使孩子深省，从而产生奋斗的决心。然而，这种讽刺话对于中小学生却不可能产生什么好的效果。因为这种话只能刺痛他一下，但并不能使其悔悟，认识到自己不用功或粗心大意的错误与缺点。

每个小孩都愿意大人说自己聪明能干。妈妈的责骂只会使孩子泄气。照理说，在孩子受到老师或别人责骂时，作为妈妈应该鼓励支持孩子："母亲相信只要你好好做，认真地去做，一定能做得很好。"而且事实也是这样，不管外人怎么说，只要孩子的妈妈承认孩子的能力，相信孩子的能力，支持和鼓励孩子，最后孩子就一定会努力拼搏，而不会沉沦下去。反之，如果妈妈首先就把自己孩子的才能否定了，孩子当然就会无所依靠，进而丧失信心，结果什么都做不好。

还有一种讽刺话也是不能说的。有的孩子本来对妈妈依赖性很大，读书做功课都要妈妈催，做事要妈妈喊。后来孩子由于某种原因，改变了，主动念书做功课，而且还主动帮助母亲打扫。于是母亲觉得很惊讶，不自觉地说了一两句“今天怎么太阳从西边出来了”，或“今天这孩子怎么变得我认不出来了？是跟隔壁大维学的吧”。

母亲本来是要表示对孩子进步的高兴，只是感觉有些意外，说了这种带刺儿的话。不过，即使是开玩笑，这种讽刺话也最好不要说。因为它同样可能伤害孩子的自尊。俗话说得好：“说者无心，听者有意。”遇到上述情况，妈妈最好通过夸奖来放大孩子身上的闪光之处，这不仅是对孩子的尊重，而且如果孩子长期受激励性话语的影响，其内心就会形成正面的自我意象，久而久之，他们就会越来越自尊自信。

尊重孩子的兴趣和爱好

一般说来，都是父母在决定孩子要学什么、不要学什么，而对于孩子自己的意愿，父母从来不会问孩子太多。孩子对什么感兴趣、喜欢什么，父母都不太关心，他们只关心孩子的学习情况。这样一来，孩子会对学习越来越没有兴趣，一旦失去了兴趣，成绩当然就不会理想。

兴趣是才能的先师，只有当孩子对某项事物有着特别的兴趣的时候，这项兴趣才有可能会发展成孩子的特长。当父母发现孩子的兴趣之时，要多加关注。只有在父母的关注下孩子的兴趣才会继续扩大化。若是孩子自己的兴趣没有得到父母的肯定，孩子也会逐渐失去兴趣。有的父母会强行培养孩子的兴趣，就像现在很多家长看到别人家的孩子多才多艺就跟风让孩子去学习乐器，也不管孩子愿意与否。甚至有的家长在看到孩子苦着脸练琴却成绩不佳的时候还会抱怨说："现在我们有条件让你学，你还不珍惜。你知不知道从前我们想学却没有机会？"父母的话很在理，社会在进步，家庭的生活水平也在不断地提高。但是无论如何要首先尊重孩子的兴趣，毕竟兴趣才是开启智慧大门的金钥匙。

要知道，人的兴趣是可以培养的。对于一件事情，也许孩子在开始的时候并不感兴趣，但是，如果父母引导、鼓励他们，给他们一个良好的环境和机会去接触和学习，就可以培养孩子的兴趣。不过，在这之前，父母必须对孩子的能力和意愿以及其他方面的条件都要做再三的考虑。

再者，孩子的兴趣本来就是随着成长而改变的。有个孩子小时候喜欢玩棒球，还曾经把成为棒球手当成自己的理想，但是，他长大了之后却成了一个研究天文的科学家。其实，孩子在不同的年龄段会有不同的兴趣，所以，不要太早就给孩子指出一条路让孩子去走。

尊重孩子的兴趣不是光说说就可以的，必须要有实际的行动。有的父母会尊重自己孩子的兴趣，但是当他们失去耐心的时候，孩子往往会成为他们的出气筒。但是，有的父母却不这样做，他们知道，那样对孩子的伤害会有多深。

在结构游戏中，向来非常听话的汤姆一直站在旁边，不管爸爸怎么鼓励、劝说，甚至责备也不肯参与游戏，爸爸并没有因此而失去耐心，更没有生气地对汤姆大声喊，而是问他："你不想搭公园，那你想玩什么？"汤姆说："想搭一架飞机。""我批准了你的想法。"爸爸当即说。汤姆高兴地玩去了。其实，对于父母来说，搭公园和搭飞机差不多，关键在于孩子本身是否感兴趣。对于有兴趣的东西，孩子会产生一种强烈的学习欲望，并在学习中产生一种满足感、愉悦感。但是，有许多父母总是要求孩子像大人那样坐着，聚精会神地看书，而孩子感到十分好奇的东西却不准他摸，甚至不准问。这样一来，孩子没有兴趣，便无法发挥主动性，根本就学不好，久而久之，孩子就会产生压抑、厌恶、叛逆心理。当孩子对某些事情不感兴趣或是对某件事情不屑的时候，父母一定不要硬逼孩子，而是要诱导孩子。

一个13岁的孩子在画廊看那些抽象派的画时，对父亲说：“这些画没意思。”父亲说：“不懂少多嘴，你对这方面又不了解，最好搞清楚了再发表意见。”孩子很不服气，大声地说：“我还是认为这些画没什么好的。”这种对话有什么效果呢？只会伤害孩子的自尊心，既增长不了他对艺术的认识，也不能增进他对父亲的敬爱，他甚至会找机会回敬父亲一句：“你对这种画又知道多少？”这就造成了双方的对立，拉大了父子间的距离。所以说，对孩子进行诱导的时候一定要有耐心，不要对孩子抱嘲笑的态度。

在尊重孩子的兴趣时，最主要的是要充分了解孩子，调整期望值，因材施教。有一些家长，对孩子的期望过高，今天跟这个比唱歌，明天跟那个比画画。能力强的孩子还好，比出了自信；能力弱的呢？就比出了自卑，比出了压抑，比出了越来越沮丧的心情。如果每位家长都能充分了解自己的孩子，制订出相应的目标，让每个孩子都在自己的水平上得到适当的发展。那么，孩子学起来就会很轻松愉快。

尊重孩子的自主性

有很大一部分的父母对孩子的未来都表现得十分担忧。他们总是觉得自己的孩子不如别人家的孩子刻苦。可是孩子为什么会失去干劲是一个值得讨论的问题。其实若是孩子缺少克服困难的精神，就会满足现下的生活，在这种情况下孩子对一切的事情都会提不起兴趣。许多家长总是抱怨：“都要中考了，孩子还不好好学习。”“我家孩子总是贪玩，一点也不知道自觉学习。”有时候确实是孩子面临着困境，可是大多数的情况下都是父母在杞人忧天。然而孩子没有干劲却是一种非常让父母担心的事情，要如何避免孩子没有干劲，首先要找到形成孩子没有干劲的原因。

并不是每时每刻孩子都需要有充足的干劲的，但是父母却总是觉得孩子应该对学习有使不完的干劲，久而久之孩子就会显得格外的没有干劲。其实孩子很多时候都不知道为什么要十分有干劲，只有让孩子感觉到做这件事是十分重要的，干劲才能够真正存在于孩子的心里。

没有丝毫兴趣的事情，孩子即使去做也提不起干劲。对孩子来说，可能动力并非是物质或者金钱，可能是来源于父母的精神鼓励。同样当孩子对事物产生“知难而退”的心理的时候也会失去干劲。其实不论什么事从心理上让孩子感觉只要自己努力便可以成功，那么也会让孩子干劲十足。

目的意识是导致孩子有干劲的一个重要原因，但并非有了目的性或者报酬，孩子就一定会鼓足干劲的。因为当事情丝毫没有挑战性的时候，孩子也会提不起干劲。当孩子遇到自己感兴趣却又有一些难度的事时，虽然没有报酬，孩子依然会有十足的干劲去完成。因为当孩子完成一件有难度的事时会有成就感产生。以此类推，当孩子的功课过于简单的时候也会让孩子没有干劲的。

既是如此，那身为父母要如何提高孩子的干劲呢?

你仔细观察会发现孩子的很多行为都是与成人背道而驰的。比如有些成人吃饭的时候会将自己喜爱的菜肴留到最后，而将自己最不喜欢的菜肴先吃完。然而孩子的行为恰恰相反。类比到学习上，孩子也是会在自己喜欢的科目上多下功夫，而对自己不喜欢的科目避之不见。不喜欢的科目上课的时候会睡觉、开小差，不喜欢科目的作业也会留到最后，孩子不喜欢的科目便会越来越差。当遇到这种情况的时候，父母不妨换一个角度去引导孩子，让孩子先做不喜欢的科目的功课。这样孩子会为了去做自己喜欢的科目而硬着头把不喜欢的科目中的难题攻克下来。一般情况下，从不喜欢的科目开始做起，对孩子成绩的提高有着显著的帮助。

“从众心理”是孩子在成长过程中的一个重要心理，家长也可以利用孩子的这个心理来对孩子进行教育。当孩子不想读书、做功课或者不想做家务的时候，父母利用孩子的“从众心理”就会达到很好的效果。“从众心理”是什么呢？比如说当流行染发的时候，很多女性不管本色的头发是否好看，都去一窝蜂地赶时髦。这种“从众心理”在孩子之间更为明显，因为孩子更为担心自己会不会被伙伴排斥。

与成人相比，孩子对“从众心理”是没有抵制能力的。在孩子的心灵深处没有一件事是比被朋友排斥更为难过。这也就是为什么当某品牌手机流行的时候，孩子都会跟父母索要该品牌手机。这并不是因为孩子有多喜欢，而仅仅是希望不要脱离这个群体。然而当父母不答应的时候，孩子还会高喊着“为什么苏苏有，而我没有？”由此可见，离群在孩子心中是一个不敢触及的深渊。家长便可以用孩子这种不安的心理，激励孩子去做某些他们并不愿意做的事情。然而这并不是让家长将自己的孩子与别人做比较，若是使用的方法不对，还会造成相反的结果。所以家长不妨在孩子不愿意做功课的时候，对他这样说：“隔壁家的苏苏，这个时候都是功课做完了才来看电视的。”大多数的孩子在听到这句话的时候会很乐意先去将功课完成再看电视。

1. 不要为孩子安排过于舒适的环境

“吃苦耐劳”是中华民族的优良传统，即便是在21世纪的今天，想要成就大事也要有吃苦耐劳的精神。过于安逸的生活总会让人迷失方向。

有一个念4年级的小学生，在一次智商测验中被发现是“高智商”孩子。家中的父母都为他感到骄傲，并觉得这样优秀的儿子应该有一个更好的读书环境，这样才更有利于孩子的发展。这个孩子的家庭经济条件很好，父母也总是将最好的东西都给孩子准备好。渐渐地，这个孩子开始发生转变，成绩也再不似从前那样。有专家进行分析表示，孩子的物质环境过于优越，会让孩子失去干劲。若是孩子对周边的一切都感到不满的时候，才会想要打破现状，努力向前。

2. 要经常鼓励孩子的自信心

孩子考试成绩不太好，心里很难过，再加上怕父母训斥，心里一定会忐忑不安。这时，如果父母再鼻子不是鼻子、脸不是脸地训斥他一顿，效果不但不好，反倒还会产生副作用，使孩子丧失自信心。作为母亲应轻描淡写地说："我相信以你的实力，应该可以得到更好的成绩，这次考试大概没有完全发挥吧！妈妈相信你日后一定会大有作为的。"这样孩子不但不会丧失自信心，还会增加干劲，发奋图强，效果比把孩子训得发怵好得多。

为人父母者，若能经常引发出孩子的潜在能力，孩子的成长有时会出乎父母的意料。

3. 父母要慎说"反正"或"还是"

当孩子递给你一张满红的成绩单时，相信有不少的母亲，为了安慰沮丧的孩子，会无意识地说"没关系，反正这个科目你不行"，或"还是跟上次一样的低分数"。做母亲的也许是为了安慰孩子，但这样的言辞，不但不会给孩子带来安慰或鼓励，反而会使孩子灰心丧气。"反正"或"还是"，无疑表示要孩子放弃努力，若母亲经常把这些词挂在嘴边，当孩子想要做某件事时，心里就会升起"我反正做不成"或"大概还是做不到"的想法。这种不利的自我暗示，相当于不战而败，当然不可能会产生学习的干劲，孩子以后面对任何工作，都会以马马虎虎的态度应付了事。

比如说，某次考试得了高分，就会认为"这次算我走运"，产生了此种否定性的想法，纵使师长或父母夸奖他，也不会从心底高兴，更不会将此种夸奖，化为下次努力的能量。使用严厉责骂的方式，企图激发儿童的反抗心，使他产生干劲，往往会让孩子产生“反正我就是这么没用”的心理，这样无异于给了他不利的暗示。父母对孩子说：“反正……”“还是”，即是向他宣布了：父母对你根本没有期望，一个相信自己没指望的孩子，是不可能产生干劲的。

尊重孩子的隐私

孩子有了隐私，许多做妈妈的总是千方百计地去侦察，如翻抽屉看日记、拆信件，甚至打骂训斥。殊不知这种做法会伤害孩子的自尊心，造成孩子沉重的精神压力，甚至产生敌意和反抗，采取全方位的信息封锁和防备措施，导致妈妈与孩子关系的恶化。所以妈妈们应该懂得尊重孩子的隐私，只有尊重了孩子的隐私，那么孩子们才会真正感到快乐。

很多妈妈说：“孩子越大越不听话，不像从前那样，有什么事都和妈妈讲。”还有的妈妈发现孩子有些事瞒着家长，有些东西藏起来不让家长看见，同学之间的书信和他自己的日记，总要放到安了锁的抽屉里。对孩子的这种行为，妈妈感到不安，怕孩子染上坏毛病。

隐私是人人都有的，孩子也不例外。孩子有他自己的世界，有自己驰骋的天地、遨游的空间。孩子把自己的隐私看得十分重要，妈妈如果粗暴地干预，是不会收到好的效果的。一来侵犯了孩子的权利，是违法之举，是对孩子的不尊重；二来加深了孩子与妈妈的隔阂和对立，使他们更加关闭自己的心扉，不利于对孩子内心的了解。

一位初中女生回到家后，遭到爸爸的大声训斥。原来爸爸趁女儿不在家，偷看了一位男生写给她的信。女儿非常生气，说爸爸的这种行为是侵犯了自己的隐私权，是违法的。

但是，爸爸以一记响亮的耳光惩罚了女儿的不敬。第二天，女儿失踪了。若干天后，在离家50千米处的河湾里，女儿的尸体被人发现了。

有这样一幅四格漫画，配有这样四句话：“你翻看了孩子的书包”“你偷看了孩子的日记”“你拉开了孩子的抽屉”“你也锁住了孩子的心，请尊重孩子的隐私权！”

人人都有不愿告诉别人的私事，这便是隐私。个人隐私应得到尊重，法律也规定保护个人隐私不容侵犯，这便是隐私权。大人的隐私权且不说，孩子的隐私权受侵犯是常见的事，侵犯者常是妈妈。

妈妈侵犯孩子的隐私权，会伤害孩子的自尊心。隐私中常常包含个人的缺陷（包括生理、行为等方面）、错误、失算，是孩子自尊心遭到打击的记录。如果把自尊心比喻为花瓶，隐私就是瓶上的细小裂纹，所以妈妈更应细心保护好这个花瓶。随便暴露孩子的隐私，甚至当众宣扬，这无异于敲打这个有裂纹的花瓶，让孩子无地自容，把孩子的自尊心敲碎。

妈妈侵犯孩子的隐私权，会削弱孩子的自省力。写日记是一种自省方式，偷看孩子的日记，又把日记的内容宣扬出去，是不可取的。向妈妈吐露心事也是一种自省方式，妈妈听了却又透露给外人，这也是很不可取的。不尊重孩子的隐私，孩子就会不再重视这些自省方式，就会大大削弱自省的欲望和能力，妨碍孩子健康成长。

妈妈侵犯孩子的隐私权，会破坏孩子的人际关系。孩子的一些隐私会涉及他的同学、朋友，比如与朋友一起进行并非不正当，但又不愿别人知道的活动，并约定保密。妈妈知情后，不分青红皂白将事情公之于众，这便会招致朋友和同学的怨恨，破坏了孩子与别人的友谊。

妈妈偷看孩子的日记的目的，往往是想了解孩子的一些真实的行为和想法。其堂而皇之的理由，往往是为了孩子好，怕孩子走上邪路，怕孩子出事。但是你的目的达到了吗？恰恰相反，你与孩子的距离更远了！

虽然妈妈的出发点都是为了孩子好。他们的担心也不是没有道理的，孩子毕竟尚未成熟，处理一些事情难免幼稚、失误。但要引导孩子走正道，正确的方法是：通过沟通来达到了解孩子的目的。

当然，孩子正在成长，还未成熟，如果结交一些不三不四的朋友，养成抽烟、喝酒、赌博等不良习惯，出现早恋，等到事情已经发生，再去纠正就难了。要防止这些现象发生，妈妈应当从各方面了解孩子，注意孩子的言行，及时给孩子以正确的引导，如果粗暴干预，孩子可能会越走越远。

那么，妈妈应该怎样对待孩子的隐私呢？

1. 尊重孩子的私密物件

随着年龄的增长，孩子的独立人格逐渐形成，妈妈不应随便翻看他们的日记或私拆他们的信件。当孩子有了自己的爱好、理想、异性朋友，应该加以爱护，再循循善诱地开导他们。

2. 妈妈们可以对孩子做事的尺度进行把握

成长中的孩子在处理学业、情感、人际关系等问题时，难免把握不好尺度，妈妈平时只要细心观察孩子的动态，就可以看出孩子的思想变化，然后根据孩子的性格、爱好和特长，采取相应的措施，引导孩子明辨是非。

3. 对于孩子的隐私，应该允许他们有所保留

不能采取“间谍式”的手段去了解孩子的隐私。要知道，孩子心中有秘密存在是很正常和普遍的事，没有什么值得大惊小怪的。妈妈应以理解和宽容来对待。妈妈要适当控制自己，不要苛求孩子把什么都告诉你，允许他们有自己的“自留地”。

与孩子交流时应当少说多听

在教育孩子或者在与孩子交流的过程中，妈妈往往会把自己错置于主角的位置，而忽略孩子。有的妈妈只管自己不停地“谆谆教导”，以为孩子只要全盘不动地按照自己所说的去做，他的发展一定就完全没有问题。而有的妈妈只顾忙自己的事，把孩子的话当成耳旁风。其实这两种方法，都是错误的。如果爸爸妈妈在跟孩子沟通的时候能够做到少说多听，那么爸爸妈妈就很容易走进孩子的内心世界，这样教育起孩子来就轻松得多了。

一个刚上高中的小女孩，在学校军训完成以后趁着假期回家。因为刚刚离家一段时间，对爸妈特别想念，又刚刚接触新的同学和新的环境，有非常多的话想对爸爸妈妈讲，所以见到爸爸妈妈就滔滔不绝地讲开了。但是讲了半天，爸爸妈妈一点反应都没有，还是在各自做着自己的事情，对她的讲话内容没有表现出丝毫的兴趣。女孩心里想也许爸爸妈妈对这些都不感兴趣，就想换一个更加吸引人的话题，她就把声音提高了几分，说要讲一个很有爆发力的新闻事件，想引起爸妈的注意。这时候她就把心里憋着一直想讲但又觉得有点敏感的事情装作神情很平常地讲了出来，原来是班上发生的一件关于早恋的事，但是这件事的主角却是两位女同学，因为一个女同学长得太像男生，被另外一个女同学误认为是小帅哥了，还给她写了情书，于是在班上闹了一场笑话。

女孩讲完后就哈哈大笑起来，但她笑过之后却发现爸妈还是一点反应都没有，当时那感觉就尴尬到了极点。而从这一次过后，她每次回家都只跟爸妈客套地打个招呼就去做自己的事情，有什么事也不拿出来和爸妈分享了。

斌斌是个有些沉默的孩子，他做事很认真，但是反应稍微有点慢。平常放学回家他都是一声不吭地把书包放下自己去写作业，不吵不闹，学习成绩也很好。邻居总是在斌斌妈面前夸奖他，而这时妈妈总是不管他是否在跟前，都摇头叹息地说："这孩子没用，平常话都不知道说一句，将来没出息呀。"斌斌每次听完心里都很难过，他决定改变一下。

这天放学回家他和平常不一样，放下书包就跑到妈妈面前，很兴奋地要跟妈妈讲他下午和同学们打篮球的故事。可是妈妈一脸不耐烦地说："我这边忙得喘不过气来你还跟我讲这些没用的，学习才是正事，赶紧写作业去！"斌斌听后眼含泪花满心委屈地走开了。

当然，为了避免妈妈再骂他，他绝对没敢让他妈妈看见眼泪。后来他在日记本里写道：我会尽一切力量努力学习，尽管我总是觉得压力很大，但是为了妈妈开心，怎样辛苦都没有关系。只是，我好像怎样做妈妈都不满意。这时候的斌斌才十岁，孩子的心里话让人觉得好心酸。

从这两个故事里我们可以看出，很多家长常常苦恼：孩子怎么什么都不跟我们讲，我们对他们的情况什么都不了解。其实，这很可能是因为我们听得太少，或者说得太多了。

从心理学的角度来说，无论是说得太多还是听得太少，对孩子都会造成很大的伤害。如果妈妈很少听孩子讲话，会让孩子觉得自尊心很受伤。他们可能从此就会把自己的心事甚至只是一些平常的事情都藏在心里，把自己包裹得紧紧的。而这种事情在我们生活中太常见了，妈妈们一边想把自己所有最好的东西都给孩子，希望他们有出息，又总在这种巨大的期待下狠狠地伤害着孩子。所以，妈妈们必须改变了。

其实学会倾听的技巧很简单，只是需要我们时刻提醒自己去注意纠正自己的不良做法，并且不断地练习。

1. 积极地、全神贯注地倾听

当孩子给我们讲一件事的时候，即使我们正在忙碌，也一定要将注意力转移到孩子说的事情上，要适时地看着孩子的眼睛，不时地配合一些肢体语言，比如点头或者通过眼神传递给孩子信息：我在认真听着，你可以放心地讲。

2. 要给予孩子回应，适当陈述出孩子的感受

少说多听，并不是就只听着，孩子说完了我们也当左耳进右耳出就没事了。我们一定要让孩子感受到我们不仅在听他讲，还真的很关心他。如果说认真地听是对孩子的一种尊重，那么给予孩子积极回应就表示我们对他很在乎。

积极地回应就是在适当的时候附和两句“哦，原来是这样”，或者“嗯……那真的是很辛苦”“那你一定觉得很委屈”等，根据情境适当发挥。

3. 注意你所有的表现，一定要有诚意

绝对不可以表现出敷衍孩子或者不耐烦的神情。孩子虽然很小，但是孩子很敏感，他完全能够感受得到妈妈的行为，所以不要以为是小孩子就去敷衍他。相反，正因为是孩子，我们一定要用心去对待，用心去回应他。事实上，只要积极地跟孩子沟通，多一些倾听和肯定，少一些责骂和吼叫，孩子会自动纠正自己的不当行为的。

认真倾听，解开孩子的心结

在亲子交流中，聆听孩子的心声是很重要的一种方式。孩子的倾诉习惯不是天生的，而是需要通过父母有意建立的环境和气氛培养出来的。当父母带着开放包容的心，以平等的姿态倾听孩子述说的时候，孩子就具有安全感和信任感，并因此愿意跟父母沟通。

很多父母对孩子的生活呵护备至，“含在嘴里怕化了”，很少家长能够真正把孩子当作一个有独立人格的人去看待。当孩子遇到问题，想跟家长诉说时，家长往往凭借自己的经验，生硬地打断孩子，甚至斥责孩子，孩子只好把想要说的话咽回去。

称职的父母，一定要聆听孩子说话，用自己对孩子的信任、尊重去促使孩子表达自己，从而与他们有所交流、有所沟通。父母对孩子表示关心、照顾，让他们谈论有关自己的事，孩子便会感到与父母在一起很亲密。

“去去去，怎么这么烦。”原来是对门的毛毛回家跟妈妈讲幼儿园老师请父母配合做的一些事情和一天的所见所闻。“小孩子哪有这么多事？”毛毛的妈妈正忙着做自己的事，对儿子的喋喋不休很不耐烦，三言两语就把儿子打发掉。

大部分的父母认为自己没有足够的耐心、自制力和认同度来倾听孩子的观点，这其实是父母的接受能力与价值观造成的障碍。其实，父母只要用耐心、关爱和信心去面对与孩子交流这件事，就可以做得更好。

对于父母来说，倾听孩子说话其实是一门艺术、一门学问。倾听，能使孩子从小学会以平等与尊重的心态与人建立关系，能使孩子觉得自己很重要，更有利于孩子学会独立思考。

想做一个好的聆听者，父母必须集中注意力，选择一个不忙的时间和安静的地点，听孩子说话。不做家务事，关掉电视、电话，用眼睛注视着孩子，表示是真心在与他接触，每天都要为孩子提供与他们单独接触的机会，哪怕只用几分钟，可以对孩子说：“我们一起散会儿步”，或者说：“我们一起谈谈。”

在听孩子说话时，父母必须注意自己的肢体语言，放松身心。哪怕你正在为孩子的语气而生气，也请你松松肩膀，尽量放轻松，并且不要抿嘴；其次，你要面对孩子。无论你正在忙什么，都要暂停一下，真诚地与孩子面对面做好聆听的准备。尤其是不要交叉手臂，看起来居高临下，让孩子欲言又止。如果你手头有工作，可以先请孩子耐心地等待一下，并在放下工作后耐心听孩子说话。从姿态方面来看，你可以用专心致志、和蔼可亲或逗趣幽默等方式来迎接孩子的话。

父母在倾听中，要将专注倾听的态度传达给孩子。送给孩子最好的赞美，让孩子知道他所说的每一句话，你都认真听到了。

使用表情变化来传达。比如保持微笑，并做出吃惊的样子。孩子最希望看到大人对自己所说的事情表示出吃惊的表情。孩子会认为能把大人吓住，说明自己很有本事。

使用语言来表达。在倾听孩子谈话的过程中，用简单的诸如“太好了”“真是这样吗”“我跟你想的一样”“你的想法太好了，请继续说”“我简直不敢相信”等话语来表示你的兴趣。

小军有段时间上学总迟到，老师为此让小军叫家长来学校。

小军妈妈知道小军的表现以后，内心很着急，但她没有打骂孩子。这天临睡前妈妈问小军：“儿子，你告诉妈妈，你每天都按时去学校的，为什么你早早出去，却总是迟到呢？”

小军知道老师跟妈妈谈话，一定要跟妈妈说他的错误的，早就做好了挨妈妈一顿训的准备。现在看妈妈这么问，没有责怪自己的意思，他愣了一下，然后跟妈妈说：“我早上出去，看到河边的日出特别美，结果看着看着就忘记时间了，所以就迟到了。”

小军妈妈听儿子说完，笑了笑，就让小军睡觉了。第二天一早，妈妈跟小军一起来到了河边，面对那喷薄而出的旭日，妈妈感慨万分地说：“儿子，真是太美了，我好久没有看过这么美的日出了！妈妈谢谢你！”

这天小军没有迟到，妈妈把他按时送到了学校。

放学回家，小军看到桌上有一块式样简洁大方的手表，下面有张字条，上面写着：“因为有那么美的日出，我们更应该珍惜时间，珍惜学习的机会，对吗儿子？——爱你的妈妈。”

此后，小军再也没有迟到过，而且比以前更努力了。

这就是聆听孩子心声的神奇效果。我们都该像小军的妈妈那样，珍视孩子内心对美的感受，放弃粗暴、无情的惩罚，用对孩子的爱、包容、耐心和鼓励，给孩子一个温暖、幸福的成长环境，帮助孩子更好地成长。如果小军的妈妈听了老师的反映，不问青红皂白打孩子一顿，小军热爱生活、热爱美好的稚嫩的心就会被伤害，甚至长期留下阴影，不仅影响今后的亲子沟通，更会影响孩子的心理健康，让孩子朝不正常的方向发展下去。

另外，如果家长没有聆听意识，不愿意耐心地听孩子的倾诉，而是把自己的情绪强加给孩子，还会有很多的负面影响：

1. 孩子觉得父母不重视自己，会把内心真实的想法隐藏起来，父母也就无从了解孩子的思想，无法有的放矢地教育孩子。

2. 孩子遇到问题，找不到合适的人倾诉，只能选择回家告诉父母。如果父母不理会孩子，会让他内心受到很大的伤害。

3. 孩子的话语权得不到尊重，久而久之，孩子会产生对父母的对抗情绪。

4. 不利于孩子表达能力的提高，更容易使孩子产生自卑情绪。

家长该怎样更好地面对孩子的倾诉呢？

1. 用心聆听

用心聆听，说起来容易，做起来难。很多时候，在听别人的话时，常常是你在说，我却没有听，只是想我该怎么回答你，这样就不叫倾听，而是敷衍。

2. 用孩子的心去感受世界

孩子的眼睛看到的世界，跟成人不同，一切都充满了童真童趣。绒毛玩具是有生命的，太阳、月亮是可以对话的伙伴，她会做小白兔的姐姐，花儿会笑，小乌龟会生气……孩子们感受到的美好，成人已经淡忘了。用孩子的眼光看世界、感受世界，才能深刻地理解孩子的喜怒哀乐。

3. “蹲下来”看孩子，走进孩子的世界

蹲下来，跟孩子保持一样的高度，从“眼睛对着眼睛”做起，从眼睛这心灵的窗口看懂彼此的内心，多些建议、鼓励、商量、示范和倾听，少一些命令、指责、呵斥、包办和告知。像朋友一样跟孩子相处，尊重孩子的独立人格，走进孩子美好的童真世界，跟孩子一起分享成长的酸甜苦辣，民主地接受孩子对自己的建议和批评，才能真正地达到亲子沟通。

总之，父母通过聆听孩子的心声，会让孩子增长语言表达能力和应付人际交往的能力，获得应付挑战的能力，学会控制自己的情绪，形成健康的人格和心理。同时，倾听孩子，并不意味着家长要接受孩子的一切想法，接受他的不良情绪。

父母请注意，不要以责备的语气提问

很多妈妈擅长用责问的方式来教导孩子，觉得孩子只有在面临责问的时候才会感受到震慑力，孩子也才会听话。于是，一些妈妈习惯用提问的语调与孩子进行交流，但是却从来也没有考虑到孩子的心情以及孩子的感觉，殊不知，责备孩子往往是收不到好效果的。因此，妈妈们还是应该注意孩子的性格，尽量少用责备的语气和孩子说话，温柔一些，让孩子感受到来自妈妈的爱和关怀。

一天到晚忙于照料孩子和照顾整个家庭的妈妈可能会一不小心就说出“作业做完了没有？”“有没有去上补习班呀？”“你怎么还没去换衣服呀？”等没完没了的责备式的提问，这种提问方法会给孩子一种被催促和被责问的感觉，只能让孩子产生逆反心理。

事实上，对于孩子的教育问题，妈妈们应该注意，在和孩子进行交流的时候，语言一定要充满正面的因素，如果语气总是那么的严肃，孩子会觉得和妈妈交谈有压力，不利于亲子沟通。当然，有的父母总是习惯用提问的方式和孩子交谈，但是提问不是责备，你的语言中千万不要充满责备，责备孩子只会让孩子感受到不快乐。

王芳是一个完美主义者，凡事她都追求完美。她总是觉得七岁的儿子越越的行为举止不够好，她希望自己的儿子能够表现得更好。孩子一放学回家，王芳总是这样对孩子说："老师布置的作业今天必须完成。""老师上课时你必须认真听讲。"等，王芳的朋友娜娜觉得她这样对待孩子不好。那么王芳到底什么地方做得不好呢？

娜娜对王芳说："你作为妈妈，不应该单方面地去命令孩子，最好的办法是先问孩子该怎么去做，然后等孩子回答了自己的问题之后，再去完成。当然，在询问孩子的时候，口气一定要尽量温柔，重要的不是孩子回答得对或错，也不是孩子回答得是否完美，而是孩子自己想到该怎么回答，留一定余地给孩子，让孩子能够放松心情，千万不要给孩子带来压力，如果孩子和你说话都感觉有压力，那么孩子还会愿意和你交谈吗？"

妈妈们经常会对孩子说："你洗手了吗？""你漱口了吗？"对于这样频繁的询问，孩子从妈妈的口中感觉到的只能是责备，根本找不到任何有利于孩子成长的因素。所以说妈妈们在向孩子提问的时候，一定要给孩子留有余地，留点时间让孩子慢慢去思考。不要再用责备的口气来和孩子讲话，这些看似是提问的话语，实际却是在责备孩子，根本不利于孩子去接受你的意见和建议。

那么作为妈妈要怎么样来了解孩子的思想，同时让孩子能够正确接受自己的建议，而不是用提问的方式来责备孩子呢？

1. 选择提问的时候一定要注意自己的腔调

父母在和孩子交谈的时候一定要注意自己说话的腔调，如果你选择了提问的方式，那么千万不要在你的腔调中透露出任何质问的意思，即便是孩子做错了事情，妈妈们也应该理解孩子，不要用责备的语调来和孩子交流，因为责问总是会让孩子感受到浑身不自在的。

2. 千万要注意孩子当时的感受和心情

很多父母在和孩子交谈的时候，只顾自己的心情，只顾着自己去发泄情感，根本不考虑孩子的感受。如果当时孩子心情很差，妈妈们还用质问或者是责备的口气和孩子说话，那么必然会惹恼孩子，这样对两人的交流是毫无益处的。当然，如果想要避免孩子产生抵抗的心理，那么妈妈们也需要让孩子明白更多的东西，从而仔细地观察孩子当时的反应，这样才能够避免两人交谈的失败。有的时候孩子犯了错，妈妈们不顾孩子当时的心情，对孩子大嚷大吼，但是却不知道孩子自己犯了错，内心是更加难受的，这个时候妈妈们的安慰要比责备重要，而且孩子在面对妈妈的责问时自然是很不舒服的。而如果妈妈能够安慰孩子，孩子自然会记住这次教训，下次肯定会做得更好。

3. 孩子也需要反驳

在与孩子交流的时候，妈妈们总是会选择提问的语气，这种语气不是不能用，而是要看清孩子的情绪变化之后再用。在提问的时候语气上一定要温柔，否则当孩子感受到妈妈有责备自己的意思时，他可能会不开心，甚至会反驳你。比如妈妈经常会问孩子“今天在学校老师有没有批评你呀？”，孩子可能会感觉被问到这样的问题很不开心，可能会反驳地说：“我又没犯错误，老师凭什么批评我。”这样一听，就能听出孩子内心的火药味儿，所以说在和孩子交谈的时候，如果妈妈责问的语气让孩子感觉到不舒服了，孩子会反驳妈妈，那么妈妈们千万不要因为孩子反驳的话语而大发雷霆，或者是对孩子大吵大嚷，这样往往会影响亲子之间的感情。

在发表自己的观点前给孩子说话的机会

妈妈批评孩子的时候，如果批评得不符合事实，应允许孩子做出详细的解释。因为如果孩子在表面上接受批评，而内心却觉得十分委屈，这样的批评教育不仅于事无补，反而还会引发种种弊端。与此同时，妈妈也要让自己的孩子明白，解释的目的并不是推卸责任，本来应负的责任，还是应该要求孩子去担负的。

成功的家庭教育自然离不开妈妈对子女的深入了解，接受和尊重孩子的突出表现就是要保持孩子的自信，而不是去揭孩子的短。因此，当孩子的行为表现得不能那么令人满意时，妈妈们千万不能劈头盖脸地冲着孩子大嚷大骂一通，而是要深入去了解事实的真实情况，看看孩子到底是不是存在隐情，以免误解孩子，影响彼此之间的感情。

而在如今的家庭教育中，有些妈妈总是习惯性地表达自己的观点，根本认识不到倾听孩子诉说的重要性。孩子一旦出了问题，妈妈们就以成人的思维方式去评判孩子所做的一切，随后便将自己的意愿强加给孩子，轻则呵斥重则打骂孩子，根本不给孩子解释的机会。孩子因为失去说话的权利或者自己的想法得不到妈妈的重视，只好将委屈和不满埋藏在心里，长此以往，孩子再也不愿意将自己的想法告诉妈妈，做妈妈的也就很难知道孩子的所思所想，这样一来对孩子的教育就会无所适从。另外，孩子的说话权在很多时候是得不到妈妈的尊重的，妈妈不让孩子把话说完，总是打断孩子说话，这样一方面不利于孩子语言表达能力的提高，而另一方面也会使孩子产生自卑的心理。久而久之，孩子就会和妈妈之间产生隔阂甚至是产生对抗的情绪，以致双方会互不信任，产生沟通困难的问题，甚至还有可能会造成孩子的不良心理。

陶陶最近对一条浅紫色的牛仔裤情有独钟，几乎天天早晨起来都嚷嚷着要穿那条牛仔裤。因为裤子略有些薄，天气已经进入深秋，已经很凉了，妈妈觉得陶陶该穿厚的灯芯绒背带裤了。可陶陶依然不肯，妈妈怎么劝都没有用，她就是想要穿那条漂亮的牛仔裤。

到了晚上，妈妈把裤子拿走了，准备放到洗衣机中洗洗，不料被陶陶发现了，她赶紧拿了回来放到枕头边，第二天早晨陶陶便穿着那条脏兮兮的牛仔裤去了学校。放学回来之后，妈妈看着陶陶身上那条已经看不清小白兔图案的牛仔裤，便开始数落陶陶：“你还有许多漂亮的背带裤，这条都已经脏成这样了，为什么偏偏非穿不可呢！”陶陶有些委屈地说：“背带裤是比牛仔裤暖和，也漂亮，可是带子上的排扣太多了，系起来很费劲也浪费时间，课间上厕所的时间根本不够用，很容易迟到。”

妈妈这才明白过来，原来陶陶是因为这个原因而选择穿牛仔裤的呀，妈妈有些后悔刚才的莽撞言语，马上说道：“是妈妈错怪宝贝了，妈妈帮你把背带裤改改，以后系裤子就方便了。”

妈妈在开始的时候没有了解陶陶选择穿那条牛仔裤的原因，便开始数落陶陶，但是等到陶陶说出了原因之后，妈妈明白了事情的缘由，才因此而后悔。由此可见，妈妈在批评孩子时一定要给孩子“申诉”的机会，否则很容易冤枉“好人”。在妈妈发表自己观点的时候一定要先让孩子发言，说出自己的理由，这样才能够明白事情的原委，以免误解了孩子。一旦误解了孩子，就很容易对孩子造成伤害，同时，也会影响到家长和孩子之间的亲密感情。最终导致孩子对父母产生失望、反感的情绪，甚至会让孩子产生叛逆心理，以至于在今后，如有类似的情况再次发生，孩子也懒得向妈妈解释，采取消极抵抗或者是干脆反对父母教育的方式来应对。

陶陶的妈妈及时地听取了陶陶的“申诉”，很快意识到了自己的冲动和错误，随后真诚地对陶陶表达了歉意，并且马上改善陶陶的“裤子”状况，这有助于母女之间关系的改善和增进，同时也能够让孩子感受到被尊重，在以后的生活中，能够让孩子对家庭生活更加热爱。

那么，当孩子想要诉说时，妈妈们要如何才能更好地对待孩子的诉说呢？下面介绍几种方法，妈妈们不妨参考一下。

1. 尊重孩子说话的权利

妈妈们应该认真倾听孩子的诉说，充分给予孩子说话的权利，要知道这不是纵容孩子的行为，更不是去让孩子找理由，也不能视作听任孩子的狡辩，这是一种家教的艺术。首先，这有利于妈妈与孩子的交流。只有充分地尊重孩子的权利，孩子也才会对妈妈产生信任，才愿意把真心话掏出来。妈妈教育孩子也就能够对症下药、有的放矢了，从而帮助孩子去端正思想。其次，有利于孩子建立健康的心理，从而促进身心的良好发展。在平常，孩子有了向妈妈倾诉内心感受的机会，便会跳出压抑的心境，然后来克服自卑感，从而增强自我的信心。这对锻炼孩子的社会交往能力是十分有利的。

2. 向孩子显示妈妈正在听他讲话

孩子向妈妈诉说的时候，妈妈应该用关注来表示妈妈对孩子的尊重和表示妈妈愿意分享孩子的想法和感受。当孩子开口向妈妈讲话的时候，妈妈应该停下手中的事情，然后转向孩子，并与孩子保持目光的接触，仔细地听孩子说话。同时还要通过点头的方式表示自己在听孩子讲话。

当然，妈妈在听孩子说话的时候，千万不要对孩子进行无端的批评和责备。不管孩子说得对与错，作为妈妈首先应该去仔细地聆听，只有在听孩子说完之后，才能够给予孩子更好的反馈。在我们日常的生活中，因为受委屈的人，很少会反省自己有什么过错，而很容易被感动的人则更容易自省，并且因为感动会增加内心的勇气和自信，同时其自制力也会有所增强。

3. 告诉孩子你所听到的以及你的想法

孩子说话时，无论你有多么忙，一定要眼睛看着孩子，不要随意插嘴，表现出你听得十分认真的样子。让孩子发表他的观点，完整地听完他的讲话，如果妈妈在某一重要的原则上有不同的看法，那么也要等孩子说完之后再讲。在提出反对意见时，妈妈千万不要过于武断，不应否定孩子所说的一切。即使孩子是在信口胡说，也要尽量控制情绪，不要妄下定论，直到孩子完全理解清楚为止。

4. 让孩子投入到谈话之中

交谈需要花费一些时间，这最好是在一种让孩子与大人一样有同等机会参与的轻松的气氛中来进行。谈话时应自由自在，任意地发挥。不要有什么仪式安排或预期达到什么结果，尝试着与孩子随意交流观点和看法。

5. 接受和尊重孩子的所有感受

孩子向妈妈诉说自己内心想法时，妈妈应该安静、专心地去倾听，但不给予评判。妈妈没有必要去接受孩子的所有行为或者是表现，而只是接受孩子的感受就行。例如，孩子告诉妈妈，今天哪个小朋友让他很生气，这个时候妈妈就要去理解孩子的感受，随后去安慰一下孩子，但妈妈要教育孩子不能够通过嘲弄或打人来表达他的生气。

提供选择，让孩子感到平等

在马克·吐温的自传中有这样的一则故事。马克·吐温有一次去教堂听牧师的演讲，起初的时候，他觉得牧师讲得不仅精彩且十分动人，决定捐一笔善款。又是十多分钟过去了，牧师还在上面口若悬河地讲演着，马克·吐温便觉得有些不耐烦了，便决定就捐一些零钱好了。又是十多分钟过去，牧师还在继续讲演丝毫没有要停下的意思，马克·吐温便决定“一毛不拔”了。等到那篇冗长的演讲终于结束的时候，马克·吐温不单没有捐款还从盘子里拿走了两元钱。

这个故事就告诉我们，凡事要把握一个度。当孩子做错事的时候，父母的批评教育也需要把握好分寸。过多的批评刺激，不仅不会得到良好的效果反而会事与愿违地让孩子产生逆反的心理。

这种刺激过多、过强和作用时间过久，而引起心理极不耐烦或反抗的心理现象，称之为“超限效应”。超限效应在家庭教育中时常发生。如，当孩子不用心而没考好时，父母会一次、两次、三次，甚至四次、五次地重复对一件事做同样的批评，使孩子从内疚不安变到不耐烦，再变到反感讨厌，被“逼急”了，会出现“我偏这样”的反抗心理和行为。

单纯地命令孩子或强迫他去做事，是在利用我们的权力，孩子当然无法在这些方面与大人竞争，但却会导致孩子用其他的方法来抗争。

莎莎已经 15 岁了，妈妈成功地说服莎莎洗自己换下来的衣服。每到周末莎莎就把自己的衣服洗净叠好、放好。然而有一个周末，妈妈发现莎莎的脏衣服堆了一堆却不去洗，就批评她，莎莎答应下次不会忘了。接下来的一周，莎莎还是没洗，她已经两星期没洗衣服，几乎没剩几件干净的衣服了。这次妈妈记起来要运用自然结果法，看看效果如何。她不再理会莎莎，莎莎的衣服留在那里没有洗，只好不换衣服，看她怎么办，但脏衣服的堆积似乎并没有使莎莎为难，她从脏衣服里捡出一些稍微干净一点的继续穿，她心想：我就是不去洗那些衣服。妈妈天天看着那些脏衣服越看越恼火，终于有一天，她发了火，狠狠地说了莎莎一顿，当着她的面扔掉了一些太脏的衣服。莎莎流下了眼泪，但心里却暗自高兴：你把太脏的衣服扔掉了，我还不想要那些衣服呢，正合我心意。妈妈把她拉到洗衣机旁，强迫她把衣服洗了：“你记清楚了吗，下次记住及时洗衣服，否则没有衣服穿！”

莎莎没有按时洗自己的衣服，妈妈忍耐不住发了火，最终用强迫的手段让莎莎洗了衣服。其实，如果妈妈能耐心一些，可以再坚持几天，看一看最后莎莎怎么办，她不可能永远穿脏衣服。其实莎莎是想让妈妈看一看，她并不愿意让别人强迫自己干什么事情。她宁愿穿脏衣服，也不愿受妈妈支配。

对这件事正确的处理方法是，妈妈应该对莎莎不洗衣服不再提出意见。当妈妈将脏衣服的事交给莎莎管理时，就承认莎莎已足够大，可以自己处理这件事，不再需要妈妈操心，洗不洗衣服是莎莎的事。如果莎莎不洗，她就穿脏衣服。一个女孩子其实很小就开始爱打扮，爱干净，她懂得什么是美观漂亮、什么是邋遢肮脏。她不可能长期穿脏衣服，但她绝不希望妈妈干涉。一大堆脏衣服堆到洗衣机旁，是对妈妈干涉的抗议。妈妈强迫莎莎洗衣服是运用权力，许多父母在无法实施有效的教育手段时，就会运用权力强制孩子就范，这是很武断的，也是很难成功的。妈妈感到她的权力地位受到威胁，因为莎莎不听她的劝告。当然妈妈也并非只有一个选择，除了运用自然结果法使莎莎自觉地洗衣服，妈妈可以同莎莎谈话，发现她不洗衣服的原因。比如，先搞明白莎莎为什么洗着洗着就不洗了，不保持这种习惯了，会不会是莎莎有几件衣服旧了、小了，她不想穿了。如果是这种情况，妈妈耐心地和莎莎谈话，莎莎会告诉妈妈，她不喜欢那几件衣服，就会避免一场斗争。

那么在生活中，妈妈应该怎样让孩子感受到平等呢?

1. 不强迫孩子去做事情

很多时候，妈妈都希望孩子按照自己的意愿去做事情，因为他们觉得只有让孩子按照自己的意愿去做事情，孩子才不会犯错，这样也才能够让孩子变得更听话。其实，这种强迫孩子做事情的办法，往往会打击孩子做事情的积极性，更会影响到亲子之间的感情。

2. 不包办孩子的事情

对于孩子来讲，很多事情他们能够自己做，只要是孩子能做的事情，妈妈们就不要包办，让孩子尽量去自己做事情，让孩子明白什么事情是自己能做的、什么事情需要妈妈的帮助，这样孩子会有一种被尊重的感觉。

3. 面对选择，遵从孩子的想法

在生活中，孩子会有很多的选择，这个时候妈妈不要代劳，要让孩子自己去做选择，只有自己做选择才会让孩子知道什么是责任。只有这样孩子才会感觉到自己受到了尊重，即便是孩子选择的不正确，那么妈妈们可以好言相劝，千万不要强迫孩子按照大人的选择做事情。

第3章 谨慎处理，帮助孩子平稳度过青春期

正确对待叛逆的青春期孩子

预想青少年会产生逆反心理或情绪的父母实际上是在挑起这种情绪。孩子的成长过程中，都会经历一个青春叛逆期，这一时期的孩子缺乏适应社会环境的独立思考能力、感受力和行动能力等；另一方面，初步觉醒的自我意识又会支配他们强烈的表现欲，即处处想表现自己，想通过展示自己和别人不同来证明自己的价值。所以，这一时期的孩子喜欢打扮得与别人不一样，喜欢做一些引人注目、与众不同的事情，也爱说一些令人吃惊的话，希望别人能够对他们另眼相看，这都是他们想要的效果。如果了解到这些，相信很多父母就不难理解孩子这一时期的叛逆表现了。

此外，父母的教育方法不当，也是孩子产生叛逆的主要原因。比如有的父母不尊重孩子的人格，随意对孩子进行讽刺、挖苦、辱骂，甚至殴打，伤害了孩子的自尊心，从而使孩子对父母产生对抗情绪。

最近一段时间，丽群的父母正在为养了一个“叛逆”的女儿而烦恼呢。自从上了初中后，丽群就越来越不听话了，经常顶撞父母，有时候父母说多了，她甚至理都不理他们，一副大义凛然的样子，随他们怎么说，她依然我行我素。

丽群上小学的时候，比较听话，爸爸妈妈不让她玩耍，她只好忍着。但她在课下喜欢上了乒乓球运动，偶尔征得父

母的同意才去打打球。

上初中后，父母为了让她能够考进重点高中，对她的管教更严格了。但是，丽群觉得自己打球并没有影响学习，慢慢地，她与父母的矛盾越来越大，而且还常常闹情绪，打乒乓球的次数反而越来越多了，学习成绩也是直线下滑。

这天，丽群放学后打了一会儿乒乓球才回来，一进家门，父亲就开始质问她："你又去打球了？"

丽群只是看了父亲一眼，没吭声，径直朝自己的房间走去。

"我跟你说话呢！你这是什么态度？真是越大越不懂事了！"

"我怎么了？不就是打了会儿球吗？小时候我什么都听你的，可现在我长大了，我有自己的主见，你别再干涉我，行不行？"

"你还有理了？看看你的学习成绩，直线下降，还不都是因为天天打球？"父亲越说越气。

"我打球从来就没耽误过做作业，也没有影响到学习！"丽群理直气壮。

"还不承认，那你的成绩怎么越来越差了？"

"还不是你们整天这不行，那不许的，我心情不好，学不下去！"说完，丽群走进了自己的房间，重重地关上了门，门外，是目瞪口呆的父亲。

有的父母对孩子的期望过高、要求过严，当孩子不能达到父母的要求时，父母就大发雷霆，甚至打骂孩子。还有一些父母由于缺乏心理学知识，不按照孩子的心理发展规律施教，说话过头，爱摆长辈的架子等，这些父母不注意的行为，都会导致孩子的叛逆。

有一句话很在理，有压制就会有反抗、就会出现叛逆，反抗是孩子成长的轨迹，是孩子正在顺利成长的标志。当孩子出现反抗言行时，做父母的应知道孩子在顺利成长呢。可令人遗憾的是，很多父母一遇到孩子反抗，马上就发起火来：“怎么能对父母这样，真是不听话的坏孩子。”而欧美等国却非常重视孩子说“NO（不）”，在反抗期里不会反抗的孩子才是令人担心的。

对于孩子的反抗和叛逆，父母不要与之对抗，而要巧妙地应对。

这时家长最好能记住 4 个关键词：一是无知，二是兴趣，三是放权，四是温柔地坚持。这是许多心理学专家共同的认识。

1. 所谓“无知”，就是装不知

别总是觉得自己比孩子懂得多很多，总想居高临下地指点他们，而应该启发孩子让他自己放手去做。家长不如有意识地显得弱势一些，让孩子感觉到超越父母而带来的信心，让他从自己的成功中得到快乐。

2. 所谓“兴趣”，就是不要只对孩子的学习感兴趣

要学会对孩子生活中的所有细节感兴趣。比如孩子爱唱歌，你要学会欣赏他。欣赏对孩子的健康成长是非常有效的法宝。

3. 所谓“放权”，就是适当地让“权”

在孩子慢慢长大时，他需要在家庭里寻找自己的空间，这时候家长要学会闭嘴。比如孩子有自己的生活方式了，和原来你给他的生活方式发生冲突了，不要那么快就做出反应，可以用“等待的战术”。

4. 所谓“温柔地坚持”，就是有时候对原则性的问题要坚持

如果孩子早恋或者沉迷网吧，家长就必须“温柔地坚持”，不要强制孩子不出去，应该在出现那种情况时及时提醒孩子，那样做对他是不利的，以防这些行为对他的身体、品行和人生发展造成负面影响。

虽然反抗期的孩子是最难“对付”的孩子，但家长也不必太过担心，因为每个孩子都是在反抗中逐渐长大的，他们不断完善自我意识，形成独立人格，为将来适应社会打下基础。作为父母，我们只要巧妙地应对孩子的叛逆，帮助他们化解青春期可能会遭遇的危险，让他们少走点弯路，就是对青春期孩子最好的照顾了。

给青春期孩子一个自由的空间

青春期是每个孩子必须经历的人生旅程，也是孩子从孩童成长为大人的过渡时期。严肃、认真而开明地对待青春期的孩子，让孩子们敞开心扉，是每个家长都必须重视的。

一个母亲讲了她女儿的事：

“我女儿叫赵莉，刚上初二。她性格开朗，活泼好动，但就一个毛病，喜欢跟我们顶嘴。我想，如果我强迫她不许顶嘴，就算她表面做到了，但有什么事压在心里，不告诉我们，反而更麻烦。

孩子在成长中，其实有自己的是非观，知道什么对、什么不对。总把孩子当小孩也不是事儿啊！

所以，我就主动跟我女儿谈谈单位或者家里的事，有些能让她参与意见的事，我都听听她的意见。我想给女儿一个感觉：我们已经把她当大人看了。女儿除了能够感受到我们对她的爱之外，也能明显感觉到我们对她的重视，因此孩子更能够感觉到一种自豪。

自觉不自觉地，女儿也把她身边发生的事跟我们说了，就连一个男孩子给她写小纸条要跟她约会的事都告诉我了，主动征求我的意见。我很高兴女儿跟我们更亲近了，要是以前她绝不会这样做。”

青春期是孩子人生中必然要经历的，也是一个人从孩提时代逐步向成人转变的过渡期。怎样对待处于青春期的孩子、怎样才能让青春期的孩子向父母敞开他们的心扉，是家长们必须要重视的问题。

家庭既是家长，也是孩子安全、可靠的港湾，孩子回到家中，有权利在这个港湾中获得心理上的调整与生理上的恢复，以便更好地投入到学习与生活中。由此可见，孩子在家中向家长敞开心扉，家长理应高兴，并格外予以关注。

孩子喜欢对家长说话是对家长的信任，这很可贵。只要可能，家长千万不要打断孩子的话，或者表示厌烦，因为，这么一来，孩子比较脆弱的自尊心就会遭到伤害，弄不好，还会从此向你关闭敞开的心扉，实行自我封闭，这样下去，后果将不堪设想。

也许，孩子在校内外遇到不愉快的事情，一时又找不到可以信任的人诉说，只好独自闷在肚子里，待回到家再向家长倾诉。孩子这么做，无非有两个目的：一是孩子在倾诉过程中，不满的情绪获得充分的宣泄，从而使身心恢复到常态；二是孩子的一番倾诉是为了寻求解决问题的良策。对于前者，家长自然不必多话，只需坐下来热情关注即可。对于后者，家长就得认真思索一番，用自己比较丰富的人生经验去指导孩子如何解决问题。

另外，也可能是孩子在学习或其他校园与社会活动中获得了优秀的成绩。这时，孩子向家长诉说的目的无非是想让家长与他一同分享成功的喜悦。对于这类诉说，家长更应该认真对待，并且向孩子祝贺：昔日的汗水与努力没有白费。可能的话，家长还可搞个家庭活动，以表庆祝，与孩子一同分享成功的喜悦。

具体说来，父母怎样才能让孩子对自己敞开心扉呢?

1. 创造合适的机会

“孩子，让我们来谈谈！”如果你们的谈话是这样开始的，结果往往是说话的只有你一个人。然而，在你们一起打完篮球、开车回家的路上，或周末一起洗衣服时，往往是孩子滔滔不绝、喋喋不休的时候。要想多了解孩子的生活，就要多创造这些对他们没有压力，和你一起活动的机会。

2. 奖励诚实

当你的孩子承认他开了你的车去看电影，并且不小心在车的侧面划了一道时，确实他犯了不小的错误，但你必须首先对他的诚实表示肯定。孩子最担心因为他的错误行为而失去父母的爱，所以要特别注意鼓励孩子养成主动承认错误的好习惯。

3. 控制你的反应

和孩子的谈话中，可能会有很多令你不高兴或失望的事情，你必须很好地控制你的情绪。比如，尽管当儿子告诉你他没有被校足球队选中时，你和他一样很失望，也不能让这种情绪表现出来。孩子都不喜欢让家长失望，如果你过分表现出失望，会造成他以后只报喜不报忧的后果。

4. 慎用批评

不要过早地跳出来下结论，等待他把事情全部说完，边听边用“嗯！”“我知道这很伤你的感情”，这样表示理解的话，来鼓励他们把事情叙述完。听完了他的故事，更重要的是诱使他们自己发现问题的答案或者解决办法。随着孩子的不断成熟，我们越来越应该走到幕后，给孩子自己通过深刻的思考解决问题的机会，当然只要他们愿意，随时都能在我们这里获得帮助。通过这种方式不但能增强孩子的自信心，让孩子获得良好的自我感觉，而且他会逐渐把你当成一个可靠又对他有帮助的朋友，而不是高高在上的“大人”，会更愿意和你交流。专家们说，自我感觉良好的孩子往往更愿意与人交流。

5. 尊重孩子的隐私

即使对于最开放的、最友好的父母和孩子的关系来说，他们还是有他们自己的秘密。特别是青少年时期，他们开始学着和父母分离，越来越多地依靠朋友。这时，应该降低对孩子的期望值，不要要求他们把什么都告诉你。我们应该做的，只是让他们知道，如果你需要，我们永远在你身边。在轻松、民主的家庭环境里，他们反倒更能表现出他们的童心，不必装出大人的样子。

父母是孩子最早的生理老师

张老师正在讲台上滔滔不绝地向同学们讲述八国联军侵华的史实，却发现林扬有点心不在焉，完全没有在听讲。课后，张老师将林扬在课堂上的表现告诉了班主任秦老师。秦老师也发现了，最近两个星期，林扬上课经常走神，脸色也不是很好，还经常称不舒服请假。秦老师几次关心地询问林扬是不是生病了、要不要去看医生，每次林扬都涨红了脸，连连摇头。秦老师觉得很奇怪，以前他可不是这样的。最近是怎么了？秦老师决定找林扬的父母谈谈。

林扬的父母跟老师说了一些林扬在家的反常表现：经常锁着房门不让父母进去，甚至还自己洗床单、被套，这在以前可是从来没有的。细心的秦老师似乎明白了什么，追问道："你们是否发现林扬有过遗精的现象呢？"林扬的妈妈愣了一下，不好意思地说："上个月我给他叠被子时，发现床单上有块污渍，就告诉了他爸，他爸还笑他早熟呢。"

"那当时林扬怎么样？"秦老师又问。

"很不好意思，什么话也没说。唉，现在的孩子，才 12 岁，就……"妈妈觉得不可理解。

"那他锁门，洗被子是不是那次遗精以后的事情？……"在秦老师的追问下，林扬的母亲才意识到儿子最近一段时间表现异常的原因了。

"那你们给他讲过这方面的知识吗？"秦老师问。

"这还要讲啊？以后慢慢地不就知道了。再说，这些事怎么对孩子讲啊？"

听到林扬父母的回答，秦老师愣住了。

其实，父母不知道的是，最近一段时间，林扬已经陷入了深深的自责之中，他为自己的行为感到很愧疚，有一种罪恶感，甚至，他觉得自己很下流……

生活中，可能很多青春期的男孩都有过林扬的这种困惑和烦恼，包括一些青春期的女孩，她们也有自己的苦恼和困惑。

青春期是儿童发育到成人的过渡阶段，是人体成长发育的最后阶段，伴随着青春期的到来，孩子们的身体快速发育成长，他们会产生一连串的疑惑、烦恼、惶恐，甚至伴随着严重的焦虑，影响了他们的日常学习和生活。而青春期的烦恼与焦虑正是由于缺乏适时、适当的性教育引起的。

据调查，很多家庭中父母从来不对孩子进行性教育，当被好奇的孩子问到时，父母不是躲躲闪闪，引开话题，就是自作聪明地欺骗孩子。对孩子的生长发育、身体变化进行因势利导的性教育，这原本是十分自然的事情，但在很多家庭却被忽视了。林扬第一次遗精后，爸爸竟然笑话他早熟，这使得他产生了强烈的耻辱感，似乎性的发育是他的罪过。试想，如果林扬的父亲不是嘲笑（当然，这种嘲笑并无恶意），而是拍着儿子的肩膀说："儿子，爸爸恭喜你，你已经是个男子汉了。"同时，再给他讲一些有关的知识，那么林扬的心态就一定不是罪恶感、挫折感，而可能会是骄傲感和成就感，更不会产生一系列的烦恼、困惑和焦虑了。其实，不仅仅是青春期孩子需要性教育，性教育应该开始于儿童和少年时期，父母应积极参与性教育，使孩子从小就获得正确的性知识。

心理学家认为，要根据孩子的年龄对孩子进行不同内容的性教育。

对5岁以前的孩子的性教育，着重在于解决性别认同问题。家长可以在洗澡时很自然地教他们认识自己的身体，留意不要把孩子打扮成相反性别，以免影响孩子正确的性取向。

对于6～10岁的孩子，父母应对他们进行系统的性知识教育。可以借助自然现象、童话故事、寓言故事等，采取比喻的手法，把正确的性知识内容教给孩子们。比如可以从植物的开花、结果引申到孩子的孕育成长，父母就像培育一颗种子那样，终于有了一个鲜活的新生命——可爱的宝贝。

对于 11 ~ 15 岁的孩子，父母应该更关心他们的性困惑。比如男孩子的遗精会让他们自己以为是病，却又不敢告知父母，可能会让他们从不正当的途径去了解性知识；或者女孩子的月经让她们担惊受怕。对这些知识，家长应当及早地教授给孩子，也可以通过书信的方式交流。

需要强调的是，对孩子的性教育，要及早开始，要有系统、循序渐进地进行。另外，性教育的重点，并不只是传授与性有关的知识而已，更要培养对性的正确认识和健康的性心理，包括正视自己身体的变化，大方、坦然地讨论与学习，要及早让孩子明白，性并不神秘，更不污秽。

允许青春期孩子申辩，给他解释的权利

君君是家里的独子，是爸爸妈妈的心肝宝贝，他圆圆的脸蛋上嵌着黑溜溜的大眼睛，笑起来还有两个小酒窝，属于让人一见就喜欢的孩子。但是，君君更让父母喜欢的一点是，君君从小就很听话，虽然是个小男孩儿，但是君君却不怎么淘气，就算偶尔小小放纵，爸爸妈妈一瞪眼，他就收回了。然而，谁知这个又乖又可爱的小男孩上初中以后竟然变了一个人，他不再对父母的话百依百顺了，随时会顶嘴，有时还跟爸爸妈妈吵得很凶，他还经常和其他同学一起出去玩，爸爸妈妈一跟他说道理，他就关上门不听……爸爸妈妈很头疼，为什么君君突然不再听话了啊？

一个小时候的乖孩子，到了初中突然变得很难管教，父母都感觉像是换了一个孩子，这种情况并不少见。“青春期叛逆”并不是唯一的理由，事实上，小时候越乖的孩子长大就可能更逆反。

家长总是跟孩子说“乖乖，听话”，父母总是希望孩子乖

巧、顺从，遵守家长的旨意，听大人话、听老师话、遵守纪律。但这种听话的表象，可能埋藏了压抑的“种子”。

孩子听话当然是好事，但过于听话就很可能会压抑孩子内心的想法。如果孩子有话不敢说，有想法不敢付诸实践，反而特别在意对家长“察言观色”，这就是压抑了。

有些孩子为了能让家长疼爱、老师喜欢，宁可牺牲自己的意见和主张，过于听话，最终的结果是他们没有了独立思考的能力，一旦失去成人的指点，就会手足无措。

正常情况下，每个青春期的孩子都会表现出较强烈的叛逆，不听父母的话，不想要父母为自己安排，什么事情都要自己做。他们这样做，只是为了脱离对父母及重要亲人的依赖，走向独立的自己。

当孩子正常地走过这个叛逆期之后，他们在 18 岁左右就形成了一个完整的自我，他们逐渐开始了解自己是一个什么样的人，而这也意味着他们终于成了一个成年人了。有了这个自我，他们就会有比较强烈的欲望，知道自己想要什么不想要什么，从而不需要别人提醒和监督，他们自己也能有很强的动机去追求自己的人生目标。

另外，家长们还要知道，长期要求孩子听话可能会使他们失去独立性。可能家长觉得孩子对他们有依赖性是件好事，但家长却不知道自己正把孩子培养成一个没有责任感、不懂得用头脑而且怯懦的人，这类孩子在长大后也难有作为。

有关心理学家做过一个分析和研究，结果表明，当被问及“你要喝什么”时，回答“我想喝咖啡，不想喝红茶”的人比回答“什么都可以”的人，将来在社会上更有作为。

因为前者遇事有自己的主张，而且敢于表达自己的主张。因此，为了孩子的健康成长，应该培养孩子的独立精神，允许孩子有自己的主张。正确的做法是：鼓励孩子发表自己的意见，提出自己的要求；当孩子的意见和要求不妥当时，立即给予纠正，并说明父母不能满足孩子要求的原因。

研究证明，淘气的孩子往往比听话的孩子更有创造力。其原因就是淘气的孩子接触面广，大脑受的刺激多，激活了孩子的智能。因此，给孩子一点“不听话度”对提高孩子的创造力是有好处的。

家长如果想要一个富有创造力的孩子，就得给孩子一定的时间和空间，不能把他们“捆”起来，限制了他们所有的自由。别再强求他们一味地听话，允许孩子们适当地淘气，让他们自由自在地去遐想、去创造，别让听话变成懦弱和平庸的前奏。

和早恋孩子讨论一下什么是爱情

早恋是令父母头疼的一个问题，也是父母需要用智慧来面对的事情。如果父母置之不理，或者反应过激的话，都是对孩子不负责。父母摆正自己的心态，适当地和孩子讨论一下爱情，是引导孩子形成正确爱情观的最佳途径。

处于青春期的孩子情感冲动，十分脆弱，情绪又不稳定，考虑问题简单，很少顾及后果，这种心理状况使早恋好像天边的浮云一样变幻莫测，早恋者的情绪也会随之波动起伏，彼此之间感情往往反复无常。

长期以来，父母一向把早恋视为洪水猛兽，过度担心早恋会影响孩子的学习和成长，所以只要一有点什么风吹草动便会全家出动制止，尽管采取种种措施严加防范，但早恋还是不期然地走近了正处于花季的少男少女。

有些家长对“爱情”两个字讳莫如深，从不敢跟孩子提及，仿佛这两个字是病毒，一不留神孩子就会被传染。但父母越是遮遮掩掩，就越会让孩子失去恋爱前的必要教育，反而更容易出问题。

但是，要和孩子谈“爱情”这个话题时，父母多少都会面临尴尬，主要原因大多是不习惯。

一位妈妈面对早恋的宝贝女儿，突破了“不习惯”的局限，语重心长地告诉孩子妈妈眼中的爱情：

“女儿，听别人说你有男朋友了，呵呵，其实这并没有什么不正常，但我需要提醒你的是，现在还不合时宜。因为你目前正处于人生的关键时刻，正需要投入全部的精力在学习上，所以不妨等过了这一关再说。

人都要经历不同的人生阶段的。而你现在这五六年，将是变化最多的。随着你长大，学习环境会不断变化，你自己素质也会不断提高，你可能对异性的认识和审美也会发生变化。虽然初恋很美好，但如果你过分地投入，影响到你的学习，就不合适了。

而且，每个人的择偶标准也会不断变化。你现在会被男孩子英俊的外貌所吸引，这很正常。但随着你长大，你就会发现，人的内涵比外貌更重要。

还有，随着你不断成长，你会结识更多更优秀的异性朋友，也许会从中找到更适合你的人。

所以，作为母亲，我建议你现在把你的初恋先淡化，变为友情珍藏起来，等你更成熟了，再来审视你的这段感情，看是否还是彼此适合，那个时候再来选择可能更好。”

困惑、羞涩的女儿，听到这些脸上露出了真诚的微笑，似乎明白了很多……

这位妈妈诚恳的话语点拨了处于爱情幻想中的女孩，让她对人生与爱情有了重新的认识。这位妈妈的做法很值得借鉴，父母们应该像她一样，多和孩子沟通、交流，了解孩子的心理和情绪，及时帮助孩子找到解决问题的方法。适当的时候，和孩子讨论一下什么是爱情，以帮助其形成正确的爱情观。

另外，当发现孩子早恋的时候，父母不应该大惊小怪、反应过激，要知道，青春期的孩子对异性产生好感是再自然不过的事情，对异性有好感，并不意味着一定会早恋，一定会有什么恶果。

而有些家长错误地认为，男女同学走得近一点就是早恋，所以他们不让孩子与异性同学一起结伴上放学，更不让孩子出去跟异性同学玩，经常打电话追问孩子的行踪，有异性同学打电话来也不让孩子接……父母的这些做法势必会对孩子造成心灵伤害，孩子既觉得没有受到尊重，又觉得自己的自由被剥夺了，于是孩子必定会对父母产生反感。

其实，早恋是防不胜防的，家长不可能24小时都能控制住孩子，而且有的孩子因为厌恶父母的控制，故意反叛地早恋起来。所以，对待孩子与异性同学的接触，父母应该给予引导而不是盲目禁止。当父母发现孩子与某个异性同学交往过密时，应该处变不惊地巧妙地加以引导，让孩子把注意力转化到其他方面上来。

有位妈妈的做法就十分高明：

一次，这位妈妈偶然发现女儿早恋，对此，她不仅没有斥责女儿，反而比过去更加关心女儿，知道女儿喜欢语文，便鼓励她去参加年级朗诵组，还启发女儿写日记，帮助女儿提高写作水平。

于是，女儿的习作频频出现在班级的墙报上。女儿开始由一对一的交往转向了集体，常为班级做好事，而且在一次班干部选拔中被同学们推荐当了生活委员。

期末考试时，女儿的成绩比以往有了很大的进步，进入了年级前5名，还被评为了三好学生。

现在，学习、集体活动几乎成了女儿的主要活动，当初对异性的爱慕心理也渐渐平息、淡化了。

每个人在青春的萌动时都有过朦胧情怀、淡淡忧伤，父母年轻时这样，孩子也同样会这样。家长应该给予孩子适当的理解和引导，让他们明白什么才是真正的爱情。只有这样孩子才能更加理性地对待自己的情感，更加清楚父母的良苦用心，当然也就自然而然地明白自己眼下最应该做的是什么了。

对孩子进行青春期性教育

父母是孩子性知识、性道德的启蒙者，父母在性教育中的作用是无可替代的，父母对孩子进行性教育有着不可推卸的责任。真心爱护自己孩子的父母应该把这种教育当作一件重要的事情来对待。

青春期是指从童年期向青年期过渡的时期，是人生长发育中的一个特定阶段，这是一个非常特殊又非常重要的时期。主要表现为自我意识开始觉醒，独立意识增强，不喜欢别人尤其是父母的约束，出现不同程度的逆反行为。

青春期是自我意识觉醒的时期，是初步形成一定的人生观、价值观、世界观的重要时期。父母一定要抓住这个时期及早进行性教育，否则就会错失良机，影响孩子一生的成长，影响家庭的幸福和睦。

提起性教育，很多家长认为就是生理卫生书上写的、围绕生殖器官进行的教育。其实，这是一种狭隘的看法。性教育除了包括“性”内容以外，重点包括以下几方面内容。

1. 性别角色的教育

就是教育孩子认识自己的性别，认识异性的性别，了解性教育的相关知识。一位母亲特别喜欢女孩，谁知偏偏生了个儿子。懊恼之余，她干脆把儿子当女儿养。从小给他穿花衣服，扎小辫。慢慢地孩子长大了，言谈举止比女孩还女孩，而且一直嚷嚷着要去做变性手术。由此可见，如果在幼儿期不搞好孩子性别的认同教育，轻者容易混淆自己的性别，严重者导致孩子的心理变态。剖析要求异性手术的求助者个人成长经历，我们不难看出，让孩子接受自己的性别、认同自己性别的重要性。

2. 两性之间协调的人际关系教育

就是教育孩子如何与异性正确交往，交给孩子掌握一定的技能和技巧。有的家长重男轻女思想严重，比如一位父亲对儿子说："别搭理那些臭丫头，事儿多。"从此儿子不和女同学搭腔，偶尔说句话也是满脸的不耐烦。由于缺乏和异性交往的能力，结婚后，他和妻子的关系一直不协调，以至于走上离婚道路。

3. 性道德、性伦理等知识的教育

很多家长担心对孩子进行性教育有负面作用，怕孩子知道多了会出事，而世界卫生组织的一项调查结果表明，恰当地进行性教育并不会导致青少年较早地发生性行为，恰恰相反，它可以促进青少年对于性知识、性发育采取科学的态度，对健康的性行为予以理解和尊重，从而帮助他们克制自己，采取认真、负责的行为。

进入青春发育期的孩子开始亲身体验到身体的微妙变化，如果在这之前，他们已经接受过来自父母亲的科学指导，便不会对月经初潮或遗精感到紧张。但是他们仍然会感到害羞，父母亲要以巧妙的方式引导孩子坦然对待性成熟。

怎样进行性教育？这是目前很多父母和老师都在讨论的问题。

在我国，怎么和孩子说性还是一个大疑惑。其实，父母也不用特意说这个问题，但是，一旦父母觉得孩子可能对这个方面有疑惑的时候，就要勇敢地正视孩子的成长和变化。性教育方面出现的问题，在男孩和女孩的身上表现是不一样的。一般来说，女孩的问题，主要是自我保护。

有的女孩比较开放，也从来没有注意过性别差异的问题，可能有的早熟的男生对她有意思，她却没有防备，这时候就需要妈妈站出来引导她。对于年龄较小的女孩，有的妈妈交代的是"凡是衣服遮住的地方，都不能给别人看，更不能让别人碰"，这样孩子就有一个执行标准；年龄较大的女孩子，这时候要和她交流孕育生命、十月怀胎的辛苦和不易，更要让她知道，性关系对女性的影响，需要承担的东西，所以女孩子要保护好自己。

对女孩的建议，光说"你是个女孩子"这样一句没有下文的话，并不能让她明白性别差异，所以还是要讲清楚：女性是容易受伤害的，身体上的伤害和心理上的伤害，都会影响她的一生。

相对于女孩来说，男孩更早熟一些。男孩之间，会私下讨论性这个话题。其实，只要男孩是一个正常的青春期少年，他就肯定会充满好奇心，会想弄明白性这个东西，所以，父母可以早早告诉男孩一些性知识，这样他会少走一些弯路。

成绩一向优异的小迪在初三上学期突然间成绩滑坡，他甚至都不想上学了。起初，父母还以为是学习压力大，他不适应初三生活。但3个月过去了，小迪的成绩仍然没有提升，班主任老师给小迪的父母打来电话，说小迪上课总是走神，有点精神恍惚。小迪的父母这才着急了，周末下午，父母想和小迪好好谈谈。没想到还没张口，小迪就先哭了，一边哭一边说：“妈妈对不起，我是个道德败坏的坏男孩。”

听儿子这么说，妈妈愣住了。她急忙把他抱在怀里，对他说：“宝贝，快告诉妈妈发生了什么事，不管如何，妈妈都会原谅你的。”

小迪说：“自从初二下学期，我就经常陷入了性幻想之中。一开始，还能控制自己的理智，但逐渐就控制不了了，每时每刻都在想那些事，像强奸啊什么的。其实我也不想这样，可就是不知道怎么控制自己的思想。”

小迪说，这件事让他非常痛苦，他觉得自己年龄这么小，就想这些肮脏的事真的是道德败坏。他不敢对任何人说，他怕所有的人都瞧不起他。

其实小迪现在的状况是典型的强迫症倾向。但是如果他能够很早就知道一些关于“性”的知识，也就不会因为“性心理”压抑而产生这种状况。性既不神秘，也不龌龊。父母不要让孩子觉得这是特别下流的东西，如果父母和孩子都能平静地对待它，把它当成饥饿、疲乏这种生理现象来认识，孩子的身心发展将会更加健康。

父母千万不要再把男孩们当成小毛孩，应注意提醒他们注意身体，不要太过疲劳，或者在选购内衣的时候，尽量选择较为宽松的等，而且要及时对男孩进行较系统的性知识教育。父母要避免直接、详细地介绍人类的性行为，否则很容易给这个年龄段的男孩带来心理阴影。在性知识教育的同时，还须进行性道德教育，避免男孩因为性冲动犯下过错。

父母不要等到男孩问才说关于性的一些问题，可利用身边或社会上发生的事件与男孩一起进行讨论，并且告诉男孩一些正确的性观念。如果一味在男孩面前遮掩性这个问题，只会越变越糟。

很多专家都认为，家庭进行“性”教育具有个体化、生活化的优势，是对孩子进行性教育的最为理想的渠道。

许多家长认为，孩子的性教育应滞后于他们的生长发育，无师也能自通。据一项调查显示，1/3 的母亲在其女儿初潮前没有告诉过孩子如何处理。这些家长错误地认为，对孩子进行性教育是破坏孩子的纯洁性，会在无意中起到不良的教唆作用。

这就是我们面临的严峻现实，一方面处在青春期的孩子，他们存在着各种性困惑，正处在探索阶段，如果他们得不到有关的性知识，学校及家长没有针对他们的成长发育进行性教育，他们便会主动去寻找。

处在多媒体时代的青少年，对来自各种途径的性知识很难分清良莠，他们容易在对性和两性交往的神秘感和好奇心的驱使下，自己去尝试、体验。另一方面，家庭、学校、社会对青少年性教育遮遮掩掩、欲言还休，使“性”在青少年眼中愈加神秘，偷吃“禁果”也就不难理解了。

性生理教育专家认为，孩子的性发育是其生长发育的重要阶段，家长和老师应该教会孩子正确对待有关性的问题。父母是对孩子最有影响力的人，也是承担子女教育的最佳人选。子女的性教育应该在青春期前就开始，因为一般来说，儿童时期的小孩就对男女性器官不同产生了好奇心。父母应该多读一些有关性知识的书籍，或者向专家求教如何正确解答孩子提出的有关性的困惑。

青少年性教育是一个社会问题，如果处理不好就可能引发更多性犯罪和性暴力。除了家庭和学校是青少年性教育的主要阵地以外，社会上的一些心理咨询机构在这方面可帮助青少年，比如，心理咨询机构可以借助成熟的个案咨询和集体活动模式来开展青少年性教育。

作为父母，对孩子进行性教育责无旁贷，那么该怎样做呢？

1. 通过拉家常的方式进行教育

美国性教育家戈尔顿教授认为，受过家庭性教育的青春期少男少女，大都能推迟首次与异性接触的时间。同时，戈尔顿教授还强调："不要指望仅仅用某种教科书来解决孩子青春期的所有问题，而最好的家庭性教育的方法是与孩子拉家常。"

教育专家指出，父母可以借某个性方面的问题，打开话匣子，让孩子了解性活动及相关知识。了解这些并不等于允许他们过早地这样做，而是要让孩子知道过早这样做有害无益。

2. 给予适当的性知识和婚姻知识教育

目前这方面的教育很不够，而处于青春期的孩子又渴望了解这些，如果他们从正常的渠道不能满足需要，他们就会感到神秘，从不正常的渠道去探求，比如色情文化就会引诱孩子走上邪路，这岂不是更坏？

所以，家长要给孩子正确地讲解性和婚姻的基本常识，或者给孩子挑选健康科学的书籍让孩子看，跟孩子说："你长大了，应该了解一些正确的青春期常识，给你一本书，好好看看，它会帮助你走上正确的人生之路。"不善言辞的父母可以把这种话写在书的扉页，对孩子有很好的激励作用。

3. 家长生活要检点，不给孩子性刺激

科学的性知识是理性的，正确的性教育也不会给孩子以性刺激，而直接作用于人的感觉器官的感受是非理性的，往往会诱发孩子的性冲动。家长在日常生活中要检点，不要在孩子面前有性行为或过分亲昵的举动，在家里不要看色情录像。

4. 转移孩子的注意力

鼓励孩子参加有益于身心健康的活动，转移他们的注意力。如果孩子有健康的兴趣和爱好，要积极地鼓励他们发展，不要怕耽误学习而限制或禁止，孩子需要丰富多彩的文体活动，单调乏味的生活会使孩子寻求刺激来调节疲惫的身心，稍有不慎，孩子就可能受到不良影响。让孩子多参加体育锻炼，既能增强体质又能使孩子的业余生活被健康的活动所占据，让社会上的不良影响无机可乘。

早恋不可怕，关键在转化

无论在老师还是在父母心中，楠楠都是一个聪明、文静、听话的女孩。从小学三年级，楠楠就开始担任班长，一直到现在。班主任老师夸她有写作天赋，她的每一篇作文都被老师当作范文在班上朗读。不仅如此，楠楠的其他各门功课的成绩也很优秀，还很乐于助人。班主任老师经常夸她是老师不可多得的好帮手。但是，自从班上转来一个帅气阳光的男孩后，楠楠似乎发生了一些微妙的变化。

楠楠变得爱打扮了。以前一直梳着马尾辫的她现在经常变换自己的发型，一向穿着朴素的她现在每天都要换一套衣服。而且，任课老师也反映，最近一段时间，楠楠上课总是走神，经常一个人发呆，最严重的是楠楠的学习成绩出现了明显的滑坡。

让人感到奇怪的是，楠楠以前很讨厌上体育课，也不喜欢运动，经常找各种各样的借口逃避体育课。但是最近一段时间，每次体育课，楠楠都很认真，并且经常去操场做运动。

班主任老师对此感到很纳闷，一面找楠楠谈话，一面把情况反映给了楠楠的父母。楠楠的父母最近也发现她有些反常，听老师这么一说，更觉得吃惊。经过一番观察，父母得出了一个结论：楠楠早恋了。

于是父母对楠楠进行了一次严厉的“审问”，并且毫不留情地翻看了楠楠的书包、书柜、书桌等，终于在一个抽屉里发现了“罪证”——一本厚厚的日记。在日记里，楠楠用细腻的笔触描述了她对新转来的那个男孩子的爱慕之情以及她现在面临的烦恼。

楠楠的父母在看完这些类似“情书”的日记之后，大惊失色，又气又恨：“你小小的年纪，怎么写出这种东西！我们都替你感到害臊！”一向温顺听话的楠楠这次一反常态，涨红了脸申辩道：“我做错了什么？我就是喜欢他！他是我心中的偶像！”说完，跑进了自己的房间。

早恋是青春期性成熟过程中，两性之间出现的一种过度亲密的互相接近。现在大多称早恋为“交往过密”。少男少女因为性发育开始成熟，本能地产生互相爱慕的情感。有的人表现为独自的单相思，有的人突破了羞涩的束缚，递纸条、约会、互相倾吐爱恋之心，借口互相帮助，形影不离，个别人则还发生进一步的两性接触。

异性相吸是自然界中的普遍现象，处于青春期的孩子，随着性意识的渐渐觉醒，朦胧中对异性产生了渴望和爱慕，这也是一件很自然的事情。每个父母都是从青春期走过来的，回忆一下我们的青春时代，就该知道中学生这种情愫的萌发是多么正常，所以，父母在孩子情感发育时，为什么不可以给他们更多的理解呢。

确实，早恋是现在令父母头疼的一个问题，并且有低龄化的趋势，不闻不问吧，总觉得会耽误孩子的学业；过问吧，又怕逼急了，孩子离家出走、自杀，造成不好的后果。很多父母想阻止孩子早恋，却用错误的方法推了孩子一把，使孩子不由自主地掉入漩涡中。

有的父母小题大做，把孩子的正常交往，如相聚聊天、结伴游玩、一块儿看书、做作业等误认为是早恋，从而加以指责；

有的父母错误地认为，男女同学在一起就必定是早恋，因而忧心忡忡，疑神疑鬼，不让孩子随便出去，平时也不让孩子与异性同学结伴回家；有的父母发现孩子跟异性有一些接触后，竟然对孩子冷嘲热讽或者破口大骂，甚至带有侮辱性字眼。这些父母用成人庸俗的观念，把孩子们一些原本正常的行为恶俗化了，人为地制造了孩子的罪恶感。他们本想阻止孩子早恋，殊不知很可能把孩子推向了早恋的深渊。

因为人是容易受到暗示的，如果一个人总是被别人暗示他的品性有问题、行为不端正，他就会不断地自我否定，认为自己就是这样的“坏”人，久而久之，他也许就真的变成人们所说的“坏”人了。

所以，父母千万不要认为孩子的早恋很可怕，不要破坏孩子内心的纯洁。父母应该相信自己的孩子，在一般情况下，男女同学的接触是很正常的，不敢接触才是不正常的。如果发现孩子与某一异性交往过密，就应该巧妙地加以引导，让孩子懂得，异性交往不要太集中于某一个人或一个小范围，否则会失去与多数同学、朋友接触的机会。

孩子的早恋往往与生活单调、没有目标有关，因此，充实孩子的生活，帮助孩子寻找生活的意义，可以有效地转移孩子对“早恋”的注意力。

此外，父母应该多和孩子沟通、交流，组织一些家庭集体活动，增进父母与孩子之间的感情，以便及时了解孩子的心理和情绪变化，及时教育；同时也能增强家庭对孩子的吸引力和父母在孩子心目中的威信，避免孩子过多地从外界寻求关怀与理解。

第4章

多些夸奖，少些批评，教育孩子要讲究策略

赞扬孩子的努力而不是聪明

聪明本来就是一种个人资源，不管是妈妈还是孩子，人们都会为自己拥有这一资源而倍感自信甚至自豪。所以说，孩子都希望别人夸自己聪明，甚至有很多孩子会为了得到聪明的“头衔”，经常在同伴面前装作不怎么努力的样子，然后回到家里却拼命地去学习，以此来保证能够有好的成绩。这样一来，很多孩子都容易形成一种错觉，以为只有聪明的孩子才会受到老师的重视，聪明可以一学就会，样样都做得很好，不需要任何的努力就能取得很好的成绩。所以孩子便会争相效尤，最终导致很多孩子都不努力学习。

对孩子不同方面的赞扬会引导出不一样的效果。同样是成绩优秀的两个孩子，一个被夸奖为聪明，而另一个孩子被夸奖为努力。在一段时间之后两人的成绩便会出现截然不同的变化。被夸奖聪明的孩子会觉得成绩是由于聪明所得，一旦遇到挫折就会失去信心。而被夸奖努力的孩子则会更加地愿意做出大胆的尝试，并在学习中取得更好的成绩。所以对孩子的夸奖最好是鼓励孩子努力刻苦地学习，而不仅仅是鼓励他们要小聪明。

有一位到英国做访问的学者曾经历过这样的一件事，这件事情让他记忆犹新。

周末的时候，她到当地的一位教授家中去做客。一进门，

学者就看到了教授四岁的小女儿。小女孩满头的金发，漂亮的蓝眼睛让人觉得特别可爱。她便情不自禁在心里称赞小女孩长得漂亮。当她把从中国带去的礼物送给漂亮的小女孩时，小女孩微笑着向她道谢。这个时候，她终于控制不住自己的心情，夸奖道："你长得简直是太漂亮了，真是可爱极了！"

要知道，这种夸奖是中国父母喜欢的，但是，那位英国教授却很不开心。在小女孩离开之后，教授的脸色变得暗沉，他对中国访问学者说："刚才你的话伤害了我的女儿，你应该向她道歉。"访问学者感觉非常惊奇，回答道："我只是夸奖了你女儿，我并没有伤害她呀？"但是，教授摇了摇头，坚决地对她说："你是因为她的漂亮而夸奖的她。要知道她长得漂亮，这并不是她的功劳，这仅仅是取决于我和她母亲的遗传基因而已，与她个人是没关系的。但是孩子年龄还小，她根本不会分辨这个，你的夸奖会让她认为这是她自己的本领。而且她一旦认为这是天生的本领，那么就认为这是一个值得骄傲的事情，就会看不起长相平平甚至丑陋的孩子，这会给孩子造成误区。"教授说道。

"我知道你觉得我的女儿真的可爱，其实，你完全可以夸奖她的微笑以及有礼貌，这是她自己经过努力才得到的结果。所以说请你为你刚才的夸奖向我的女儿道歉。"中国的学者只好很正式地向教授的小女儿道了歉，同时，赞扬了她的微笑和礼貌。

通过这件事情，作为妈妈的我们应该明白一个道理：孩子是需要赞扬的，但是在赞扬孩子的时候，只能赞扬孩子的努力，作为妈妈不应该去赞扬孩子的聪明和漂亮。因为聪明与漂亮是孩子先天的优势，根本和孩子的努力是没有关系的，这些不是值得炫耀的资本和技能。而努力则不然，它是孩子后天的应该予以肯定的事情。

在人生的旅程中，聪明的人，经常在最后的时候变笨；而笨的人，却常常在最后会变得很聪明。对于孩子也是一样的，如果让孩子觉得自己是无比聪明的，孩子就不会积极地去学习和面对自己的事情，而夸奖孩子的努力，孩子会更加努力，妈妈们应该让孩子懂得“努力不一定会成功，但成功却永远需要努力”的道理。

对于孩子的容貌也是如此的，长得怎么样是不能决定孩子以后生活得怎样的。在一般情况下，努力才是决定孩子今后生存状态的重要因素。

王启伟在小的时候总比同龄的孩子慢半拍，为此，他的妈妈感到非常苦恼。王启伟在上小学的时候，妈妈发现自己的儿子虽然看似很笨，但是学习成绩很好，在期末考试之后，王启伟带回了一张 100 分的试卷。这是一张数学试卷，上面全是老师画的红色的勾勾，妈妈看到之后有些惊讶。“启伟，这是你的卷子吗？”妈妈吃惊地问王启伟。“当然是我的卷子，上面有我的名字啊！”王启伟很自豪地对妈妈说道。“王启伟真棒，快来告诉妈妈你是怎么考出这么好的成绩的？”妈妈很开心地问道。“在老师平时讲课的时候我经常会听不懂，所以在下课之后，同学们都出去玩了，我就把听不懂的地方拿到老师的办公室，去问老师，老师会很认真地再给我讲一遍，这样我就全懂了！在做作业的时候如果遇到不会做的题，我就把老师讲的课再去复习一遍，不会做的题慢慢地我也就会做了。所以考卷上的那些题目我都会做，然后就很自然地考了 100 分。”王启伟很高兴地对妈妈说。听了儿子的话，妈妈的眼圈一下子红了，她知道自己的孩子算不上聪明，却能够如此好学和努力。“王启伟真努力，是爸爸妈妈的好孩子！”妈妈含着泪夸奖道。

很多妈妈会为自己的孩子不够聪明而担心，然而一个有远见的母亲并不应该为孩子是否聪慧担忧，相比聪明与否更应该担心的是孩子是否努力刻苦。作为母亲不应该将“聪明”的理论传递给孩子，而应该让孩子明白“所谓天才，就是百分之一的聪明加上百分之九十九的勤奋。”要让孩子明白自己的一切收获都是与努力挂钩的，只有自己付出了努力才能够得到夸奖并且获得成功。

那么，到底如何夸奖孩子才能够让孩子更好地成长呢？

1. 当孩子在努力克服困难的时候，妈妈一定要夸奖孩子

妈妈们不要认为孩子的生活中不会有困难的存在，对于孩子来讲，他们的生活中一样会有困难，不管是学习上还是在生活中，当妈妈们看到自己的孩子面对困难的时候，一定要鼓励孩子去克服困难。这个时候妈妈们的夸奖对孩子的成功是十分有帮助的。所以说，妈妈们一定要夸奖孩子，千万不要吝啬自己的夸赞和鼓励。

2. 当孩子在努力实现自己梦想的时候，妈妈一定要鼓励孩子

很多孩子有自己的梦想，并且在实现自己梦想的过程中，孩子总是变得相当积极。当妈妈们看到孩子为自己的梦想在刻苦努力时，就应该鼓励孩子，让孩子变得更加有动力。

及时赞扬孩子的每一个进步

孩子年龄还小，在学习或者生活中会有许多让妈妈感到不满意的地方，很多妈妈总是觉得自己孩子的成绩没有别人好、做事没有别人有效率、脑筋没有别人转得快等。但是，孩子一直都在努力和进步，此时，妈妈们应该想的是怎样引导孩子继续进步，这才是最重要的。

妈妈应该重视孩子的进步，对于孩子来讲，自己取得了一点点的进步，都是自身努力的结果，如果这个时候的孩子能够得到妈妈的赞扬和鼓励，那么他们的积极性就能够得到很大程度的增加。可是，在生活中，大多数妈妈都不会站在孩子的角度去思考问题，总是用大人的标准来要求自己的孩子，总认为如果是取得了一点小小的进步就给予表扬，孩子最终也就会变得骄傲。但是，孩子毕竟是孩子，有时候很可能会因为一些原因，根本没有办法达到妈妈的要求，这就好比明明是一辆汽车，却要让它跑出飞机的速度来一样，这样的要求与孩子的能力相去太远，会导致孩子失去前进的动力。

在生活中，妈妈随时都希望看到孩子的进步，尤其是在孩子表现不够好的时候。所以，妈妈不要打击孩子的信心和积极性，而是应该用欣赏的眼光去发现孩子哪怕是一点点的进步，并对孩子的这些看似很小的进步给予真诚的鼓励和赞扬，这会让孩子树立将事情继续下去的勇气和信心。

小周是一名中学老师，妻子的职业也很稳定，是一名外科医生，小周的儿子今年九岁了。其实他的儿子很优秀，但是，就是作业总是不好好完成，因为这件事情，他的妻子没少去责备儿子，甚至还动手打过孩子。孩子的作业越是做不好，妻子就越是监督，她每天都会看着孩子去做作业，可是效果并不怎么好，时间久了，小周的儿子产生了抵触的情绪，故意将作业做得乱七八糟。他的妻子觉得很无奈，什么办法都用过了，就是看不到起色。

后来，小周告诉妻子说，儿子他来管，不要妻子再插手，于是他就亲自去指导儿子做作业。他在检查孩子作业的时候，故意惊讶地说："儿子，你的作业有很大进步呀。你过来看看，比昨天做得整洁多了，而且还少错了一道题，有进步，真不错！"在小周表扬孩子的过程中，他偷偷观察孩子的表情，发现儿子的眼睛里突然闪过了一丝自信。于是，他知道自己的这种做法有效果，便趁热打铁地说道："我相信我的儿子能做得更好！”紧接着，他又指出了儿子的作业中错误在哪里，孩子也很高兴地改掉了错题。此后，每天小周都会选择孩子的进步点来鼓励孩子，孩子每天也都有进步，慢慢地，孩子把所有的毛病都改掉了。他的妻子不明白小周是怎么做到的，小周说道：“孩子的作业每天都有可以鼓励的地方，要根据孩子好的变化尽量把他往优点上引导，渐渐地就会形成好的习惯，他自己就改掉毛病了。”

如果在生活中，妈妈们对于孩子的进步不给予一定的赞扬，反而总是过于严厉地要求孩子，这样就可能会出现两种状况。第一种，有的孩子顽皮成性，自然就会产生逆反心理，妈妈的话在孩子面前也变得没有任何权威。第二种，就会让孩子渐渐产生恐惧妈妈的心理。孩子们最需要的是妈妈的理解和支持，孩子会想自己最亲近的妈妈都不支持自己，那么势必就会给孩子造成一个很巨大的心理阴影。

1. 妈妈不要无视孩子的进步

妈妈们千万不要无视孩子的进步，不要因为孩子进步太小而觉得孩子没有出息，更不要因为孩子没有达到妈妈心中的标准和要求就把孩子全盘否定，认为孩子是无能的，是一事无成的，这无疑是对孩子的一种巨大伤害。虽然妈妈并不是故意这样去做的，但也许就会在无意中亲手毁掉了自己优秀的孩子。

能否发现并欣赏孩子的进步，这会极大地影响孩子学习和做事的效果，还会影响到孩子对学习和做事的态度，也会对孩子的性格产生一定的影响。如果妈妈们对孩子的进步不给予一定的肯定，甚至否定孩子的进步，那么孩子的学习态度肯定会受到严重的打击，认为自己即使付出了努力也不会被妈妈认可，很可能就会产生自暴自弃的想法，这是十分危险的。

2. 妈妈不要吝啬自己夸赞的语言

妈妈在面对孩子的时候一定不要吝啬自己夸赞的语句，当看到孩子在任何方面有进步的时候，都应该给予孩子最诚挚的夸赞。在赞美的同时再加以鼓励，孩子才会更加努力地去改变自己，向着妈妈预想的方向发展。每当孩子在努力后看到来自母亲的赞美时，也会更加坚定地去努力。虽然每天的改变都是细微的，但是由于不断受到表扬，孩子的自信心会越来越强烈，也会越来越向着好的方向发展。

当孩子做事的成效不够明显，千万不要急于求成，更不要打击孩子的积极性，要知道，其实孩子也是很着急的，如果妈妈把自己急功近利的情绪传染给了自己的孩子，对孩子的成长是十分不利的。孩子们有了一定的进步，就要及时给予鼓励和赞扬。那么，孩子就会在得到赞扬之后继续保持自己的进步。哪怕是一些微不足道的小进步，都是孩子向好的方面发展的开始。可是如果妈妈对孩子的进步视而不见的话，那么就会在很大程度上打击孩子的自信心。所以要想让孩子进步，就从表扬开始吧。

要善于挖掘孩子身上的闪光点

孩子是每一个妈妈生命中的希望，而妈妈对于孩子的教育来讲也是十分重要的。父母希望自己的孩子能够成龙、成凤。在日常的教育中，对于孩子的教育，妈妈们是占有了绝对重要的位置的，因为妈妈是孩子的第一任老师，是孩子生活中最亲近的人，妈妈们怎样对待自己的孩子，对于孩子的将来都是有深远影响的。

妈妈们要注意，在日常的生活中，要善于发现孩子的“闪光点”，在生活中，也许妈妈们会认为自己的孩子根本没有什么值得夸耀的地方，但是，每个孩子在成长的过程中都一定会有自己的长处。作为妈妈，要能够在生活中注意并善于发现孩子的优点，并根据孩子的特点，来加以引导，从而促进孩子的进步，还要及时给予孩子表扬和鼓励，使孩子认识到自己存在的价值，从而增强自我的信心，促进孩子的个性健康发展。

现代社会是一个充满了竞争和挑战的社会，要想让孩子能在这样的社会中站稳脚跟，家庭教育任重而道远。妈妈们要努力去发现孩子身上的闪光点，充分地调动孩子学习的积极性和主动性，给孩子以信心，这样才能够使孩子充分发挥自己的潜力，从而为孩子创造出一个美好的未来。

有一个人满怀欣喜地去朋友家做客，因为两个人聊得投机，客人不知道怎么回事把怀表弄丢了，这个怀表很珍贵的，是客人的爷爷留给他的纪念品，所以他心急如焚。因为怀表是在自己家里弄丢的，男主人感到十分抱歉。他对儿子说："宝贝，你也来帮叔叔找找吧。如果找到了，爸爸就买巧克力给你吃。"那简直是太好了！儿子心里这样想。听说找到了就会有自己喜爱的巧克力吃，男孩自然毫不犹豫地加入了寻找怀表的队伍。可他们三个人忙了半天，依然是一无所获。

这时，女主人买菜回来了，她安慰客人道："请你放心，只要是在我家丢的，那么一定能找到。你们该办什么事就去办什么事去吧，怀表由我来找就行了。"三个人都出去了，只留下了女主人一个人静静地在沙发上坐着。这个时候，客厅里悄然无声，突然一个小小的声音从客厅的一个角落里传出来："滴答，滴答，滴答……"女主人便开始寻找，她很快找到了，在一个沙发坐垫的缝隙中找到了怀表。事后，男主人问妻子："我们三个人怎么找了这么久都没找到，而你一下子就找到了？这是为什么呢""因为客人心里存在着一份着急，你心里多了一份歉意，儿子心里有的只是巧克力，而我心里只有那块怀表。"女主人继续说道，"只有保持心中的那份宁静，你的心中才能放得下那块怀表。对待我们的孩子也是一样的，在教育孩子的时候，不要总是把眼睛盯着别人孩子的长处，却很少发现自己孩子的长处。其实，即使是人们眼中所谓的坏孩子，也是有自己的优点的。关键是有的妈妈心情浮躁，总是忽视这一点，容易受潮流的影响，总是把目光投向那些成绩优异的学生，却忽略了一些孩子所具有的爱心、交往能力以及思维活跃、合作能力等这些隐性的品质。”男主人听了之后也很有感触，于是他用心观察自己的儿子，说：“我们的孩子原来也这么可爱呀。”

在生活中，妈妈们应该要注意，不要当孩子出现一点过错的时候就把他批评得一无是处，而是要善于发现孩子身上的闪光点。闪光点就是孩子身上表现出来的那些优点和长处。每个人都有自己的优点和长处，而孩子也不例外。妈妈们要善于发现孩子身上的闪光点，也要千方百计地让自己孩子的闪光点找到用武之地，增强孩子的自尊心，强化孩子的上进心，这样孩子就会进步。

1. 细心观察孩子，就会发现其闪光点

只要妈妈们细心去观察，最终就会发现孩子的闪光点。除了多去观察孩子身上的闪光点外，妈妈还应多了解和关心孩子，多和孩子谈谈心，了解孩子真正需要的是什么，让孩子知道自己真正想要的是什么。在孩子犯错误的时候一定要少发火，不要体罚孩子。只要认真地用心去观察孩子，那么就一定不难发现孩子的闪光点。

2. 从多个方面去了解孩子

孩子本身是一个多面体，每一个孩子都有所擅长和不擅长的方面，妈妈尽量不要在孩子不擅长的方面做太多的负面评论，不然，孩子会对很多事情丧失信心。在生活中，孩子自己也只会注意到自己的不足，这样就会忽略自己擅长的方面，必然会阻碍孩子的正常发展。每个孩子都希望妈妈能够给予肯定和认同，如果妈妈细心观察之后，发现了孩子身上的优点，那么，根据孩子的特长渐渐培养出孩子的优势，不仅有助于孩子自信心的培养，还有助于孩子在这方面出色地发挥。妈妈们可以引导孩子其他方面也向擅长的方面看齐，最终就能使孩子真正做到“一专多能”。

孩子身上的那些闪光点是十分宝贵的，发现和放大孩子身上的闪光点，对孩子自信心的培养是十分有帮助的。

在别人面前赞扬孩子

“在别人面前夸奖自己的孩子。”很多妈妈一看到这个，可能会表现出怀疑的态度，然后说道：“不行！这可不是我的作风！我的孩子没有什么可以夸奖的，他那么差！还在别人面前来表扬他？再说了，现在的孩子取得一点小小的成绩就表现出心高气傲的样子，再去表扬他，他就不知道成什么样子了！要是在别人面前去夸赞他，他还不飞到天上去！”

其实，在我们身边有这种想法的妈妈并不在少数！妈妈总是认为，在人前夸赞自己的孩子并不是一件很容易的事情，并且在人前夸赞孩子容易造成孩子虚荣、骄傲自满的倾向；一些孩子被当众夸惯了，如果有一点好的表现没有被妈妈注意到，就会感到十分委屈，甚至有的孩子为了夸奖而弄虚作假，妈妈们认为这样对孩子的成长是没有帮助的。所以妈妈们不喜欢在别人面前表扬自己的孩子，却喜欢在别人面前去教育甚至是数落自己的孩子，去讲孩子的“缺点”。那么他们的这种教育方式的效果到底怎么样呢？

拉拉的妈妈带着拉拉和她的小伙伴在小区院子里玩耍。拉拉和小伙伴决定玩拍皮球的游戏，拉拉显得很开心，没有多大一会儿，两个人开始比赛起来。不过，由于拉拉平时练习拍球比较少，对拍球显得很生疏。

大家正玩得高兴时，谁知拍得不好的拉拉却把球一扔，不高兴地在一边站着不玩儿了。拉拉的妈妈连忙上前告诉她：“拍得不好就应该多去练习啊，怎么能说不玩就不玩了呢？”然而拉拉却赌气不再玩这项运动了。

回家后，拉拉的妈妈很不开心地问女儿："你为什么不玩了，过来告诉妈妈。"

拉拉说："你一直都在说别人拍得好，说我拍得不好。我还玩个什么劲儿啊？"

拉拉的妈妈此时才恍然大悟。原来令拉拉不高兴的不是孩子自己拍得不好，而是妈妈一直在夸奖别人家的孩子，根本没有表扬她的缘故啊。

事例中拉拉的妈妈一味地去表扬别人的孩子，却无意间伤了自己女儿的心。相信这样的妈妈在我们身边还是有很多的。每个孩子都有自尊心，作为妈妈，应该清楚地认识到孩子的自尊心是需要维护的。尤其是在别人面前，孩子的自尊心更是表现得很强烈，妈妈们当着别人的面去批评和训斥自己的孩子，将会大大地伤害到孩子的自尊。再说，孩子的思想还比较天真，大人的一言一行都会对孩子产生影响。当妈妈漫不经心或者火冒三丈的时候，千万不要说孩子"笨"，千万不要让孩子形成一种概念：我是天下最笨的孩子，就连妈妈都会觉得我笨。孩子一次次地接受大人们的苛责，也就等于是一次次地接受对自己的否定。渐渐地，孩子会认为自己什么也比不上别的孩子。所以，作为妈妈要学会表扬自己的孩子，更要学会在别人的面前去表扬自己的孩子，这样才能够增加孩子的自信心！

有些妈妈自己的自尊心往往也是比较强的，而对孩子的自尊心却会毫不在意，有的时候在别人面前，就算已经感觉到孩子受了委屈或者是伤害了孩子的自尊，也会不以为然，更不会去跟孩子道歉，认为小孩子有什么面子不面子的，甚至有时候，还有意地给他们一点小伤害来作为惩戒。其实，这种做法是非常不明智的。

对待孩子一定要多赞扬、多鼓励，少批评、少责骂。经常对孩子进行一些必要的赞扬、鼓励，尤其是当着别人的面赞扬孩子，这样能使孩子产生成功感和荣誉感，从而增强他们学习和做事情的信心。因此，我们应该把对孩子的赏识展示到别人的面前，随后要善于当着别人的面来赏识和尊重自己的孩子，让孩子充分地感觉到你对他的重视和欣赏，从而激励孩子去产生无穷的力量和信心。

在生活中，每个孩子都会有自己的长处和短处，如果能够及早地发现孩子的长处，帮助孩子发扬自己的长处，那么就能使孩子在取得成绩的同时，感觉到自己的优点所在，从而也就能够变得更加自信。父母在夸奖别人的孩子时，其实也是让别人来赏识自己的孩子的过程，每个孩子都希望得到别人的夸奖，自己的孩子也不例外，有时，这比父母的赏识更能激发孩子的上进心。

在别人面前夸奖自己的孩子时，妈妈们有以下几点需要注意：

1. 妈妈们夸奖孩子的态度必须是认真和真诚的

妈妈们不要把炫耀孩子的优点来当作是为自己增光，不能为了炫耀自己的孩子或者是敷衍别人而故意向别人吹嘘，从而夸大孩子的优点。对孩子优点的夸奖一定要是适当的，并且要是真诚的，让孩子感觉到妈妈在真诚和认真地关注自己的优点。千万不要引起孩子骄傲的心理，更不要给孩子一种自己是世界上最棒的人的感觉。

2. 必须有根有据

要根据孩子平时表现出来的优点进行夸奖，不能为了夸奖而夸奖，更不要凭空捏造事实。如果你让孩子感觉你在作假，这样就很容易让孩子感觉到妈妈的虚伪，便不利于孩子的成长，很可能也会让孩子养成虚伪的习惯。

3. 要适可而止

不要在夸奖孩子的时候说起来没完，夸赞也是要有“度”的，不要让孩子感觉不自在。要知道，夸奖孩子的话并非是越多越好，有时候说得多了反而会对孩子的成长带来不利的影响。因此，无论在什么时候，都要讲究适度原则。

孩子年幼的时候，刚刚迈出生活的第一步，这个时候孩子往往是常败将军。然而，妈妈们对失败的态度多半会选择批评，这对孩子来讲是不公平的。因为孩子这时的失败，正是他从幼嫩走向成熟的必然的经历。如果用批评打击的手法来对待孩子，会让孩子失去自信，在以后的道路中，也会表现得缩手缩脚，不敢再做成功的任何尝试。所以说当孩子失败了，还是应该给予鼓励，对这次的失败深表可惜，但又强调相信他下次一定能够做好。只有这样，孩子才能继续去努力，敢于向困难挑战，最终实现成功。

站在孩子的角度看待和处理问题

成年人处理孩子问题的一个原则，是站在孩子的角度看待和处理孩子的问题。成人自身的观点和方向性是必不可少的，但在此范围内，应把“同情心”和“同理心”作为处理孩子问题的基点，用孩子的心理和认知水准看待问题。

如同陶行知所说的“先做孩子的学生，再做孩子的先生”，就必须换位思考，站在孩子的位置和角度，否则，你看孩子的问题就如同局外人，不会对孩子起到引导和激励的作用。

小泽参加跆拳道红黑带考试时，居然忘了规定的动作，动作难免不够自然流畅，平时他总是说“这么简单的动作”，考试时竟然忘记了。小泽的父亲当时很生气：“等他出来非得好好训他一通，甚至揍他一顿也不解气！”其实这就是局外人的表现。

小泽从跆拳道考场出来，没等他父亲开口，自己就伤心地哭起来。他父亲想：按照“同理心”来说，他的那些动作，我觉得简单，事实上我也不会做，那我凭什么生气呢？孩子有失误的时候，我自己就没有吗？孩子哭，不就是他意识到自己的过错，是他有上进心的表现吗？

孩子遇到问题跟成年人遇到问题，实质上没有不同，都是人生路上的某种困惑和为难。区别仅仅在于，成人的生活大多是重复经历的，而孩子遇到的问题都是之前他没有经历过的。所以，我们决不能在孩子遇到问题的时候对孩子进行讽刺、挖苦，孩子的问题，事关他的一生。

应该珍视孩子的每一个微小的进步。在孩子看来，只要自己取得一点点进步，父母就应该和自己一样高兴的。可是有的父母不站在孩子的角度看问题，总是用自己的标准要求孩子，因而孩子很多时候很难达到父母的要求。这样一来，孩子就很难看见自己的进步，就会产生自己没有用的想法，从而丧失了前进的动力。

因此，随时都要看到孩子的每一个微小的进步，尤其是在孩子表现不好或者成效不明显的时候，不要打击孩子的信心和积极性，而是应该善于发现孩子哪怕是一点点的进步，对孩子不好的表现给予宽容，对孩子的进步给予赏识，这将会让孩子建立或者重新建立做好事情的勇气和信心。

我国当代文学家老舍的教子方法很值得借鉴。老舍的教子方法有四：一是不必非考百分，特别是不必门门都考百分；二是不必非上大学；三是应多玩，不失孩子的天真烂漫；四是要有健壮的体魄。老舍给孩子营造了一个宽松的发展空间，使孩子的个性得到了充分发展。

作为家长，应当更多地站在孩子的角度看待和处理问题，坚持不断地为孩子的每一个微小进步加油，经常对孩子说："你比以前进步多了，继续努力，一定会成为最好的。"

眼睛不要只盯着孩子的考试分数

家长不要只盯着孩子的成绩单。每个家长都希望自己的孩子能够有所成就，但教育方法是最重要的，宽容也是一种很有效的方式。

又到孩子期末考试了，平时特忙的家长常常无心顾及孩子的学习，到这时候就会过问孩子考试考得如何。考好了，家长很高兴，会夸奖孩子几句，会给孩子奖励，但考试没考好，家长就会说些难听的话，让孩子接受不了。

我们做家长的，理应换位思考一下，如果你是孩子，考试没有考好内心会有什么样的感受？父母再说些不好听的话，心里什么滋味？考试成绩有时候未必是完全真实的，有些孩子发挥不正常，有些孩子会考试作弊，有些孩子怕挨家长训会改通知书……家长不应该只盯着分数，不真实的考分会误导家长，而中考、高考的分数，却是任何人都无能为力去改变的。

现在的孩子实在太累了，他们要应付考试，还要应对家长只关注考分的情况。很多家长忙于工作、忙于社交，把孩子交给学校就认为万事大吉了。现在很多班级六七十人，最少也四五十人，老师也是凡人，他们工作时备课、上课、改作业、辅导学生、组织活动，回家还得做家长、做丈夫或妻子，他们怎么可能顾及所有的孩子呢？

小雪高二的那年冬天，她学画画每天九点半才放学。为了节省时间，小雪的父母就让她在学校附近租房住。期中考试前一晚，小雪的母亲去看她，去了寝室才知道她去上美术课了，要很晚才回来，小雪母亲就留下一张纸条，告诉她："你感冒了，要注意休息，不要太关注考试结果，否则压力过大，只要平时注意学习就行了。"

小雪之前考试是第六名，那次期中考试是第九名，期末又赶了回来。如果小雪母亲不提前跟她说，小雪就会有压力，着急上火，一方面觉得对不起家长，一方面小雪本身很有上进心，考砸了，她自己都不会原谅自己。如果家长过分关注她的成绩、名次，她就会对考试有恐惧感，甚至会想方设法地欺瞒家长，最终让家长从充满希望变成失望。

家长都希望自己的孩子能够有所成就，但教育方法是最重要的，宽容也是一种很有效的方式。

很多家长最常说的一句话就是，“只要孩子学习好，他要什么我都答应他”。在这种情况下，孩子反而容易出问题，根源在于家长的关注点有问题。

孩子的成长包括很多方面，如果家长只关注学习成绩，而忽略了其他方面，孩子的人格发展可能就会不平衡，孩子的成长之路就会埋下陷阱，最终影响孩子的全面发展。

错误的方式有以下几种情形：

（1）家长只关注成绩，忽略了孩子的心理需要，让孩子对学习产生抵触情绪。

（2）家长只关注学习行为，忽略了孩子其他反面的发展，容易让孩子出现心理问题，导致人格发展不平衡。

（3）家长只关注学习，其他方面对孩子没有要求，甚至越俎代庖，导致孩子自理能力差，甚至情感冷漠、内向孤僻。

家长和老师应注意孩子学习态度、学习习惯和学习方法的培养，从小培养孩子良好的生活习惯，培养孩子良好的品行。

包容孩子的过失，给责备加点糖衣

孩子损坏东西非常常见，对自己不小心造成的损坏，孩子都很后悔、很难过，甚至感觉恐惧。这种情况下，父母应对孩子更宽容，安慰孩子，而不是批评、指责孩子。这样不仅可以安慰孩子的心灵，还让孩子吸取有益的经验和教训。而对孩子指责甚至大骂，会让孩子感觉恐惧却淡忘了事件本身，更糟糕的是让孩子跟父母疏远，再有同样事情发生时，孩子可能选择瞒着家长，养成说谎的坏习惯。

宽容孩子的无心之失，好心办坏事的孩子更应该得到宽容和正面的引导。

父母可以跟孩子说："我知道你不是有意的，没关系，但以后要更小心点啊！"

有时候孩子因为好意而办错事，甚至给父母造成伤害。父母的宽容就更重要。父母应首先肯定孩子的本意，然后帮助孩子分析错误出在哪里，教他正确的方法，真正让孩子吸取教训，这样更有助于以后的学习和生活。

如果孩子好心办错了事，家长可以说："谢谢你的好意，但你这方法错了，反而让爸爸妈妈为难，应该这样做……"

以下的小故事可以帮助我们了解成功的父母会如何做。

当记者问一位名叫大卫·柯珀菲尔的医学科学家，他为什么比他人更有创造力，他说这跟他两岁时的一段经历有关。

两岁的他尝试从冰箱里拿出一瓶牛奶，瓶子很滑，他失手把奶瓶掉到地上，牛奶撒得一地都是。

他妈妈看到这种情况，没有对他大喊大叫，或者教训他、惩罚他，而是说："哦，你可真棒！我还没有见过这么大的牛奶坑呢，反正牛奶也不能喝了，在我们清理干净之前，你想不想在牛奶里玩几分钟？"

他真的在牛奶里玩了一会儿。几分钟后，他妈妈对他说："你知道吗，每次你制造了这样的混乱之后爸爸妈妈还得把这些清理干净，你想帮妈妈这样做吗？我们可以用海绵、毛巾或者拖把，你想用什么呢？"他选择了海绵，然后跟妈妈一起清理打翻了的牛奶。

接下来，他母亲又跟他说：“你用小手拿大奶瓶，但没有拿好。妈妈教你，怎么才能拿好它。”于是他母亲把瓶子装上自来水，小男孩很快在母亲的指导下，学会了用双手抓住瓶颈，牢牢地拿住了奶瓶。

这个科学家那时候从母亲那儿懂得，过失是一个学习新东西的机会，因此不要害怕过失。

当孩子出现过失，恰好是父母对孩子进行教育的良机。因为过错使孩子内疚和不安，会让孩子更急于得到帮助，这种情况下，他们明白的道理会更深刻。此时的父母既不能毫不在意，也不要简单粗暴地训斥孩子，而应该教给孩子弥补过失的方法，让孩子吃一堑长一智。

从某种意义上说，孩子的成长就是不断减少过失的过程。善待孩子，也就是对孩子进行正确引导，避免再次出错。所以，父母的心平气和很重要，粗暴的态度不但于事无补，而且伤害了孩子，可能让孩子一错再错。更有甚者，会让孩子形成胆怯、退缩的性格，或者叛逆、攻击等不良心理。

很多家长有心宽容，但到时候就是控制不了自己的情绪。

建议父母们可以从以下几方面考虑：

1. 体谅孩子的过失

成人都难免出错，更何况不谙世事的孩子呢？所以家长在孩子出错时应学会制怒，以平常心对待。心平气和地给孩子分析过失所在、原因，告诉孩子纠正的办法。父母包容孩子的过失，孩子也可以从中学会包容他人。

2. 区别对待偶然性和主观性过失

偶然性过失是无意之失，对此父母应体谅孩子，帮他分析，并教给他正确的处理方法。主观性过失是孩子有意而为，一般主要原因是引起他人尤其是家长的注意。对此家长应严肃对待，给孩子讲清过失和危害，帮助孩子纠正。

3. 给孩子解释的机会

有的父母过于心急，不问青红皂白，不容孩子解释，先打骂孩子一顿。这样的父母很自私，这样做只能发泄自己的怒气，缓解自己的情绪，但对孩子，起不到丝毫的帮助和教育作用。

批评孩子要“偷偷”地进行

父母箴言：家长们对自己的自尊心往往比较敏感，当孩子有叛逆行为时，就怒不可遏，孩子觉得受委屈、伤面子时，家长却认为：“小孩子家家的，什么面子不面子！”甚至还有意给他一点伤害，以示惩戒。

其实这是万万不可取的。如果家长能够照顾到孩子的自尊心，就可以避免许多不必要的麻烦。

9 岁的小维同妈妈购物回来，帮着妈妈将买的东西从车中搬到厨房。妈妈见他抱了一堆玻璃瓶不禁担心：“分两次拿，这样会打碎瓶子的。”“不会。”小维倔强地说。妈妈却说：“你若不听妈妈的话，肯定会打碎瓶子的。”小维像是没有听见，只是往门里走，刚走到过厅，瓶子就接二连三掉下来，弄得满地狼藉。妈妈不禁火上心头：“我告诉你了，你看看你搞得一塌糊涂！”

当瓶子摔在地上时，小维已经认识到自己的失误，这种事实的结果教育，比母亲的事前警告与事后教训的效果都要好。不听妈妈的劝导，打碎了瓶子使得小维感到很窘迫。妈妈这时应体会到小维的心情，不要再火上加油，可以平静地对小维说：“碎玻璃容易扎到人，先拿扫帚来扫一下。”将事情引到善后上，不使小维过于难堪。小维从心里会感激母亲没有“痛打落水狗”。有些母亲对类似的事情处理得很好，既教育了孩子，又增进了母子感情。

娜娜所在的幼儿园要求孩子从小就穿校服。但娜娜喜欢穿自己的漂亮衣服，于是每天早晨妈妈同女儿都要为此争论。尽管娜娜最终会服从，妈妈却被这件事搞得很疲惫。一天，娜娜对妈妈宣布今天不必穿校服，结果等妈妈带着女儿来到学校，看见所有孩子都整整齐齐地穿着校服，娜娜鲜艳的衣裙显得格外耀目。娜娜有些踌躇了，她对妈妈说："我有些肚子疼，我们回家吧。""噢。"妈妈似乎没有听见娜娜的要求，只是自言自语地说，"同学们穿得好整齐。"然后低头对娜娜说："我想过你可能会改变主意，所以把你的校服带来了，要不要去洗手间把它换上？"娜娜的脸上阳光顿现，亲热地吻了妈妈一下，拿起校服跑进了洗手间。此后，妈妈不必再与娜娜为穿不穿校服争执了。

妈妈的这一举动非常聪明，她将女儿不露痕迹地从尴尬中拯救出来，女儿当然会感激妈妈的"侠义"，也为自己"摆脱困境"而庆幸。这样以后再遇上穿校服之类的事情时，也就不好意思再与妈妈争执了。

试想，如果妈妈不给娜娜带校服，留她在学校忍受一天的不自在，回来后还用这一天的感受来教训提醒她，女儿是否会生出反感，产生对抗情绪，而且认为这一天的困窘已经忍受过来了，为了反抗妈妈的"刁难"，再多忍受一天也无不可？如果激发出这样的心态，争执还会继续下去，而且更为激烈。

"不要当众批评孩子"，许多家长对这话并不陌生。但真正做到者却很少。有一位小朋友不知什么原因在舞蹈课上突然不跳舞了，她的妈妈忍不住进教室询问原因，可还是不行，没办法只好把哭着的孩子带出教室。孩子出来后，外面的妈妈们立刻围住孩子和孩子的妈妈又是劝，又是哄，又是教育，妈妈也在一旁不断地说些教育孩子的话。可孩子一句也没听进去而且越哭越厉害，一直到下课也没有再进教室。

孩子妈妈以及周围妈妈是为了孩子好，可是让孩子一下接受这么多意见，有没有考虑到孩子的感受呢？那应该怎么批评孩子呢？

（1）不要当众批评孩子，这样会伤害孩子的自尊心，使他失去自信。当孩子出现错误的时候，要多理解他，多站在孩子的角度看待问题，不妨先听听他的想法，帮助他分析问题从而逐渐学会解决问题。

（2）不要当众批评孩子，因为孩子每一个行为都是有原因的。也许这些原因在成人看来是微不足道的，但在孩子的眼里那是很严重的事情，这是由孩子的心理、生理年龄特点所决定的。不了解原因当众批评孩子非但不能解决问题反而会使问题变得更遭，使孩子产生逆反抵触情绪，教育就很难继续下去。

（3）妈妈可以试试用眼神、手势等进行暗示；可以用冷处理的方式让孩子自己去调解，等下课后再找孩子谈；还可以把孩子带到无人的地方问明原因再进行教育。

（4）妈妈要先了解孩子犯错的原因。很多孩子犯错是因为害怕、难过，或者不懂自己做的事情的意义，他们也不是故意要让妈妈生气，妈妈们要先了解孩子犯错的原因，再对孩子进行教育。

孩子的心灵就像一株幼苗，需要小心呵护，我们在注意孩子身体健康的同时更要注意到孩子的心理健康，注意在日常小事中渗透对孩子的教育。

第 5 章
培养情商财商要从小开始

培养孩子不急不躁的平和心态

每当我们做事急于求成的时候，往往不等深思熟虑，也等不及做好准备，就开始匆匆动手去做，这样当然很难取得圆满的结果。同样，急躁也是孩子常出现的情绪反应之一。

小宁是个急脾气的孩子，一天妈妈让他去小超市买酱油，话还没听完，小宁就嚷嚷着“知道了”，一边说一边跑了出去。可到了超市他却傻了，超市里的酱油牌子有很多种，还分什么生抽、老抽，小宁没听清妈妈说要哪一种、哪个牌子的，只好返回家去问妈妈。刚下楼，又想起把钱放在家里了。

小宁学习上也是这样，平时不好好学习，考试前两天就急得抓耳挠腮，起早贪黑地看书，由于平时不努力，这种情况下太着急了，常常也是成效不大。

父母和老师都替小宁着急，这孩子什么时候能改了毛手毛脚的毛病啊？

小宁这种情绪反应就是急躁。

急躁的人通常会表现为：不论做什么，来了兴致马上动手，无准备、无计划，急于求成，兴趣一过马上扔在一边；遇到困难时就烦躁不安，坐立不安；处理矛盾和问题时容易冲动；没有目标，盲目行动，往往事与愿违。在学习上则表现为好高骛远，急于求成，如果稍加努力效果不显著，马上就垂头丧气，形成越着急越不成的恶性循环。

父母应该先认真分析孩子急躁个性形成的原因，通常孩子急躁是由以下原因造成的：

1. 家长的溺爱

家长事无巨细都替孩子去做，事事对孩子姑息迁就，过分的溺爱使孩子缺乏独立性，养成了依赖的不良习惯。这样的孩子，一旦在学习和生活方面出现不如人意的情况，觉得不称心，就会急躁。

2. 不能正确对待困难和挫折

孩子的兴趣爱好容易变换，当他对一件事情感兴趣时，常常对这件事抱有很大的热情，但由于知识的欠缺或是其他原因而导致失败，兴趣便随减弱。不久对另一事物又产生兴趣，又没成功，如此一而再再而三，孩子又缺乏对付困难和挫折的能力，如果没有得到父母正确引导和帮助，就会烦躁不安。天长日久，急躁个性得以形成。

3. 不好的学习生活环境

孩子的学习负担量普遍偏重，承受着相当的压力。如果孩子的学习环境不好，家长唠叨、酗酒、赌博、吵架、打闹或是劲歌狂舞，就会影响孩子学业，长此以往恶性循环，使孩子看见书本就烦躁不安，在焦躁中度过学习时光，急躁的个性就会形成并逐步加重。

急躁会使人心神不安，甚至会出现情绪上的紊乱状态。急躁的人容易灰心，然后更加急躁。时间长了，就会使人丧失对自己的信心。

家长可以用以下方法，帮助孩子摆脱急躁情绪：

1. 加强计划性

家长可以跟孩子一起，帮孩子制订学习计划。比如期末考试要到了，每天复习多长时间、复习哪些科目安排一下，做到心中有数。

2. 事前做到自我暗示

很多孩子都有一个毛病，老师要求他们做的事还没有交代清楚，听半截就跑了，要做的时候才发现要求都没有弄清楚。家长要提醒这样性情急躁的孩子，让他们随时在必要的时候暗示自己，无论做什么都要沉着、冷静，在弄清楚该做什么、怎样做之后再动手，这样就会取得明显效果。

3. 加强素质训练

急躁是一种个性，家长可以有意识地锻炼孩子，培养一些性格向沉静方面发展的兴趣爱好，如下棋、书画、钓鱼、做小手工艺品等，磨炼孩子的耐性和韧劲，久而久之就会养成不急躁的习惯。

4. 提醒孩子做事要始终如一

性格急躁的人做事的一个共同特点是虎头蛇尾，因此家长要随时提醒急躁的孩子，凡事要切记保持善始善终，在行动时，不但要有一个好的开头，更要有一个让人满意的结尾。

培养孩子用乐观的态度面对人生

乐观是一种情绪，是一种能让人愉悦的心理感受。

乐观能让孩子勇敢面对生活中的一切，能增强孩子的心理承受能力。面对顺境，乐观的孩子能戒骄戒躁；面对逆境，乐观的孩子也能从容应对。

哪些方法可以让孩子更乐观呢？如何培养孩子乐观的心理素质呢？

心理学家认为，愉快既是一种心境，也是一种性格。愉快的心境来得快，去得也快；而愉快的性格则比较稳定，它表现为一种良好的情感倾向。比如乐观主义的人生态度。愉快的性格是可以培养的，尤其是在童年时期。

父母如果能够把精力集中在下列方面，就能够培养孩子的愉快性格。

1. 让孩子自己去选择

父母常常认为孩子天真无邪、无忧无虑，什么事都不用操心，是人生最愉快的时期。但是事实往往与此相反，孩子们并不喜欢什么事情都由大人决定，他们对于强加给他们的任何决定都是排斥的。孩子们同样需要自己去选择、体验，只有亲身经历才能产生真正的愉快，因此，父母应尊重孩子自己选择的权力。

2. 建立和谐的关系

良好的人际关系对一个人的愉快心境有重要的影响。父母应该跟孩子建立和谐的关系，同时不要控制孩子的社会交往。孩子想跟他人建立良好的关系，就需要和自己父母建立和谐的关系。

3. 培养广泛的兴趣

也许，父母不知道孩子对什么感兴趣，但他们可以提供各种活动和各种机会，帮助孩子进行选择。通常孩子会全神贯注于自己的兴趣所在，而对于另外的事情却抛之脑后。父母很容易从孩子关注的事情上寻找孩子的兴趣所在。

如果父母能够帮助孩子寻找另外一些感兴趣的活动，那么，孩子们可能更加快乐。

4. 引导孩子迅速恢复愉快的心情

性情愉快的人也有不快的时候，也会陷入消极的情绪。但是，相比别人，愉快的人能够很快恢复愉快的心情。父母应帮助孩子学会这种最重要的技巧。

当生活中有事情使孩子陷入痛苦时，父母应当帮他们找到自我安慰的源泉。

任何孩子都会遇到多种不愉快的事情，有些是有害的，比如争吵让孩子的自尊心受到了伤害，所以孩子很沮丧。因此，父母应当帮助孩子恢复良好的感觉，可采取听音乐、阅读、骑自行车和与朋友交谈等方法。

5. 给孩子一个幸福的家庭

教育专家指出，为孩子做得最好的事情就是使他成为一个愉快的、充实的人。

著名心理学家法迪斯说，“愉快的性格可能有一部分来自遗传，更主要来自父母所创造的环境。孩子们很小就开始懂得感情”，“在孩子学会语言之前，他们是从感情的氛围来下结论的：这个世界是一个忧虑、愤怒的地方，还是一个安全愉快的地方。”

愉快的父母可以给孩子最大的幸福感。

6. 防止过分的物质满足

研究表明，家境特别富裕的孩子并不像一般人想象的那么愉快。对孩子来说，对所拥有的一切感到满意，是更为重要的。

过分的给予会让孩子觉得得到很容易，这种基于物质满足的愉快是暂时的，难以持久的，这样的孩子一旦遇到挫折，就会陷入困境，导致失败。

父母有义务帮助孩子成为一个内心充满快乐的人，乐观地学习，开心地生活。

平衡孩子心态，让其明白知足常乐

周周的父母给他买了很多漂亮的玩具，汽车、火车、飞机、火箭……但最近他却特别喜欢玩一些妈妈看起来觉得脏乎乎的小东西，比如小石头、小树叶、小纸片、小塑料块等，都是从外面捡来的。妈妈总是告诉他别拣，他就是不听。一天，妈妈洗衣服，从周周衣服口袋里掏出了一堆这样的“破玩意儿”，妈妈摇了摇头，把这些都给扔到垃圾筒里。等周周来找他心爱的“玩具”，发现没有了，听妈妈说扔了，周周大哭大闹起来。妈妈不明白，家里那么多的好玩具，他怎么偏偏喜欢这些没价值、没意思的东西呢？

孩子天性自然纯朴，他们没有成年人的价值观，也没有那么多乱糟糟的烦心事，越是自然而朴实的东西，孩子们越是把它们当宝贝。如果把一个玻璃球和一块钻石摆在孩子面前，让孩子挑选，他们很可能会被漂亮的玻璃球吸引，而不会挑选昂贵的钻石。

孩子的天性更容易知足常乐。他们的要求很简单，饿了会哭，不满会叫，只要需要得到满足，他们马上会对父母甜甜一笑。成年人对自己期望过高或要求过多，让自己感觉很多困扰。我们也许应该向孩子学习，对生活充满好奇和感激，也就会更加快乐。

通常成年人都用一种“社会交换理论”来与人交往，也就是说，我们无论和谁交往，都要达到一种心理平衡，因此我们经常被一些得失成败所困扰，没有对等条件就不肯付出自己更多的情感。而孩子与人交往却不计较得失，孩子对妈妈的依恋是没有条件的，即使打他骂他，他仍然会扑进妈妈的怀里寻求安慰，不像成人的爱往往会附带一些条件：你好好学习、你听话，妈妈就爱你。通常父母都会说自己对孩子的爱是无限的，但如果对孩子的接纳是有条件的，那么对孩子的爱也是有条件的，而有限的爱给予孩子的成长的动力就太少了。

孩子有时候会拒绝父母，父母因此就会有失落感，而且也很委屈：我是为孩子好，他为什么不领情呢?

我们成年人通常对学习有一种刻板的印象，认为学习就要刻苦和勤奋，学习就是要“头悬梁，锥刺股”，但孩子们最喜欢的也是最有效的学习方式却是快乐学习，在生活中学习。

孩子每天都在学习，一片落叶让孩子知道了季节的更迭；一块玻璃让孩子看到了太阳的七彩颜色；如果周围有小朋友可以作为交往对象，孩子很愿意去尝试沟通，哪怕冒着被别人拒绝的危险，哪怕会和小朋友发生争执，他也不怕……

所以，父母应该相信，孩子每时每刻都在观察、模仿和学习。而且，孩子需要在生活中快乐地学习，而且，在孩子心中，学习本身是一件非常快乐的事!

现在，很多的家长有一个通病：喜欢拿自己的孩子和别人的孩子比来比去。或许家长这样做的目的，只是单纯地想让自己的孩子向别人学习来取长补短，但是在家长的不知不觉中，已经伤了孩子的自尊心。而家长间一些虚荣的攀比，会毁掉孩子的自信甚至葬送孩子的前程。

孩子有自己的思想，有自己的认识，最重要的是孩子也应得到别人的理解和尊重。每一个人都有他自己的成长过程，孩子的心理成熟显现出很大的个体差异。如果孩子经常处于被轻视、被当众贬低或受指责的地位，会使孩子产生自卑、对自己缺乏信心、胆小、畏缩的心理问题。

作为家长，应该自己先懂得知足常乐，那样也会给孩子带来快乐。

培养孩子逆境中也乐观的心态

几个家长在讨论自己的女儿，他们的女儿有一个共同点：她们都不快乐。

“我女儿上小学时是个开心果，成天乐呵呵的，可是升入初中后性情大变，很少见她开心，天天紧张兮兮的。问她怎么了，她就说作业做不完，考试太多，总之是学习压力太大。有什么办法呢？老师对学习抓得紧，也是为孩子好。再过不到半年就要参加中考了，用老师的话说，是到了冲刺阶段，我女儿比平时更紧张，开始头疼、失眠。听说别的中学学生也是这样。我很担心，女孩子脆弱，万一把弦绷断了怎么办？”

“我女儿也是学习压力超大，晚上做作业能做到后半夜。别说开心的笑容了，就是不皱眉的表情都很少看到，天天愁眉苦脸的。我从网上搜来好多笑话讲给她听，可她很少被逗笑，就是笑也仅仅是礼貌地咧咧嘴。”

“我女儿也是天天一张苦瓜脸。我想，她可能是因为自卑吧，因为她的成绩老上不去，几个月后就要参加高考，希望渺茫。”

“我女儿学习成绩在班里是中下等，报班、请家教、吃‘脑轻松’，什么法子都用过了，就是不见效。这种情况下，她怎么乐观得起来？她要是乐观，不就是没心没肺吗？”

青春期的孩子很多都会精神抑郁，原因多种多样，但都可能让人感觉是因为学习压力造成的。学习压力也好，青春期焦虑也罢，都是孩子成长道路上要遇到的坎坷，父母不应怨天尤人，而应该想办法帮助孩子建立乐观心态。

乐观不是说对什么事都无所谓，更不是颓废，相反，它是诱发孩子采取积极行动的强烈动机，是每个人都应该具备的健康心态。

乐观对苦难意味着什么？请看看下面这个故事：

美国有一位名叫迪翁的潜能开发大师。他富有激情，演讲极具感染力，经常应邀到世界各地去巡回演讲。他常常用一句话来激励人们保持乐观心态：“任何一个苦难与问题的背后，都有一个更大的幸福！”他的女儿在很小的时候就会说这句话，并会用这句话来劝慰手划破了或鞋子掉了的小伙伴。

不幸某天突然降临，迪翁的女儿遭遇了一场意外，一条腿被截去了小腿。迪翁从国外赶回来，看到缺了一条小腿的宝贝女儿躺在病床上，心如刀绞，往日的激情似乎已经熄灭，情绪一落千丈。他甚至难过得不知该说什么，不知道怎样安慰这个热爱运动、充满活力的小天使。

乐观的女儿反过来安慰痛苦不堪的爸爸，她笑着说：“爸爸，您不是常说，任何一个苦难与问题的背后，都有一个更大的幸福吗？不要难过，这或许就是上帝给我的另一个幸福。”迪翁心疼地说：“可是，你的脚……”女儿说：“爸爸放心，脚不行，我还有手可以用呀！”迪翁虽然心酸，听到女儿说出这么懂事的话，却也有几分欣慰。

刚装上假肢的时候，迪翁的女儿一天只能走几步。

两年后她升入中学，居然入选学校的垒球队，成为该队有史以来最厉害的全垒打之王！

知道这个奇迹是怎样创造出来的吗？迪翁的女儿是个残疾女孩，脚不灵便，即使装了假肢，能够奔跑，速度也不能跟正常的双腿相比，所以她苦练臂力和击球的准确度。她很清楚，唯一能赢的办法是将球猛力击出球场底线之外，让对手根本接不到。

这就是迪翁所说的苦难背后更大的幸福。小女孩用实际行动验证了父亲的话。

一个心态乐观的小女孩，在苦难面前，留给人们的依然是微笑，因为她父亲的那句口头禅深深地印在她的大脑里，也就是说，她心里早已储备了克服困难的神秘力量，关键时刻发挥了作用。生活在这个世界上，谁能一帆风顺？没有灾难也有磨难，没有苦难也有挫折，所以乐观是每一个人必备的心理素质，而且越是处境艰难，越是遭受生活打击的时候，越是需要乐观心态来支撑一个人的勇气和尊严。

有些家庭遭遇了不幸，母亲下岗，孩子小时候受伤的脸没有钱可以整容，但这个时候，家长的消沉悲观对孩子的心理产生的不良影响，要远远大于孩子小时候意外事故的伤害。

乐观心态能够让孩子从容面对压力和挫折，也能帮助他们在逆境中积极进取，重整旗鼓，所以，乐观心态对孩子来说，是一笔无比珍贵的财富。

父母教育孩子的方式正确与否，极大地影响着孩子的性格。

要培养孩子的乐观心态，父母可以从以下四个方面入手：

1. 父母首先具备乐观的思维方式

父母是孩子的榜样，孩子一直在看着父母。如果父母在处理问题时持乐观态度，孩子就会通过观察和模仿逐渐养成乐观品质。迪翁的女儿之所以有稳定的乐观心态，是因为她从小受到父亲持续不断的积极影响。所以，乐观的父母，总是能够培养出乐观的孩子。

父母应该为孩子营造一个乐观而温馨的家庭环境，教会孩子正确面对批评和挫折，帮助孩子克服羞怯和抑郁的悲观因素，多给予孩子赏识与鼓励，用快乐和温暖激励孩子，使他们学会乐观向上。

平时在家，父母的言行都要尽量平和、友好，做事以理服人，让孩子保持轻松、积极的情绪。

2. 参与让人快乐的活动

在家庭生活中，父母可以带领孩子，参与让人快乐的活动，比如听音乐、旅游、琴棋书画，以及各种文娱体育活动。

一个人乐观与否，与阅历和见识有直接关系。生活面狭窄的人最容易抑郁，而朋友多、见识广的人则心态比较乐观。利用假期带孩子旅游，到大自然中去陶冶性情既能休闲娱乐，也能修炼身心。

3. 引导孩子完成力所能及的任务，使其体验成功的快乐

心理学认为，一个人最大的快乐，莫过于完成任务的满足感和自豪感。因此，父母应该有意交给孩子一份“工作”，培养孩子生活能力的同时，给孩子自豪的机会，一举两得。要点是：工作必须是孩子力所能及的，如果孩子能够顺利完成，再慢慢加码。学习上也可以给孩子树立力所能及的目标。

4. 尽快消除孩子的不良情绪

当孩子出现悲观情绪时，父母一定不能不当回事，要及时介入，尽快消除孩子的不良情绪，必要时向专业人士寻求帮助。近年来，因学习压力和情感受挫而自残、自杀的孩子不少，家长不可不防。

对孩子加强情商培养

现在的父母对孩子的教育是越来越重视了，在孩子教育方面的投资也越来越大了。父母们聚在一起所谈论得最多的一个话题就是：孩子的学习怎么样，谁家的孩子学习好，谁经常考第一名，谁家的孩子不知道学习……其实，父母关注孩子的学习是一件好事，是应该得到提倡和发扬的。

可是，有一些父母的教育方法却把孩子领入了一个误区：

为了让孩子各个方面都得到发展，一到周末，就把孩子送往各种补习班，对孩子进行盲目地恶补。其实，父母只注意到了孩子智力的开发，却忽略了让孩子走向成功的另外一个更加重要的因素，也就是情商的培养。那些在父母的精心呵护下长大的孩子，就像是生长在温室里的花，禁不起一点挫折和磨难。不能清楚地认识自己，对自己的能力也不能很好地把握，更别说去控制和调节自己的情绪了。遇到困难的时候也不会自我激励，只会一味地退缩。对于别人的情绪、感觉和需要更是采取事不关己的态度。这样一来，就不能正确认识自己和他人，更谈不上什么同情心理，人际关系也会处理得一团糟。心理学家们认为，情商是影响个人健康、情感、人际关系的一个重要因素，更是一个人生活的动力，它可以让智商发挥更大的效应。

我国从古代起就提倡“忍”“三思而后行”“不以物喜，不以己悲”“淡泊明志，宁静致远”，现在风靡全球的“成功教育”“愉快教育”也都无一不包含着情商培养的因素。因此，今天的父母们在全方位开发孩子智商的同时，更应加强对孩子情商的培养。

说了这么多情商的重要性，那么，到底什么样的做法才是高情商的表现呢？

1. 高情商的人做任何事情的动力都是来自于内部

他们有很强的自觉性和主动性。在决定做一件事情之后，没有完成是绝对不肯罢休的。做任何事情，他们都有明确的动机、强烈的兴趣以及积极独立和不甘落后的精神，并且有勇气，自信心强。一个高情商的孩子，懂得自动自发，自动做事、自动读书、自动做功课……所有的一切都是自动的，不用别人来督促。因此，就算他的智商不比别人高，但成绩也会比别人好。

2. 高情商的人目光是长远的

他们不会沉溺于一些眼前的利益，不管想什么问题、做什么事情，他们都会把眼光放得很远，而不会满足于眼前的一点点既得利益。

比如，研究者告诉孩子们说："这里有糖，你们可以马上吃，但只可以吃一块，如果等我出去办完事回来再吃，你们可以得到两块糖。"跟踪实验的结果表明，那些有耐心等待的孩子，长大后比较能适应环境、敢冒险、自信、可靠；而那些只满足眼前欲望的孩子，长大后各方面的成就都不是很高。

3. 高情商的人善于控制自己的情绪

他们在任何时候都头脑冷静、行为理智，能抑制感情的冲动，克制急切的欲望，及时化解和排除不良的情绪，使自己始终保持一种良好的心境，心情开朗，胸怀豁达，心理健康。一个高情商的孩子，会把自己的情绪控制得很好，当他们遇到烦恼的事情时，他们懂得自己化解，绝不会做出一些极端的事情来。

4. 高情商者常常会自我反省

差不多每一个人都有某些连自己也看不清楚的个性上的盲点，高情商者常常会自我反省，从不同的角度了解、认识自己，对自己有比较客观的评价，具有自知之明，并且能正确地为自己定位。因此，其能够处理好周围的一切关系，而成功的机会也总是比较大。一个高情商的孩子，会很清楚地看到自己的优点和缺点，他既不会因为成绩好，受老师赏识而自傲，也不会因为自己在某方面不如别人而自卑。

5. 高情商的人善于洞察并理解别人的心态

高情商的人善于控制自己的情绪，善于领悟对方的感受，尊重他人，设身处地为他人着想，善于与人沟通和合作。因此在复杂的人际交往中游刃有余。一个高情商的孩子，容易被老师喜欢，被同学赞美，人缘好，很少感觉孤独。

其实情商就是一种能力，是一种创造，又是一种技巧。既然是技巧就会有规律可循，就能被人们所掌握，就可以熟能生巧。只要让孩子多一点勇气、多一点机智、多一点磨炼、多一点感情投资，孩子们也会像“情商高手”一样，营造有利于自己生存的宽松环境，建立属于自己的交际圈，创造更好发挥自己才能的空间。

教孩子早日学会自我激励

小齐是个高中生，他性格内向、沉默寡言。他最大的弱点是没有足够的勇气来面对自己所遇到的挫折，更不会自我激励。

虽然他学习也很用功，但是期末考试成绩却很不理想。还有一年就要高考了，小齐觉得这样的成绩让他无法面对父母殷切的目光。于是，他投河自尽了！

其实，在这个学期中小齐已经有了不小的进步。但小齐却没有意识到这一点，也没有借此激励自己，而是把自己送上了绝路。

德国人力资源开发专家斯普林格在其所著的《激励的神话》一书中写道：“强烈的自我激励是成功的先决条件。”

在 1972 年墨西哥奥运会马拉松比赛中，出现了非常感人的一幕：一位黑人选手在左膝盖受伤的情况下，凭着自己坚强的意志跑完了全程。当他到达终点时，其他选手早已回去休息了。无论这个选手是否跑到终点，都已经拿不到名次了。但是，他还是坚持跑完了全程。

当他跑到终点时，一位记者问他：“你已经拿不到名次了，是什么力量让你坚持跑完全程的？”他回答：“我只是不断地告诫自己，一定要跑完！”

这位选手积极的自我激励精神赢得了全场最热烈的掌声。

另一个例子是这样的：

1991 年，一个名叫坎贝尔的女子徒步穿越非洲，不但战胜了森林和沙漠，而且通过了400公里的旷地，随时需要面对野兽、毒蛇。

当有人问她为什么能完成这令人难以想象的壮举时，她回答说：“因为我说过‘我能’。”

当别人问她“你对谁说过这句话”时，她的回答是：“我对自己说过。”

一个善于自我激励的人，总是能够发挥自身的潜能，创造出超越自己能力的神话；而一个不会自我激励的人，就算拥有良好的天赋，也无法开发出自己的潜力，甚至会走上绝路。

对孩子来说，通过自我激励可以提高自我评价和自我形象，从而使自己能够拥有良好的心态；而良好的心态反过来又会使孩子充满信心，不断激励自己。孩子学会激励自己，可以让他获得前进的动力，也可以让他在面对挫折时有信心重新崛起。而不善于自我激励的孩子，往往就容易陷入悲观绝望的境地。诺贝尔物理学奖获得者尼尔斯·玻尔的父亲为了激励儿子产生强烈的求知欲和良好的行为，常常给儿子用一些有意思的方法激励儿子。

有一次，小玻尔帮助邻居修好了自行车，父亲专门摆了一桌“庆功宴”以示激励。

还有一次，玻尔与父亲争论关于水张力的问题。这对身为物理学家的父亲来说，并不是一件难事，但是，父亲的讲解并不能使玻尔信服。为了激励孩子自己探索的精神，父亲与儿子达成了一项协议，即由儿子去父亲的实验室做实验，让实验的结果来说明问题。在这项协议中，父亲要求玻尔自己动手制作仪器，而玻尔则要求父亲担任仪器制作和实验的顾问。结果，玻尔的实验成功地证实了自己的看法是正确的！

自我激励可以用各种方法进行，比如，对自己进行正面暗示，多说“我能行”，少说“也许会出现意外”等；教育孩子记录自己的成就，用事实让孩子看到自己的潜能，帮助孩子树立信心，积极行事。父母要为孩子树立良好的榜样，以身作则。如果父母只要求孩子不断努力进步，而自己却只担当督促孩子学习的“监督员”，那么孩子显然会产生不满心理，从而影响他的学习状态。

帮助孩子学会如何激励自己行动的几个简单办法：

1. 改变表扬用语的代词

戒掉孩子依赖外部赏识的一个最方便的方法，是在你对孩子的表扬中改变代词：

把表扬行为的主语改为孩子自己，把父母（我）对孩子（你）的表扬，改成孩子（你）对你自己（你）的表扬，这种简单的变化去除了赞许声中的强调色彩，更多地让孩子认识到自己的行为是正确的。如：“你做得真好，我真为你感到骄傲。”改为：“你做得真好，你一定为自己感到骄傲。”

2. 鼓励孩子自己表扬自己

父母可以从早到晚告诉孩子，父母是多么为他们骄傲，但是，孩子不能总是依赖父母和老师的赞许，还要依靠自己内心的动力前进。因此，父母要及时指出孩子做得好的事情，然后提醒孩子自己鼓励自己。

有些孩子完全依赖成年人的赞许，连怎样认可自己都不知道。帮助他们的一个简单办法是指出他们做得正确的事，然后提醒他们从内心承认自己。

当孩子做错事后主动认错时，你可以告诉他：“你这样做需要非常大的勇气，你应该对自己说：‘我做了一件正确的事，一件了不起的事’”。

可以教孩子自己跟自己玩一个游戏，让他自己跟自己谈心。让他给自己一个大人物的头衔，或者一个可爱的昵称，然后让他对自己说：“猛张飞，你干得不错，还会干得更好，我相信你！”

当孩子感觉疲倦、烦躁、懒惰的时候，都可以这么做，最后的结果如何都不重要，孩子已经尽力了，他们都应该在心里赞赏自己。

3. 强化孩子的自我激励

把孩子对自我的肯定稳定下来，并且加以强化。这非常重要，孩子们可以从中领会到，自己的努力和良好的行为本身就是一种很好的奖赏。

教孩子控制冲动，延迟满足

日常生活中常常可以看到这样的情况，有的孩子在父母没有立即满足他的愿望时，又哭又闹，甚至答应了以后再满足要求仍然不依不饶；而有的孩子即使没得到满足，也很乖，甚至表现出为了以后能有更大的满足而放弃立即能得到满足的精神，这种现象背后的原因是什么呢？

任何事情的成功，都以牺牲暂时的快乐为代价。

对孩子来讲，在马上能吃块巧克力与明天可以吃两块巧克力之间做出选择，是一个多么难取舍的选择！这个选择是冲动与克制、放纵欲望与自我控制之间冲突的缩影，从中折射出孩子的性格特征，从一定程度上预示了他未来所走的人生道路。

抵制冲动是最基本的心理技能之一，抗拒诱惑、控制情绪、维持理智、遵守道德莫不与此相关。有研究表明，那些 4 ~ 5 岁时能接受延迟满足而放弃即刻满足的孩子，进入青春期后，在情感表达、社交技能、人格特征上与那些无法抵御即刻满足诱惑的孩子差异明显。前者往往有较强的社会竞争性、较高的社会效率，自信、头脑清晰、善于把握大局、能较好地应付生活中的挫折；而后者则有约 1/3 的人缺乏这些优良品质，并且出现心理问题的人相对较多，比较羞怯，遇到挫折时自我否定，嫉妒心强，脾气暴躁。

可见，能够忍受一块巧克力诱惑而默默等待拿到两块的孩子，成了睿智、成熟的青年，而更愿意迫不及待享受一块巧克力的孩子，则有一部分成了冲动、不顾大局的青年。

其实，人们取得的种种成就应部分归功于抑制冲动的心理功能，因为成功常以牺牲暂时的快乐为代价，比如说戒烟、学业成功、道德情操的形成等。因此，父母应对孩子的延迟满足能力有所了解，并有意识地培养孩子的这种满足能力。

1. 加大延迟满足的力度

比如告诉孩子：你今晚要是弹钢琴而不看电视，明天就带你去游乐场。这比告诉他：今晚你弹钢琴明天就可以多看 1 小时的电视对孩子的吸引力要大。在前一个条件下，孩子更愿意选择延迟满足，但是这仅仅是培养孩子延迟满足的手段而已，在他们随着经验的积累越来越认识到延迟满足的好处时，也就能更好地克制自己的冲动了。此时父母要有意识地逐渐减低延迟满足物的价值强度，以免孩子形成依赖。

2. 让孩子认识到即刻满足的“不合算”

事实表明，在团体中人们做出延迟满足还是即刻满足的选择与独处时是不同的，在群体中，孩子更倾向于选择延迟满足。比如告诉孩子你今天可以吃一块巧克力，而小姐姐决定今天不吃，所以她明天可以吃两块，而你明天则不能吃了。孩子到明天发现别人享用两块巧克力而自己只能看着时，也会后悔。几次之后，孩子就会明白克制欲望是为了以后更大的满足，会渐渐地把眼光投向更远的未来，而不是仅仅只看到眼前利益。

3. 让孩子学会抵御诱惑

引导孩子学会用适当的策略抵制诱惑，是行之有效的方法。那些顺利地等到延迟满足的孩子，为了抵制即刻满足的诱惑，千方百计转移自己的注意力，而无法忍受延迟满足的孩子，多半想的是唾手可得的满足品的味道香气等，以致无法忍耐。因此，父母应教孩子一些等待延迟满足的技巧，比如通过唱歌、做游戏来转移注意力，自我劝说，想象得到满足后的兴奋与自豪，反复告诉自己“我的选择是正确的，不要改变”来进行自我强化等。

生活中有些父母过于溺爱孩子，一旦孩子提出要求则立即满足。殊不知，这样非但惯出了孩子骄横性格，还泯灭了孩子克制冲动、总揽全局的延迟满足能力，使孩子成为经不起诱惑的人。

与之不同，有些父母则告诉孩子今天不看电视明天去公园，可却把说过的话忘了。数次之后，孩子又如何能信任他们呢？在孩子眼中，父母许诺的延迟满足是空口白话，于是便学会了有欲望立即满足、有东西立即享受——谁知道明天会怎样？这样的孩子长大后就成了及时行乐的典型，经不起诱惑，放纵自己的冲动，常常害人害己。

培养并引导孩子的好胜心

好胜心在孩子的成长过程中能够发挥巨大的积极作用。美国著名心理学家布鲁纳指出，好胜的内驱力可以激发人的成就欲望。所以，父母从小培养并引导孩子的好胜心，对孩子的成长至关重要。

故事一：

6岁的小刚好胜心很强。平时让他练琴，他一点没兴趣。有一天，妈妈带他去亲戚家玩，无意间看到表妹照着那蝌蚪似的五线谱用电子琴弹出几支他所熟悉的歌曲时，小刚羡慕极了。回家后，他赶紧找出电子琴，擦干净上面的浮尘，拿出来弹，还让妈妈教他弹。有一段时间，小刚一听到别人家的琴声，他就连忙拿出自己的电子琴来弹，让他出去玩都不肯，好像在和表妹悄悄比赛似的。

看到小刚这样，妈妈想，这正是利用他好胜心的好机会。于是就给孩子请来了音乐老师，并买了一些正规的音乐教材，让小刚好好练。

小刚颇有音乐天赋，简谱掌握得很快，两只手弹起来也非常协调。仅仅半年的时间，小刚就熟练掌握了音乐的基础知识，并且在全国少年音乐大赛中还获得了二等奖。

故事二：

著名的教育学家斯宾塞的儿子小斯宾塞，一直被铁匠的儿子强尼视为竞争对象，因为小斯宾塞的成绩在班里总是遥遥领先。

小斯宾塞对这件事向来都不在意。直到有一次他在体育课上长跑输给了强尼，并且被强尼和其他孩子奚落，小斯宾塞才愤怒了，冲上去打强尼，但是强尼个子比他高，力气也比较大，小斯宾塞反而被推倒在地。

当斯宾塞了解了整件事后，说："孩子，你输给强尼是很自然的，"他安慰孩子说，"但是这并不是你的错，而是因为我没有加强你平时的体育锻炼……现在弥补还来得及，你愿意吗？你还想赢他吗？"

"想！"小斯宾塞擦干脸上的泪痕，精神马上就足了。

于是，从第二天，小斯宾塞就开始锻炼——为了超越自己，在跑步上胜过强尼，并且一直坚持。

在第二个学期的长跑比赛中，强尼和小斯宾塞并列第一。小斯宾塞对这个结果感到很满意。

这就是好胜心带给孩子的动力。在孩子的生活和学习中，适当地激发孩子的好胜心，可以增强孩子前进的动力，把自己的潜力发挥出来。

孩子的好胜心及参与竞争的意识并不是与生俱来的，而是通过培养和锻炼获得的。父母可以有意识地为孩子创设一些合理的竞争环境。如早上起床，可以让孩子与父母比一比，看谁能按时起床。

平时，可以鼓励孩子和小伙伴一起做游戏、学习，并有意识地用比赛的形式让他们比高低、赛胜负。如比一比谁跑得快、谁跳得高、谁的积木搭得好等。在这些简单、轻松的小竞赛中逐渐激励孩子的好胜心和竞争意识。

在家庭教育中，父母在培养并引导孩子的好胜心方面要注意以下几个问题。

1. 好胜的重点应该是超越自我

竞争取得胜利的关键在于实力，而要提高实力，关键是超越自己。当然，孩子要提高自己就得向别人学习，要进行横向的比较，以发现自身的优势和不足，但是无论怎样横向比较，最终还要改变自我，才能有成效。连自我都不能超越的人是无法超越别人的，超越自我是超越别人的前提，超越别人只不过是超越自我的一种自然结果。

很多家长把超越自我和超越别人的关系颠倒了，他们总是搞横向比较，忽视了孩子自己跟自己比是否有进步。这样时间久了，孩子就会形成眼睛盯着别人位置的不正常的“排队心理”，于是很自然就会滑向嫉妒的泥坑。

2. 让孩子敢于面对失败

在竞争中，孩子难免会遭到失败，受到打击。这时，父母千万不能责备、讥笑孩子，这样会使他气馁，甚至失去信心，丧失竞争意识。父母可以引导孩子从竞争中发现自己的进步和长处，帮助孩子走出失败的阴影，使他懂得竞争既能展示自己的力量，也能检验自己的不足，其目的是求得进步。

3. 好胜应该对事不对人

所谓“胜”，只是说在某一件事情上比别人做得好，如此而已，并不是说整个人比别人高一等。语文不如你，但数学可能比你好；学习不如你，但体育可能比你强；绘画不如你，但音乐可能比你好。

也就是说，所谓胜负，主要是对事而不对人的，人都是平等的，都是好孩子。这样的“好胜”和“竞争”就不容易造成某些孩子的妄自尊大和另一些孩子的自卑，就比较健康。如果对孩子某次考试成绩的高低和某次比赛的输赢太在意，老要分出个“好生”和“差生”，这种竞争的结果就会影响孩子，于是一下子就把孩子的注意力从事情转移到人的身上去了。

4. 注意培养良好的品德

父母在培养孩子好胜心时，特别要注意避免嫉妒心理的产生。父母有责任多从正面客观地引导孩子，避免消极的、不与人为善的暗示和态度，不要时时拿自己孩子的长处与别人孩子的短处相比，以出人头地压倒别人而后快。在鼓励孩子不甘落后的同时，必须注意培养孩子的爱心，善于发现并学习同龄人身上的长处，并积极倡导良好的竞争道德。

教孩子遇到突发事件时镇定自若

一个小男孩在玩耍的过程中不小心把鼻子碰伤了，血不停地往外流，在这种情况下，有的孩子吓得捂着眼睛、有的孩子被吓哭了……但竟然没有一个同学想到要去找老师，或者送这个受伤的孩子去校医室。

事后当班主任问起班里几个高高大大的男孩："同学受伤了，你们怎么不知道来喊老师呀？"

没想到这几个男孩几乎异口同声地回答："我当时都吓蒙了，根本就不知道该做什么了。"

女孩们胆小，遇到这种突发事件被吓哭情有可原，但如果男孩们也像女孩那样被吓得不知所措，就让人觉得，现在的孩子也太脆弱了。

突发事件是检验一个人是否勇敢的重要标准。勇敢不仅表现在天不怕、地不怕的性格上，还表现为能镇定自若地面对突发事件，能积极地想办法解决这些突发事件。

在今后的生活和工作中，孩子们不知道要面对多少突发事件，像上述故事里的孩子们的"胆量"，很让人为他们的未来担心。

有人说，这样有些杞人忧天，随着男孩年龄的增长，随着社会阅历的增多，他们自然会勇敢地处理这些突发事件的。

问题是父母常常不给孩子们机会让他们去增加社会阅历。当家里遇到了某些突发事件，父母常常瞒着孩子，家长们的理由是："这些压力应该由我们大人来承担，不要给孩子的成长施加太大的压力。"

每位父母，都希望自己的孩子能够镇定自若地去面对突发事件、能够积极地想办法去解决突发事件，然而，在对孩子的教育中，家长又不愿意让孩子独自去面对突发事件。不论是孩子自己的事还是家庭的事，遇到突发事件，家长都不让孩子参与，孩子怎么能独自面对突发事件呢？他们只能不知所措。

想培养孩子镇定自若的气质，家长就应该给孩子面对突发事件锻炼的机会，明智的家长还会有意制造一些"突发事件"，帮助孩子演练，当他们真的遇到相似事件时就懂得如何处理。

一个男孩的父亲分享了这样一个经验：

"我教育儿子的观念是：让他经历得越多，他的能力越出众。因此，为了使他更加勇敢，我经常会有意给他制造一些'突发事件'。

一个周末，就我和儿子在家，我让儿子下楼扔垃圾，当儿子上楼时，我穿着睡衣站在门口沮丧地对儿子说：'我想看看你回来了没有，但一不小心把门反锁了，现在我们该怎么办呢？'

当时正是冬天，我和儿子都穿着睡衣、拖鞋站在门口，没有别人帮忙，儿子只能积极地想办法。

儿子先后想出去邻居家等妈妈加班回来、找锁匠来开锁等办法，我都否决了。

就这样，儿子积极地想办法，我来分析这些办法是否具有合理性。能想到的办法几乎都想到了，突然，我一拍脑门说：'对了，我记得还放在邻居王叔叔家一把备用钥匙呢！'就这样，这件'突发事件'轻易地解决了。"

这位父亲后来说："门当然是我故意反锁的，其实我这样做并不是期望儿子能够想出多么好的解决办法，我只是想能通过这样的突发事件让他知道，面对这些突发事件时，只有自己不乱阵脚，只有做到镇定自若，它们才能得到圆满的解决。"

实际上，案例中这位爸爸的做法是在给儿子制造机会，并与儿子一起演练如何面对突发事件。这种做法是非常科学的。

孩子的成长就是这样，经历得越多，各种能力提升得就越快，成长得就越快。作为家长，为了使孩子在面对突发事件时不至于六神无主、惊慌失措，从现在开始，你也可以有意制造一些"突发事件"，与孩子一起演练。

教会孩子控制不良的情绪

孩子虽然年龄还小，但是情感上和成年人一样，在生活中难免会遇到挫折，从而产生负面的情绪，他们也会出现郁郁寡欢、怒不可遏甚至是无理取闹的情况，这是相当正常的。在人的一生中，可以说无时不在与负面情绪做斗争，因为它会严重影响到我们的生活质量，甚至会控制我们的生活。如果孩子希望获取生活的快乐，那么妈妈们就应该从孩子小时就学会应对孩子的这一系列的负面情绪的影响。

对于负面情绪，很多人都会觉得这只能给我们带来伤害，甚至会觉得负面情绪只会给孩子带来伤害，但是聪明的妈妈会利用它，培养孩子坚强的性格。

对于很多成功的人来讲，他们从小就生活在挫折中。几乎所有的伟人在成功前都要面对挫折、失败、非议等压力。面对压力，妈妈们应该学会正确引导孩子，并且采取积极的态度，让孩子把压力变成动力，并以此为契机，适当激励孩子克服艰难、提升锐意进取的勇气，最大限度地挖掘出孩子自身的潜能，就能把坏事变成好事了。

王鹏飞已经年满十三周岁了，他是某中学的学生。就在两年前的一次课上，王鹏飞无意中发现坐在自己左前方的一位女同学正在用手托着头，好像不高兴的样子。平时，他与这位女同学关系很一般，交往也不多。但是却不知道怎么搞的，他突然觉得这位女同学是因为自己才会不高兴的。以后，只要是一上课，王鹏飞就会下意识地去多看她几眼，看她是否还是用手托着头，是否不开心地拉着脸。

结果，王鹏飞每一次都发现这位女同学保持着相似的姿态和态度。于是他每看到一次就会害怕一次，浑身不自在，认为是自己什么时候得罪了她。虽然王鹏飞也知道这种想法是很可笑的，却无法消除。因为这种莫名其妙的害怕，使他无法集中注意力去听讲，并且记忆力也明显下降了，给自己造成了很大的痛苦。由于王鹏飞的积虑越来越多，最终竟然发展成了一种心病，表现为十分的害羞、害怕见女生，不管是在什么场合，只要有女生在场，他就会感到紧张和恐惧，甚至会当场脸红。

张旭明和王鹏飞是一个学校的学生，两年来他从来不敢目光与人相对，出现目光碰撞的情况后，他就感到惊恐万状。原来他两年前发现自己得了近视，因而便去配了副眼镜，但配后迟迟不敢戴眼镜，怕别人见了会笑话自己。有一天，因为老师在黑板上写的字模糊看不清，就试着在课堂上第一次戴上了眼镜，谁知道这时老师正好转身，无意中看到了他，他在与老师目光相对的那一瞬间，突然感觉到内心一阵莫名其妙的恐惧，因而他赶快低下头，但是仍然心跳不已。

从那之后，他再也不敢与这位老师对视。为了回避老师的目光，他甚至一节课也不会抬头看黑板一次，时间长了，发展得更厉害，渐渐地他又发展到怕与电视、电影屏幕上的人对视，最后竟连回想与别人目光相视的情景，都会让他心惊胆战。他想控制自己不看别人的眼睛，因此，他走路总是低着头，吃饭也是低着头，和别人说话也是低着头，从来不敢去正视别人，即使无意间看到了别人，他也会感觉到十分恐慌。

从上面的两个人的情况，可以看出这两个人就是因为不能控制自己的情绪，结果导致了严重的心理问题。在生活中，有些孩子动不动就哭闹不止，然后发脾气，甚至是摔东西，或者把自己关起来生闷气，有的父母也会跟着孩子生气、焦虑、愁眉不展。其实，我们知道在婴儿期的时候孩子就已是个情绪体，就会表现出恐惧、愤怒等一系列的情绪。健康情绪的发展对幼儿的个性形成起着十分重要的作用，它关系到一个人一生的成长。

孩子和成年人是一样的，在生活中也会出现挫折，或许在大人的眼里，孩子所谓的挫折根本不算什么，但是孩子毕竟是孩子，他们也会出现负面情绪，他们也会郁郁寡欢、怒不可遏、无理取闹，所以在这个时候，妈妈们应该理解孩子，千万不要轻视负面情绪的影响。要在孩子情绪平静之后，想办法去遏制孩子不好的情绪。

有了负面情绪不释放出来也是很危险的。对于妈妈们来讲，对孩子出现的负面情绪或者是恶劣的情绪，应该想办法，在孩子出现恶劣情绪之前让孩子去克服，或者是劝说孩子，甚至帮助孩子去控制恶劣情绪的发生和产生。在孩子成功的路上，最大的敌人其实并不是缺少机会，也并不是资历浅薄，而是缺乏对自己情绪的控制，尤其是不能够对不良情绪的控制。妈妈们应该帮助孩子，教会孩子怎么样去控制不良情绪。

妈妈们可能会看到这样的情况，有些幼儿不管是遇到难过、挫折或是无聊的时候，都会用暴力的方式来进行发泄，这样做不但会造成其他人的困扰，也会影响自己的人际关系，原因很可能只是因为孩子不知道该如何来确切地表达自己的感受而已。

那么，妈妈该如何帮孩子控制不良的负面情绪呢？

1. 让孩子认同自己，有情绪空间

妈妈要让孩子学会喜欢自己，因为只有喜欢自己的孩子，才会去喜欢别人。同样，妈妈要给孩子认同感。妈妈是孩子的模范，妈妈首先要学会管理自己的情绪，不要让自己的情绪影响到孩子，更不要给孩子带来情绪上的压力。要给孩子塑造出一种安全、温馨、平和的心理情境，用欣赏的眼光来鼓励自己的孩子，让身处其中的孩子产生积极的自我认同感，从而获得安全感，让其能够自由、开放地感受和表达自己的情绪，使孩子原本正常的感受不因压抑而变质。

2. 让孩子正确认识情绪，表达情绪

通过亲子之间的对话让孩子正确地去认识各种情绪，让孩子说出自己心里此时此刻真实的感受。妈妈们只有了解了孩子的想法，才能够知道怎么样去帮助孩子解决问题，帮助孩子控制情绪变化。所以说在平时，妈妈们应该让孩子认识自己的情绪，然后表达自己的情绪，只有这样孩子才能够更好地去了解自己。在我们的日常生活中，妈妈们要做的不仅仅是去关照孩子，更多的是要让孩子知道自己的情绪，让孩子认识到自己的情绪会产生什么不利的影响。

3. 让孩子体验情绪，洞察他人的情绪

游戏在孩子的心理发展中起着十分重要的作用，要让孩子在丰富多彩的游戏活动中，体验自己的情绪并且感受到别人的情绪，那么就一定要让孩子自己知道他人的需要。除了与孩子交流自己的情绪感受外，妈妈们可以通过说故事编故事的方法，让孩子明白怎么样去了解别人的情感。从他人的情绪反应中，孩子会逐渐领悟到积极情绪的作用。如果幼儿在不断表达情绪与控制情绪之间取得了平衡的话，便有助于孩子去遏制不良情绪。

4. 让孩子学会乐观地面对生活

积极的情绪体验能够激发孩子的潜能，使孩子保持旺盛的体力和精力，并且起到维护孩子心理健康的作用；消极的情绪体验只能使人变得意志消沉，对孩子是有害的。为此，要保持孩子乐观的生活态度与积极向上的情绪，对孩子来说这是十分重要的。作为妈妈，要培养孩子乐观的情绪，让孩子积极地面对人生，即便是处在困境中，也要让孩子有克服不良情绪的决心。孩子的情绪会受到妈妈行为的直接影响，在与孩子相处的过程中，妈妈必须要乐观一点。乐观的心态能够帮助孩子控制自己不良的情绪，这对孩子的成长是十分有帮助的。

5. 教会孩子适当宣泄不良情绪

孩子在精神压抑的时候，如果不能寻找到发泄的机会，或者是不能宣泄情绪，便会导致孩子身心受到伤害。所以，当孩子负面的情绪已经产生，或者是不良的情绪已经出现，妈妈们应该给孩子发泄的空间和时间，让孩子先发泄自己的情绪，或者是等孩子的情绪稳定之后，再教育孩子，让孩子感受到妈妈的爱和支持。事情过后，再告诉孩子怎样克服这种不良的情绪。

教孩子掌握应对挫折的方法

在遇到挫折的时候不同的孩子会有不同的态度，有的孩子会知难而进，而有的孩子却会知难而退。其中有相当一部分的孩子在遇到挫败后会采用消极的方法来逃避挫折。面对这种情况，就需要父母的引导了。在这个时候父母要教导孩子知难而进并协助孩子找到应对的办法，这才能让孩子在面对挫折时不一味地逃避。

挫折，就是指当事情发生过程中并未出现预期的情境与感受时，人们内心的一种感受。不同年龄段的孩子会有不同的挫折经验，在面对挫折的时候也会有不同的表现。对年纪小的孩子来说，当他想要玩某个玩具时，妈妈把玩具收起来；当他想吃零食的时候，妈妈加以阻挠，这些事情都可以导致他挫折感的形成。年龄小的孩子通常是通过哭闹或是大发脾气的方式来表现。年纪大一点的孩子，他们就会和年纪小的孩子的挫折感来源不一样了，当他们遇到挫折没有办法解决的时候，或是和预期想象的不一样的时候，他们就会表现出生气、沮丧等负面的情绪。

一个优秀的妈妈不仅要鼓励孩子不要害怕困难，更多的时候还能够让孩子学会一些做事情的技巧，尤其是应对挫折的技巧，这对孩子的处事能力是十分有帮助的。孩子在遇到挫折的时候往往会惊慌，甚至不知所措，这个时候妈妈们不仅要在思想上帮助孩子成长，更重要的是要让孩子学会处理事情的方法。

王璐的儿子小名叫豆豆，豆豆小时候很乖，现在已经上一年级，在老师眼中也是好孩子，因此王璐为儿子感到骄傲。但是有一点却让王璐感到苦恼，那就是每次豆豆遇到自己不会做的事情都会让王璐去做，王璐觉得孩子遇到困难的时候根本不想怎么去解决，而是将困难转给王璐。

一次，豆豆很开心地跑回了家，王璐看到儿子这么开心便问儿子怎么了，豆豆指着手中的玩具汽车说道："妈妈，小胖将他的玩具汽车借给我玩儿了，可好玩儿了。"王璐看到儿子这么开心自然心里也是十分开心，便没有多问什么，转头去洗衣服了。

过了一会儿，只听到"啪"的一声，王璐以为是孩子摔倒了，便立刻跑到孩子的房间，只见玩具汽车在地上摔坏了，豆豆傻傻地站在那里。王璐一看就明白了，肯定是他不小心将玩具汽车摔到了地上。此时豆豆看到了妈妈，像是看到了救星，连忙问妈妈该怎么办。王璐看到孩子受了惊吓，她先是将孩子抱到怀里，然后安慰孩子。

过了一会儿，她看到豆豆已经不那么害怕了，便问豆豆想怎么解决这个事情，豆豆说："妈妈，我不知道怎么办，小胖要是知道我弄坏了他新买的玩具汽车一定会很生气的。"王璐心想这是一次不错的机会，可以让孩子学会解决问题的办法，于是，她就站在孩子面前对豆豆说道："儿子，如果你是小胖，看到自己的玩具被弄坏了，肯定会很不开心吧？"豆豆点点头。“但是，即便是不开心也会希望知道真相，所以我们必须要主动向小胖承认错误，这样小胖肯定就没那么生气了，然后我们把人家的玩具弄坏了，自然要赔偿人家一个新的玩具，现在妈妈就带你去买一个新的玩具汽车吧。”豆豆听了妈妈的话，脸上一下子轻松了许多。

王璐和豆豆到玩具店买了一个新的汽车玩具，并且比小胖的那个功能更多。回到家中，豆豆想要让王璐陪着自己去跟小胖道歉，王璐对豆豆说道：“儿子，开始你借小胖玩具的时候我没陪你去，现在怎么让妈妈陪你去呢？如果你现在一个人将玩具拿给小胖，并且跟他道歉，那么他一定会夸奖我们家豆豆勇敢的。”就这样豆豆主动去找小胖了。

过了半个小时，豆豆高兴地回来了，一进家门就说：“妈妈，小胖没有生气。”王璐看到儿子很开心。“新买的玩具我给小胖了，他还邀请我陪他玩儿呢。”这件事情算是过去了。

突然有一天，豆豆回家对妈妈说：“妈妈，今天我把同桌的铅笔盒弄到地上，摔坏了，你能给我几块钱吗，我要给同桌买个新的，虽然已经给他道歉了，但是妈妈说过弄坏别人东西要赔偿。”看到豆豆的这种行为，王璐很开心，因为她知道孩子终于明白怎么样来面对挫折和困难了。

其实，对于孩子来说，挫折的发生是没有办法避免的。既然没有办法避免，那就只有让孩子学会在面对挫折时正确对待的方法。那么，妈妈该怎样做才能帮助孩子战胜内心的恐惧，成为解决问题的能手呢？

1. 妈妈要树立挫折教育意识

很多妈妈都认为，年纪小的孩子心理承受能力也是弱的，所以对孩子的保护就显得有些过了。有些妈妈认为不应该让孩子遭受过多的挫折，这样对他们没有什么好处。妈妈的这种观念直接影响孩子对于挫折的认识和理解。正确地说，让孩子受点挫折和磨难是有好处的。孩子遭受挫折的经历有利于培养他的良好品德；

有利于发展孩子的非智力因素；有利于丰富孩子的知识，提高他的能力。所以，对于挫折教育的价值，妈妈应该有一个正确的认识，可以把它看成是一种磨炼意志、提高适应能力的好方法。

在实际生活中，有一部分妈妈认为对孩子的挫折教育与吃苦教育是一个概念。其实这种理解并不正确。吃苦确实是挫折的一部分，但并不是全部。有的家长专门让孩子去穷困山村体验生活，但是这并不能让孩子对挫折有一个全面的认识。其实妈妈把自己事业和生活上遇到的挫折告诉孩子，并告诉他自己是如何解决的，便是一个给孩子挫折教育的不错方法。

2. 鼓励孩子克服挫折

很多孩子在遇到挫折后会产生一系列的消极反应，这些孩子在面对挫折的时候往往会选择逃避。若是妈妈发现孩子有这样的表现的时候，一定要教育孩子面对挫折时不仅不能知难而退还要知难而进。当孩子每一次挑战成功后都会自信和勇气倍增。这样的情况多了，孩子对挫折的害怕心理就会消失，慢慢地，不仅孩子面对挫折有了勇气，孩子的抗挫折能力也会变强。

3. 在孩子失败后，亲自示范解决的方法

在很多时候孩子遇到了困难，会在第一时间想到妈妈，而此时，作为母亲需要做的就是向孩子做示范，示范给孩子看，怎么样去解决挫折。当然最重要的是要让孩子明白在挫折面前要保持一个什么样的思维过程和状态，只有这样，在以后遇到困难的时候，孩子才知道怎么样去解决，以及用什么方式来解决。所以说妈妈们不妨先示范解决问题的方法，然后再帮助孩子去解决问题。

4. 提高孩子的应变能力

应变能力是孩子处理困难和挫折时的一种重要的能力。培养孩子的应变能力，让孩子随时准备行动，把握机会解决问题，可以帮助孩子变得更果断。在平常的生活中，妈妈可以有意识地对孩子的应变能力进行锻炼。通过锻炼，会让孩子各方面的能力都得到提高。首先，可以让孩子有适应自身生理或心理变化的能力，孩子会把自己身体某个部位不舒服的情况及时告诉成人；当他们感到烦恼的时候，会选择向妈妈或知心伙伴倾诉，而不是让烦恼把自己淹没。其次，让孩子有适应周围环境变化的能力。比如，应该知道早晚气温不同；应该注意保暖；应该知道出门要带什么东西；应该知道不同的地方可能会发生什么情况等。再次，可以让孩子对突如其来的事件有应变能力。比如，当孩子一个人待在家里，遇到突然停电时，他们会知道怎样去点燃蜡烛、开手电筒；当他们遇到陌生人问路时，应该知道怎样避免被骗等。最后，让孩子有对不同事物做出不同反应的能力。比如，当孩子在面对陌生人，或者心存不良的人时，他们知道应该采取什么样的办法；如果妈妈生病了应该知道怎么办，等等。这些都要教孩子去判断，当面对这类事情的时候该怎么办。只有孩子具有较强的应变能力，遭遇任何紧急情况才会将损失降到最低程度，争取到最好的结果。

帮孩子纠正嫉妒心理

嫉妒不能完全避免，但任其发展，孩子就会过分自大，一旦遇到比自己强的人，甚至会幻想或采取不正当的手段去伤害对方。所以，妈妈应该让孩子从小懂得什么是正当竞争，引导孩子接受差异，将嫉妒转化为成功的内驱力。

嫉妒是孩子成长过程中一个无法回避的话题。孩子的嫉妒，不仅在家有，在学校也有。因为性别的原因，妈妈在矫正孩子的这种弱点上面，有更多的责任。教会孩子宽容和珍惜友谊，是使其终身受益的事情。要纠正孩子的嫉妒心理，妈妈先要分析嫉妒产生的原因。

孩子嫉妒心理的产生是与其最关心的事物相联系的，孩子们之间的嫉妒常常会反映在很多方面，首先表现在，因别人受表扬而嫉妒。比如说看到别人受了表扬，有的孩子暗中不服气，有的公开挑人家的缺点，也有的故意表现出无所谓的态度。其实，他们的心理反应是：“有什么了不起，我也做得来。”其次，因别人学习好而嫉妒。因为学习是孩子们的主要任务，学习成绩是评价孩子的重要指标。因此，有的孩子学习不如别人就嫉妒别人。有一个班级曾经发生过这样的事：在期中考试前一个星期，班上成绩最好的几个同学的笔记本不翼而飞，这几个同学着急的程度可想而知。考试之后，笔记本又回到了那几位同学的课桌里。显然，这不是一般的恶作剧，是某个同学出于嫉妒心理，采用了不道德的手段。再者，可能会因为亲疏关系而嫉妒，有的孩子因为不被重视，而嫉妒受老师重视的同学，并且常常迁怒于老师，背后议论老师，甚至对班上的某些事情采取消极的态度。同学之间的亲疏变化，也常引起嫉妒心理的产生。有些孩子因嫉妒别的同学之间关系好，而从中挑拨，甚至诽谤。最后，会因为物质方面不如别人而嫉妒。孩子们普遍希望有漂亮衣服、好的文具、好的玩具等，由于家庭条件不同，妈妈教育方法不同，总会产生有这个没那个的现象，这是正常的。但是，一些孩子会因此而产生嫉妒心理。当别人的东西脏了、坏了时，甚至幸灾乐祸。

在众多的消极社会现象中，以嫉妒为最。嫉妒是一种由于别人在品德、能力等方面超过自己而产生的不满情感。嫉妒不仅对个人的生活有影响而且会对集体有极大的消极影响。对团结协作是有极大阻碍的。当这种缺点随着年龄的增长而一直保留的时候，孩子在日后的社会生活中就很难融入集体，也很难与别人团结协作。这些都会给孩子带来痛苦和烦恼。

孩子的嫉妒心虽是儿童心理发展中的自然现象，但妈妈也不能听之任之，妈妈应及时加以疏导，以免孩子形成不良性格。如脾气古怪、多疑、粗暴自卑、执拗或自暴自弃等，这是对孩子十分不利的。因此妈妈平时要关心孩子与人相处时的各种表现，一旦发现孩子有嫉妒心的毒苗，就要帮助孩子正确对待，及时疏导。

妈妈们要纠正孩子的嫉妒心理，可以从以下几个方面着手：

1. 建立良好的环境

虽然说产生嫉妒心理的原因有很多，但是从本质上说都是由于孩子的内部消极因素以及外部环境因素造成的。只要妈妈在家庭中营造出团结友爱、互相尊重、礼让谦逊的氛围，就可以早早地预防孩子的嫉妒心理。

2. 耐心倾听，让孩子合理宣泄

孩子的嫉妒是直观、真实而自然的，它只是孩子对自己愿望不能实现而产生的一种本能的心理反应。因此，妈妈不要盲目对孩子的嫉妒心理和行为进行批评，要耐心倾听孩子的苦恼，理解他们无法实现自己愿望所产生的痛苦情绪，使孩子因嫉妒产生的不良情感能够得到宣泄。

3. 让孩子正确地评价自己和别人

无论是孩子还是成人都是偏爱鼓励，而不喜欢被批评的。恰当的表扬不但可以巩固孩子的优点还能够给予孩子自信，使孩子不断努力进步。然而万事都有两面性，当表扬过度的时候，就会让孩子产生骄傲的心理，看不起别人。这是因为孩子的年龄小，没有足够的能力进行正确的自我评价和对他人的评价。这时候孩子对自己的评价大多来源于成人给予的评价标准。所以妈妈们切记不能盲目表扬孩子，要在孩子面前正确地评价他，以防孩子对自己的评价不正确。

在适当的时候妈妈还要指出孩子的优点和缺点，让孩子正确地意识到无论是谁都有长处和短处。在与小朋友相处的过程中，要学习别人的长处，避免自己的短处。同时妈妈自己也要时常反省自己，问一下自己："我的长处是什么？短处又是什么？与上一周比较我有哪些地方是进步的，哪些地方是退步的。"并将这种自我反省教给孩子，让孩子在自我反省中认识到自己的缺点，在与老师、同学合作过程中改正自己的短处，让自己更加进步。若是孩子经常以这样的心态去看待问题，能够客观地自我评价，那么嫉妒心理就会慢慢消除。

4. 帮助孩子强化自身的优势

现实中的人必然是有差异的，不是表现在这方面，就是表现在那方面。一个人承认差异就是承认现实，要使自己在某方面好起来，只有靠自己奋进努力，嫉妒于事无补。妈妈如果发现孩子在某些方面不如别人的孩子，不要当面指责孩子不如别人，而应具体帮助他提高这方面的能力。如果有条件，妈妈可以请一个能力强的孩子来帮助自己的孩子，这样可以提高孩子的能力，而且孩子之间真诚友好的帮助也是克服嫉妒心理的良方。

5. 引导孩子树立正确的竞争意识

通常情况下，嫉妒心理总是伴随着争强好胜的性格。妈妈要正确地引导孩子将嫉妒心理转化成超越别人的动力，并且应当告诉孩子，贬低别人并不是意味着抬高自己。要正视与别人的差距，努力缩短差距。要清楚地认识到自己落后于别人并非是别人的缘故而是因为自己不够好。要能够取长补短，这样去化解心中的不平。作为母亲切记不要以为在孩子面前贬低孩子嫉妒的对象就能够打消孩子的嫉妒意识，这样只会让孩子的嫉妒更加膨胀。只有正视自己的不足，才能够更好地努力改正。这才是消除嫉妒的方法。

给孩子“金山”不如给他“点金术”

犹太人有句谚语：“给孩子一座金山，不如教给他们点金术”。

汉朝的刘邦打下天下之后，为100多个功臣分封土地和田宅。在分封土地的时候，丞相萧何要了一块很贫瘠的土地。因为土地贫瘠，如果不辛勤耕作就没有饭吃，这样后代的子孙就会懂得勤劳节俭的好处。

汉朝建国100年之后，有一位史学家做了个考察，想了解一下最初被分封的这100多个功臣，一百年后他们的后代都怎样了，结果这个史学家非常吃惊，因为这些功臣的后代，基本上已经都没落了，而丞相萧何的后代还生存得很好。人们不得不佩服萧何的深谋远虑，留财产给子孙的做法是最不明智的，重要的是留下做人的智慧给子孙，留下做人的榜样给后代，这才是他们取之不竭的财富。

一般人富贵了之后自然想到封妻荫子，给子孙留下一笔可观的财富。但是，我们从历史上看，留下财富越多的人家，越容易养出不成器的败家子，于是就算是富可敌国，传到第二代，也就破产了。“电脑大王”王安有数亿美元的财富，传到第二代也就破产了。所谓“富不过三代”，这是一种比较普遍的社会现象。

中国不是世界上最富有的国家，中国的家长却是最会对孩子“娇生惯养”的家长。他们是天底下最辛苦的父母，他们疯狂工作的目的，似乎就是想给他们的孩子营造一个密不透风的安乐窝，让孩子高枕无忧。

其实，有钱并不是养育孩子的弊端，问题在于这些人把钱的作用扩大化了，把钱看作万能，因而只重视给孩子充裕的物质享受而忽视了孩子的教育以及独立生活能力的培养。积累财富任其消费，以为这样就是爱心的充分体现。实际上，这是危害子女的做法。“坐食山空”，即使有金山、银山也会花完的。

“金山”“银山”都不是留给孩子最好的靠山，妈妈究竟应该给孩子留些什么呢？林则徐做出最好的回答：“子孙若如我，要钱干什么，贤而多财，则损其志；子孙不如我，留钱干什么，愚而多财，益增其过。”

曾国藩写信给儿子说：“银钱田产最易长骄气逸气，我家断不可积钱，断不可买田，尔兄弟努力读书，绝不怕没有饭吃。”

经常听说某某官员铤而走险给子女安排一份好工作，谋求一个好职位，用心可谓良苦。这些人总是“聪明一时糊涂一世”，把老祖宗“财富不长宜子孙”的忠告置于脑后。就算你现在可以保护他享受特权，但一旦离开你的庇护后，孩子能站住脚吗？

妈妈假若不下苦心培养子女的一技之长，在当今乃至今后“凭本事吃饭”竞争日趋白热化的社会里，你的孩子的那个饭碗如何能端得牢靠？你纵然财大气粗富甲一方，给你的孩子留下一座金山，也架不住子孙坐吃山空、挥霍耗尽。

养尊处优并不是妈妈送给孩子的最好礼物，恰恰可能埋下祸根。倒是那些从小就挣扎在社会最底层的人们，没有别的出路，没有任何依靠，靠自己努力奋斗，建功立业。理性的妈妈一定要学会用金钱为孩子健康成长提供基本条件，而不是让孩子在挥霍金钱中消磨意志，自毁前程。不要用金钱财富作为给孩子的礼物，而要培养他自力更生的能力，为他找到一条最好的出路！

培养孩子正确的消费观

父母最好和孩子一起制订出一个消费计划，比如多少钱用于买学习用品、多少钱用于买自己喜欢的日用品、多少钱用于买零食等，这样可以防止孩子乱花钱，还可以培养孩子把钱用在刀刃上的良好习惯。

亿万富翁洛克菲勒说过：“对钱财必须要具有爱惜之情，它才会聚集到你身边，你越尊重它、珍惜它，它越心甘情愿地跑进你的口袋。”很多犹太商人对任何的开支都精打细算，为的就是尽量降低成本、减少费用，他们总是说：“要把一块钱当作两块钱来使用。如果在一个地方错用了一块钱，损失的不仅仅是一块钱，而是两块钱。”犹太人的用钱原则就是这样，只把钱用在该用的地方，他们认为不该用的地方，一分钱也不会花。

现在很多父母讲阔气图享受，追求超前消费；有的对孩子娇生惯养，对于孩子的物质需求有求必应；有的对孩子进行“全包全替”的“周到”服务，使孩子缺乏劳动锻炼，导致生活自理能力很差。在这样的“大气候”和“小气候”的影响下，无形中在孩子的心里播下了奢侈浪费的种子。其实，只有会精打细算的孩子将来才会聚敛财富，也才会成为真正的富人。

洛克菲勒四五岁时，他的父亲就让他帮助妈妈提水、拿咖啡杯，然后给他一些零花钱。他的父母还把各种劳动都标上了价格：打扫10平方米的室内空间可以得到半个美分，打扫10平方米的室外空间可以得到1美分，给父母做早餐得到12美分。他再大点的时候，父亲就不给他零花钱了，告诉他如果想花钱，就自己挣。

于是洛克菲勒到父亲的农场帮父亲干活，帮父亲挤奶牛、跑运输，包括拿个牛奶桶都记在账里，把每一个细小的环节都量化。他把自己给父亲干的活都记在自己的记账本上，到了一定的时候就和父亲结算。每到这个时候，父子两个就对账本上的每一个工作任务开始讨价还价，经常会为一项细微的工作而争吵。

洛克菲勒早年在一家大石油公司做焊接工，任务是焊接装石油的巨大油桶。在焊接时，焊条上总会有铁渣掉落。细心的洛克菲勒发现，每焊接一个油桶要掉落的铁渣不多不少正好是509滴。他想：要焊接摞得像山一样的油桶，要浪费多少焊条呀。于是，他改进了焊接的工艺和方法，让每次滴落的铁渣正好是508滴。这样这家大石油公司全年的节约资金是5.7万美元之多，洛克菲勒本人也因此获得了一次极佳的晋升机会。

洛克菲勒成为亿万富翁以后，他的经营管理也是以精于节约为显著特征的。他给部下的要求是提炼一加仑原油的成本要计算到小数点后的第三位，每天早上他一上班，就要求公司各部门将一份有关成本和利润的报表送上来。多年的商业经验让他熟稔了经理们报上来的成本开支、销售以及损益等各项数字，他常常能从中发现问题，并且以这个为指标考核每个部门的工作。1879年的一天，他质问一个炼油厂的经理：“为什么你们提炼一加仑原油要花19.8492美元，而东部的一个炼油厂干同样的工作只要19.849美元？”

洛克菲勒是善于精打细算的，他的故事对我们很有启迪。

要想培养孩子精打细算的好习惯，父母可以从以下几个方面入手。

1. 让孩子学习珍惜金钱

不管是买东西给孩子，还是给孩子零用钱，都要教育他们好好爱惜物品或保管金钱，若物品是因为孩子的疏忽而损坏，不小心弄丢了钱或是恣意浪费时，要让他们对这些失去或损坏的金钱或物品负责。在提供这些金钱或物品之前，要很明确地告诉他们好好爱惜，并强调在任何情况下都不会再供应，这样才会让孩子更珍惜他所拥有的金钱或物品。

2. 给孩子钱要有节制

无论孩子年龄多大，也无论父母的经济条件如何优越，给孩子的零花钱一定要有所节制，把数额控制在孩子有能力支配的范围之内。一般来说，零花钱的数额并没有一个定数，父母要根据孩子的日常消费来做预算，这些开支大多包括买零食、午餐费、车费、购买学习必需品的费用。另外，父母要鼓励孩子储蓄，这样孩子就会精打细算，尽量使自己的钱有剩余。

3. 训练孩子有计划地使用钱

很多孩子花钱都没有节制，花完再找父母要。为解决孩子这种问题，家长最好跟孩子一起制订消费计划，把买学习用品、日用品、零食等物品的钱一一列出来，就可以帮孩子把钱花在最需要的地方，防止孩子乱花钱。如果孩子开支超出计划，家长可以跟孩子商量，把可买可不买的东西延期购买。等到周末或月末，父母帮孩子核算一下，把实际支出跟计划对照，结余的钱可以作为奖励，让孩子自由支配。

4. 给孩子体验成年人生活开支的机会

孩子们虽然接触了钱，但他们很少接触到真正的成年人的生活，所以，当他们长大以后需要自己支付水电费、房租、物业费的时候，常常会觉得束手无策。因此，父母最好从现在开始给孩子一些机会，让他们去买菜、交电话费等，使孩子知道家里的钱是怎么花出去的，父母每个月都需要支付哪些开支。这样，孩子有了了解家中“财政”的机会，也会在这些小事中养成精打细算的习惯。

5. 向孩子示范理智消费

一位父亲带着6岁的孩子逛了3家商店，目的是为了买一辆物美价廉的自行车，最后父亲把省下来的钱买了孩子向往已久的乒乓球拍。这位父亲的做法很聪明，他的行为给孩子做了很好的示范，使孩子了解了什么是价格差、什么是理智消费。这样，孩子在自己支配钱的时候，也会注意精打细算。

让孩子自己处理压岁钱，但是妈妈要当顾问

据有关资料显示，我国青少年每年的消费达到三四十亿元，这是一个不小的数字。

相关媒体曾经做过一个关于零用钱支配方式的调查。结果发现，有将近70%的孩子承认，家长每月会给他们数额不等的零花钱，而且过年收到的压岁钱任由他们自由支配；大部分孩子都拥有自己的“小金库”。当然，大多数家长给孩子的零花钱不会多，一般每个月几十元。但是，一些家境宽裕的孩子得到的零花钱就远不止这个数，花钱时显得非常潇洒大方。对于零花钱，孩子们支配起来都很简单，“随意买喜欢的东西”几乎是九成以上孩子的选择与愿望。

今年小琼的压岁钱也是“大丰收”，往年的压岁钱都是全部上交给妈妈，现在自己上初中了，是不是应该自己保管并支配自己的压岁钱呢？小琼决定和妈妈好好协商这件事。

妈妈笑道：“嗯，可以。不过，你打算怎么支配这笔钱

呢？”小琼想了想，回答：“我把3/4的钱存起来，剩下的钱买些书。这样可以吗？”

妈妈很赞赏小琼的计划，就放心让小琼支配自己的零花钱了。

压岁钱是我国的传统习俗，长辈借此向晚辈表达关爱，现在更成为孩子们过年的重要精神动力。过年的时候，孩子们最高兴的事之一就是收到许多压岁钱，兜里装着各种各样的红包，心里乐开了花。可是，这些压岁钱应该怎么处理呢？

小琼对压岁钱的分配还停留在储蓄和买书的阶段，是非常规矩的选择。其实孩子也可以用压岁钱自助游，或者买一辆单车，或者报一个自己感兴趣的业余学习班……孩子的想法有很多，家长不一定能察觉。当他拿到压岁钱的时候，正是展示自己想法的时候，家长正好可以借此机会了解孩子的愿望。不论是好是坏，都会有很多收获。

有的孩子想去旅游，说明他想换一个环境，对生活充满好奇，这是值得家长支持的；有的孩子想买一双名牌的球鞋，这时家长也不必敏感，想想自己平时是不是有名牌情结，影响了孩子，或者孩子在学校受到一些影响，一切都可以交流；有的孩子想报名学绘画，家长也不一定要抱着孩子会成为艺术家的想法，也许孩子只是想尝试一下。

不管是怎样的想法，都有它存在的原因，家长千万不要停留在对孩子愿望的表面理解上，体贴地想想孩子的生活情况，才是最佳的选择。对孩子来说，事物没有绝对的善与恶，家长不能拿成人的标准来衡量孩子的梦。每一种想法，都值得小心翼翼地对待。最可怕的不是孩子有不好的想法，而是孩子一点想法都没有。

有的家长认为，完全没有支配意愿的孩子才是最单纯、最乖的孩子，但生活是需要人自己打理的，完全不愿意参与，与逃避有什么区别？

庆幸的是，很多孩子都有独立意识，有对压岁钱的支配欲，他们认为压岁钱是他们神圣不可侵犯的私有财产。

家长对于想要自己处置压岁钱的孩子，有截然不同的两种做法：绝对没收和绝对放任。大多数家长属于前者，他们担心孩子乱花钱，养成挥霍的坏习惯，因此不给孩子花钱的机会；也有些家长认为孩子的压岁钱是成人之间的人情往来，理所应当由家长支配，因此应该收回。他们不管孩子的花钱计划是否合理，也不给孩子机会让他们自己去合理安排自己的生活，而要求孩子遵从家长的旨意。

也有部分家长误解了西方的“民主”观念，让孩子自己处置压岁钱，完全对此不闻不问，直到发现孩子把钱花在不合理的地方，再对孩子发一通脾气。

孩子是简单的，所以生活得无忧无虑。面对亲友送给孩子的压岁钱，家长不妨将它理解成长辈对孩子的关照，让这份钱成为简单美好的礼物，带着爱意走向孩子。既然压岁钱是给孩子的，就该让孩子自己保管，如果丢失了，孩子也能吸取教训。

将钱交给孩子后，妈妈还有后续工作要完成，那就是与孩子交流，倾听他们的心声，并协助孩子做一个财务计划表，监督孩子执行、评价和总结。相信通过坦诚的沟通，孩子会听取妈妈的意见，也会渐渐懂得花钱的学问。

把节俭的美德留给孩子，而不是留下财富

节俭是一种美德。它不仅能使我们家庭富裕、温馨，还能培养孩子艰苦创业的精神和奋发向上的品质。

某小学开学伊始组织了一次特殊的展览。“展品”都是该校学生们丢弃的文具，包括橡皮、小刀、直尺、胶棒、圆珠笔、涂改液等，堆得像小山一样。重要的是，这些文具几乎还都能用。

尚能使用的文具为何无人认领？很大程度上是因为孩子们

还没有珍惜自己物品的意识，还没有养成良好的节约习惯。

在这一代孩子的铅笔盒里装满了幸福，而这幸福来得太容易。父母们都觉得自己当年没条件，而现在有条件了，再苦不能苦孩子，再穷不能穷学习。于是孩子学习上要什么给什么，缺什么买什么。这就导致孩子不拿这些小东西当回事。

节俭是一种美德。它不仅能使我们家庭富裕、温馨，还能培养孩子艰苦创业的精神和奋发向上的品质。很难设想，一个挥金如土、贪图享受的“小少爷”或“大小姐”，将来能成为艰苦创业的栋梁之材。

关于节俭，有这样一个故事。

有一个人从一无所有变成了全城最富有的人，许多人就去找他询问致富的方法。

富翁说：“假如你有一个篮子，每天早晨在篮子里放进10个鸡蛋，每天晚上再从篮子里拿出九个鸡蛋，最后将会出现什么情况呢？”

“总有一天，篮子会满起来，”有人回答，“因为每天放进篮子里的鸡蛋比拿出来的多一个。”

富翁笑着说：“致富的原则就是在你放进钱包里的十个硬币中，最多只能用掉九个。”

这个故事告诉我们，除非养成节俭的习惯，否则你永远不会积聚财富。一元钱对你来说可能微不足道，但是它却是财富得以生长的种子。如果一个人能够节俭地利用自己的收入，尽量减少开支，取消不必要的消费，那么几乎所有人都能够自给自足。

但不幸的是，这却是世界上最困难的一件事情。许多人甘愿艰苦地工作，但是能够做到生活节俭、量入为出的人却非常少。那些把辛苦工作赚来的钱立刻就花掉的人，他们的收入没有多久就会被吃喝一空，他们从不拿出一小部分作为积蓄，以备在疾病或者失业等紧急情况下使用。所以在金融危机来临的时候，他们陷入了困境，甚至破产。这些从来不为将来准备的人不会比一个乞丐过得更富足。

在培养孩子节俭的习惯上，父母们完全可以从一些小事做起。

我们不妨就以孩子常用的作业本为例来讲个故事。

鹏鹏上五年级了。平时他的作业本未用完就急着换新的。看着一本本未用完的本子，妈妈很心疼，多次提醒他，但收效甚微。

放假前，妈妈让他把未用完的作业本整理一下，清点出来。清点完了，妈妈问："一共有多少页没用的。"

鹏鹏回答："96 页。"

"能订几个本子。"

"每本 30 页，可以订三本。"

"如果我今天不让你清点，你就把这些当废纸扔了吧？"鹏鹏低下了头。

妈妈又说："一两张纸，看起来不起眼，但积少成多，不用了，就是浪费。你平时最爱看书，你也知道造纸是多么不容易！但你却毫不心疼地把一本本没用完的本子丢掉，这不是几角钱的问题，这样长期下去，你就会养成大手大脚、不注意节约的坏习惯。节俭，可是做人的美德啊！"

教育孩子节俭其实就是一种理财教育，因为节俭就是一种理财观。只是有许多父母刻意避免在孩子面前提到"钱"字，生怕过早让孩子接触钱而形成对金钱的错误认识。

而在美国，对孩子的理财教育从三岁就已经开始；在英国，政府决定在小学就开始设置理财教育课，并随着年龄的增长开设不同的理财教育内容，让孩子从小就正确地对待金钱和使用金钱，并学会初步的理财知识和技能。

现代消费市场上，琳琅满目的商品不断更新换代，它们不仅吸引着成年人的目光，对喜欢追求时尚的青少年来说，也是一种极大的诱惑。

然而，生活在比利时的孩子们，却从八九岁起就懂得了如何精打细算地支配自己有限的零花钱。在比利时，常常能听到孩子们说“我还没有攒够钱，不能买自己喜欢的东西”“我的钱要等到商品降价时才能用”之类的话，因为他们知道，父母在给零花钱方面是绝不会迁就他们的。在比利时父母眼中，零花钱是孩子们初学理财的工具，而不是单纯的物质享受条件。

翻开比利时孩子们的德育课本，你很难在里面找到专门教育孩子要节俭的话语或经典故事，因为学校和父母们更注重从生活道理上对孩子言传身教。

在比利时，通常从八岁开始，孩子们每周就能从父母那里得到零花钱了，但金额不多，多是几枚硬币。孩子们要想买到自己喜欢的东西，必须一点一滴地慢慢积攒。虽然每个家庭给孩子零花钱的标准不一，但父母们培养孩子节俭意识的原则是一致的，即不会给孩子额外的“补贴”，他们必须有计划地支配自己的零花钱。当然，如果孩子攒的钱还不够，而他又确实想尽快买到自己想要的东西时，可以先向父母借，然后再用以后的零花钱慢慢偿还。这种办法能让孩子体验到满足消费欲所要付出的代价，从而帮助他们节制消费欲，避免任性消费。

布里吉是五个孩子的母亲，其中三个孩子用慢慢攒钱的方法买了手机，目前还有一个孩子正在攒钱，准备在三到五年后买一台电脑；还有一个孩子用向父母借钱的方法买下了自己喜欢的一张游戏碟，但后来三个月的零花钱也被陆续扣掉了。这张碟对孩子来说得来不易，他付出的是三个月没有零花钱的代价，学到的却是在消费面前应有的谨慎和思考。

对孩子来说，从小养成节俭意识既是一种美德，又是一种生活能力。父母的消费方式和行为对孩子起着潜移默化的作用。在这方面，父母们应谨慎行事。在花钱之前，先制订一个消费计划，告诉孩子哪些该花、该怎么花。

同样，父母在给孩子零花钱时也应建议他们存一部分，并帮他们制订一个有计划的消费目标。这样，孩子们在买东西前就会再三权衡自己最需要什么，由此学会选择并意识到自己不可能拥有所有喜欢的东西。

心理学家认为，父母要根据家庭的实际情况制订零花钱标准，尤其应该符合孩子的实际需要，不能一味地张口就给，更不该给孩子买大量礼物、品牌服装和时尚用品。因为钱来得太容易对孩子们来说并不是件好事，它不仅会造成孩子自命不凡和不合群的性格，还会使他们缺乏自立能力和吃苦耐劳的精神，会给他们将来的生活带来不利影响。

为了培养孩子节俭的习惯，建议父母们从以下几点做起：

1. 教育孩子正确认识金钱的含义

要让孩子从小懂得钱是什么，钱是怎么来的和怎样正确地对待钱财。

2. 教孩子学会花钱

孩子的消费行为是由被动逐步走向主动的，从小学低年级开始就应该教孩子买东西，如何用钱，如何选择物有所值的物品。教孩子把钱保管好，防止丢失、被窃。让孩子养成先认真思考再花钱的习惯，避免盲目消费。让孩子“一日当家”、记收支账，是教孩子学会理财、培养节俭品质的好方法。

3. 教孩子学会积累

孩子手里的零用钱、压岁钱应该有计划地使用，适当积累，让孩子在存钱、用钱的过程中获得节俭的好品质。

4. 教孩子懂得量入为出

要让孩子明白，花钱必须有经济来源，花钱要看支付能力如何。即使家庭经济富裕，也要坚持前面提到的三条标准。

5. 教育孩子珍惜物品，不浪费

让孩子懂得所吃、所穿、所用皆来之不易，随意浪费是不尊重劳动的表现。让孩子经常参加劳动，体会劳动的艰辛。

第6章

戒掉坏习惯，养成好习惯

迷恋电视，一回家就打开电视机

在生活中，我们经常会看到一些孩子迷恋看电视，他们会在放学到家的第一时间打开电视，除了看电视之外，似乎没有其他的兴趣爱好。对于孩子看电视过多的行为，妈妈可给予适当的批评，但是绝对不要对孩子的这种行为大呼小叫，更不可严厉的斥责孩子，以免孩子出现叛逆的心理。

当然，对于孩子看电视这个问题，妈妈们最需要做的并不是严格禁止，更不是打骂，而是正确引导孩子——把电视带给孩子的不良影响降到最低，并且要利用电视来辅助进行家庭教育。只要孩子从电视中能够获得更多的知识，那么看电视未必不是一件好事。

电视是传递知识、信息的重要手段和途径，丰富了人们的精神生活。只要一打开电视机，上下五千年，纵横数万里，天文地理，人文历史，便可一目了然。虽然电视已成为孩子开阔视野、获取知识的第二课堂，但有的妈妈却把电视机当作孩子的“保姆”和“伙伴”，殊不知，不加选择和长时间观看电视，对孩子的身心健康都是有害的，所以妈妈们应该帮助孩子选择适当的节目，杜绝孩子看不利于孩子成长的节目。如果孩子沉迷于看电视，那么不妨想办法，让孩子走出电视中的虚幻。

李小强是个电视迷，每次放学回到家里，他的第一件事情就是打开电视机，别的什么事都不做，而且看起来没完没了，动画片一场接一场地看，武打片一集接一集地“观摩”，就是有同学找他出去玩儿，他也不去，只顾着看电视。就连吃饭的时候也不忘看电视，他将饭端到电视机前，边看边吃，每次大家都吃完了饭，他还没吃多少。看着电视，他的嘴都忘记吃东西。

李小强的妈妈最生气的就是儿子看电视，他看到电视每次连家庭作业也顾不上做，每次在被逼着睡觉之前，他才会想起来自己还有一大堆的作业，但是这个时候没有时间来做了，所以说成绩自然是很差。妈妈要是生气把电视关了，他会大吵大闹。李小强的妈妈无奈地说："这个电视迷，可怎么办哟！"

长时间地看电视并且极为孤独的症状，在心理学中被称为电视孤独症。儿童心理学认为，电视孤独症多发于三岁以上儿童，男孩多于女孩。患电视孤独症的儿童，大多对妈妈和同龄人漠不关心，对电视以外的事物视而不见，不爱与人交流，只愿意和电视中的人物交流情感，有时甚至误以为自己就是电视节目中的角色。另外，这样极端孤独的儿童，语言发展大多比较迟缓，有时给人以言语单调、刻板、重复的感觉。

长时间看电视对孩子身心造成的危害是很大的，孩子长时间看电视，严重影响了孩子身体素质。距离太近、姿势不当、边吃边看等不正确的观看电视的习惯，造成"小眼镜""小驼背""小胃病"的现象层出不穷。与此同时，电视节目是通过直观形象传播信息，所以不利于锻炼和提高孩子的思维能力。看电视太多，会消磨孩子的意志。长此下去，读书学习因缺乏娱乐性会使他们感到厌倦、疲劳，不能集中注意力把事情做好。孩子看电视往往精神非常集中，很少讲话，会影响孩子的口头表达能力和社会交往能力。电视看得多了，与妈妈接触的时间自然就会减少，以致影响了妈妈子女间的交流，使孩子性情变得孤僻、不善交流和交往，这对孩子的心理发展是不利的。所以要让电视有益于孩子，妈妈必须制订切实可行的方案。

1. 限制孩子看电视的时间、次数、姿势

妈妈要限制孩子看电视的时间、次数、姿势。电视要在完成作业的前提下，才允许看。时间一小时左右，学龄前的孩子看电视的时间每次以 30 ~ 40 分钟为宜。孩子看电视时要有正确的姿势。孩子看电视时，离电视屏幕不能太近，至少要在 2 米以上；不要斜着、躺着看；不要让孩子边吃饭边看电视。

2. 只看想看的节目

作为妈妈，最担心的是，当自己不在家时，孩子究竟看了多长时间的电视？看了些什么？

有个 4 岁的男孩，一进家门，便随手打开电视，无论干什么事，都不忘瞄一眼电视……他妈妈焦虑地说："电视几乎使他成了个'没魂'的孩子。"生活中有许多孩子可能是因为烦躁、孤独或是疲劳、无事可干而打开电视，不管屏幕上有什么，都盲目地瞪着眼睛看，一个节目接一个节目，一个一个换频道，连续不停。其实，这种时候，他们并不在看电视，而是看热闹。一旦养成了习惯，改起来就困难了。

因此，妈妈必须意识到自己有责任决定孩子看什么、不看什么。道理很简单，你能让三四岁的孩子自己定菜单吗？为了不让孩子随便打开电视，全家人可在周末时一起看电视报，根据电视节目预告，制订一张观看表，预告的节目到了，才打开电视，节目结束就关机。这样做，就能让孩子养成收看想看的电视节目而并非有节目就看的好行为。不让孩子盲目看电视的好处是：看的时间不多，从中收益却不少。

3. 和孩子一起看电视

作为妈妈，常常会被警告电视会影响孩子：成绩下降、视力减退、有暴力行为，等等。而生活中，妈妈听到更多的是，从孩子嘴里冒出来的自己未曾听到过的新知识，例如一个 5 岁的孩子居然要和他爸爸讨论有关雷龙（古生物）的驯良性情。确实，电视扩大和扩展了孩子的眼界和想象力，让他们看到了用其他方式无法看到的遥远的地方和遥远的人，更重要的是电视给他们带来快乐，使他们的生活变得丰富多彩。因此，孩子爱看电视一点也不足为奇。

但是当孩子坐在电视机前漫游荧屏世界，一小时又一小时，妈妈会是怎样的心情？他们在看什么，合适吗？他们的视力，他们的阅读、思考、判断、学习能力会受影响吗？对此，心理学家的忠告是——陪孩子看电视。妈妈和孩子一起看电视，即使是儿童节目，也会比孩子自己单独看学到更多的东西，孩子对事物的看法、态度、判断会因妈妈的反应而形成。此外，陪孩子看电视还能解决看电视时间过长和姿势不良的问题，对健康有利。共同看节目，也使亲子间的交谈有了话题，使妈妈能适时纠正孩子错误的判断，帮助孩子了解荧屏与真实世界的差距。若是在节目结束后，和孩子讨论这个节目有什么意义，请他说一说是什么使自己失望或开心等，就更有意义了。

妈妈要充分意识到正确引导孩子看电视的重要性，并且要身体力行地进行正确地引导。妈妈只有正确地引导孩子看电视，才能扬看电视之长、避看电视之短。

粗心马虎，大错误不犯小错误不断

有一个急着赶路的人，有一次，在经过一片沙滩的时候，鞋子里灌了好多沙子，他匆匆把鞋子脱下，胡乱地把沙子倒出来，便又急急地奔向前面的路程。可是还有一粒沙子仍然留在他的鞋里，磨着他的脚，使他跑一步，就疼一下。但是他没有停下来把那粒沙子倒掉，因为他怕浪费时间，怕在太阳落山之前赶不到住宿地。

于是，在痛苦的折磨中，他终于赶到了那个地方。天晚了，疲惫的他忘了脱鞋倒掉那粒沙子，就躺在床上沉沉睡去。第二天，天微微亮的时候，他便匆匆启程，奔向新的目标。

就这样，他在痛苦中疲惫，又在疲惫痛苦中启程，却始终没把那粒沙子倒掉。

终于在离目的地不远的地方，他因脚痛难忍，不得不止步。当懊恼、痛苦的他忍着揪心的疼痛把鞋子脱掉的时候，发现让自己痛苦了几天的仅仅是一粒不起眼的沙子。

一粒沙，看似小，却是前进途中的极大障碍。如果故事中的这个人能够及早地排除它，说不定早就到达目的地，而不必忍受痛苦的折磨了。

在我们的学习和生活中也如此。往往一些小事情、小危险、小障碍、小错误，如果我们没有认真地对待，存在侥幸心理，就会造成极大的损失，比如学习上的粗心。

粗心是一种很常见的现象，不单是孩子身上有这种毛病，许多成年人也有。一般说来，粗心大意的毛病在孩子身上表现得特别明显。

“我们的孩子挺聪明的，可是总考不了一百分，这粗心大意的毛病可怎么治啊？”不少父母为此犯愁。

粗心的原因是多方面的，有的是性格问题，急性子爱粗心；有的是态度问题，对学习不认真就容易粗心；有的是熟练问题，对知识半生不熟最容易粗心；有的是认识问题，没认识到粗心的危害……父母一定要让孩子认识到粗心的危害，养成细心谨慎的好性格。

莉莉是一个漂亮的小姑娘，但是却有一个难听的外号——“粗心的莉莉”。因为她总是丢三落四，经常把东西到处乱放。这让莉莉的妈妈很是头疼，不得不每次都帮她收拾。妈妈提醒莉莉，这样粗心大意会造成不好的后果。但莉莉总是当成耳旁风，尽管她也不喜欢朋友们这么称呼她，但还是依旧觉得粗心没什么。

莉莉正在花园里浇花，她的好朋友云云来找：“莉莉，我堂弟想看看我借给你的画册。”

“哦，对不起，云云。让我找找吧，我记不起放在哪里了。妈妈，我上次拿回来的画册在哪里？”莉莉焦急地问正在看书的妈妈。

“一直在你的房间里的，难道你不记得了吗？”

“哦！我知道了，云云你等一下，我马上拿给你！”莉莉有些担心地说，心想如果真的弄丢了，云云一定会生气的。

但是，当莉莉和云云来到房间的时候，却看到她的宠物小狗已经将画册咬得稀烂……

“哦，我的天，莉莉。你怎么能这样？”云云生气地喊道，“那可是姑姑送我的生日礼物。”

“对不起，我不是故意的。”莉莉愧疚地说，但是云云没有再说话，哭着离开了。

伤心的莉莉禁不住流下了眼泪。这时妈妈问莉莉是不是把画册放在了小狗容易够到的走廊里。

莉莉只好回答：“我不记得了，妈妈！”

“我希望从今以后，你能够吸取这个教训，把你的东西都放在合适的地方。”妈妈轻轻地对莉莉说道。

“我会努力做到的。”莉莉说。

从此以后，莉莉真的不再粗心，朋友们再也不叫她“粗心的莉莉”了，好朋友云云也原谅了她……

因为粗心大意而犯下的错误，不仅会伤人，还会害了自己。任何一个小小的疏忽，都可能导致大错，而且，这一过错将有可能无法挽回。智者说，避免一切小小的失误，就能减少巨大的意外挫折。

在学习和生活中，父母应该对孩子严格要求。不要认为孩子忽略的只是一个小小的标点符号，只是一个小数点的位置。要知道，只有让孩子认真对待所做的每一件事，才能使他避免粗心大意，养成谨慎细心的好习惯。

下面是几种纠正孩子在学习过程中粗心毛病的方法，希望对家长朋友们能有所帮助。

1. 不要依赖橡皮

橡皮是造成孩子粗心的一个根源。孩子会认为，反正错了可以擦，写错了也没关系。于是错了擦，擦了再错，孩子满不在乎。父母可以适当限制孩子使用橡皮的次数。告诉孩子，做什么事都要“三思而后行”，想好了再做，争取一次做好。在做一般的练习题时，错了不许擦。当然，那种必须交给老师批改的作业除外。这样，孩子就会用心去写。时间长了，孩子就会变得细心，从而摆脱对橡皮的依赖。

2. 草稿不要太草

不少孩子粗心是从草稿开始的。所以父母要教育孩子草稿不要太草。从草稿开始就要严肃认真。这有利于克服粗心的毛病。

3. 给孩子准备一个“错题集”

让孩子把每次考试、作业中的错题抄在“错题集”上，找出错误的原因，把正确的答案写出。这实际上是一个错误档案。孩子出现错误的原因多是粗心，这样做有利于认识错误的危害，下决心改正。让孩子准备“错题集”是培养孩子进行自我教育的好办法。

4. 学会自检

有些父母总怕孩子做错题，得不了高分，于是天天给孩子检查作业。这样做使孩子养成了依赖心理，反正错了妈妈能给检查出来，所以做题时粗心大意。父母不要给孩子检查作业，让孩子养成自检的习惯。错了又没检查出来，就让他不及格。这样他才能认识到粗心的危害。有了自检的能力，粗心的毛病才能克服。

5. 让孩子考家长

让孩子出题考家长，孩子很感兴趣，他们会成心出些容易错的题，把家长考住。家长成心粗心，让孩子批评，这对孩子也是一种教育，将来他们自己做题时也会在这方面多加注意。

脾气暴躁，什么话都听不进去

在生活中，妈妈们可能会经常抱怨自己的孩子脾气暴躁，遇到一丁点的小事情，都会冲家人大吵大叫，不管妈妈们怎么好言相劝，孩子就是听不进去。其实，爱发脾气是孩子的一种不正常的心理状态的反映，与他们身心发展的水平较低有关，另一方面也与父母的态度和教育方法有关。孩子爱发脾气，对健康性格的形成很不利。父母要想改掉孩子爱发脾气的毛病，就要搞清楚孩子为什么发脾气，才好对症下药。

孩子爱发脾气，也是有个过程的，当孩子第一次发脾气时，妈妈的处理态度就显得尤为重要了。有的妈妈一看孩子乱喊乱闹，就赶紧想尽一切办法，哄劝，对孩子提出的要求也一应百应，过分迁就。大人可能会觉得孩子嘛，哄一哄就好了。可孩子就会认为只有这样闹，才能达到自己的目的，从而认为自己是正确的，把发脾气、胡闹作为要挟大人的手段，长此下去就会养成坏习惯。

有的妈妈把问题看得很简单，解决方法也简单，一个字“打”。其实，打的结果更坏，孩子或是表面屈服于棍棒，或是越闹越凶，对妈妈产生敌视心理。那么，应该怎样对待孩子第一次发脾气呢？

妈妈应该持不予理睬的态度，专心于其他事情，或是告诉他：“什么时候安静下来，我才跟你讲话。”渐渐地孩子会由大哭变小哭，由闭眼哭叫到睁眼看妈妈的反应如何，他的注意力也就会转移到妈妈身上来，静静观察妈妈做事情，渐渐忘记了撒泼。当他的情绪稳定以后，妈妈一定要告诉他那样做不好，并说明为什么不好。这样孩子就容易接受了，第一次发脾气就能被制止。在处理孩子第一次发脾气时，妈妈一定要有耐心，不能半途而废，这可以说是一场“意志与毅力”的较量。如果做妈妈的心软，以后就很难再奏效。

如果孩子从小就养成了脾气暴躁的性格，只要是大人不按照自己的要求去做，他们就会无理大发脾气，甚至还会乱扔东西，这个时候也是妈妈们最苦恼的时候。当然，每个孩子养成发脾气习惯的原因都不同，因此妈妈们最好分析一下孩子为什么发脾气，有的时候孩子的脾气暴躁往往是和家长的行为有关的，当然有的时候孩子不可能精心策划如何发脾气，但事情过后他会意识到发脾气的作用。他可能会意识到他可以靠发脾气迫使父母改变主意，得到他想要的玩具，或是推迟上床睡觉的时间或引起父母对他的注意。

孩子在不舒服的时候，比如，生病、疲劳时易脾气暴躁，这和大人是一样的，只不过大人会表达自己的意志，幼儿大都不会用语言表达自己身体不适的感觉。有经验的母亲善于结合情境和孩子的情绪状态判断孩子的身体状况，尽可能地避免孩子发脾气。有时候孩子受到冷遇，感到失望时也会发脾气。孩子自己玩了一天，很想和妈妈玩会儿，或者很渴望家长的表扬，可妈妈却毫不理会，照旧干自己的，孩子就会发脾气以示心中的不满。聪明的父母若能主动给孩子放松环境，沟通感情，了解孩子的愿望，就能避免孩子因情绪不佳而发脾气。

不管孩子为什么发脾气，也不管你多么同情他，这是一个不能接受的行为。必须让孩子明白这种行为毫无意义。让孩子明白他的乱发脾气不但对解决问题起不到促进作用，反而会让事情变得更加糟糕，只有这样孩子才会意识到自己发脾气是不正确的，在这个时候，去改变孩子的想法才会变得理所应当。

王娅的女儿甜甜是独生女，也是奶奶爷爷眼中的宝贝，甜甜从小就受到万般疼爱。正是这种溺爱，让甜甜养成了霸道的性格，成了典型的“小公主”。不管是在家里还是在外面，只要是她想要的东西，就必须得到满足，不然的话她就开始哭闹甚至会乱摔东西。对于女儿的暴躁脾气王娅也无能为力，因为自己打也打过，骂也骂过，但是丝毫没有作用。

记得有一次，王娅带着女儿去公园玩儿，刚到公园，女儿就嚷嚷着口渴，要吃冰激凌。要知道想买到冰激凌必须回到小区，最少也要走十几分钟。王娅对女儿说现在先不吃了，等一下就回去，回去的时候买给女儿吃。没想到“小公主”当时就嚷起来了：“不，我就要现在吃，我要在公园里吃冰激凌。”看到女儿这么暴躁，她又生气又无奈，只好打电话给婆婆，让她买上冰激凌来公园。

王娅向同事提起了女儿的事情，很是苦恼，因为她不知道孩子长大后会发展成什么样子，现在小小的年纪脾气就这么的暴躁，长大后怎么跟别人相处呢？同事告诉王娅自己的教子方法，她说道：“每次我儿子给我耍赖或者是发脾气的时候，我都会分析一下他为什么发脾气，发脾气的目的是什么。如果是像你女儿这样，提出无理的要求的话，我会继续忙我的事情，先冷他一段时间，他看你不理他，对他的苦恼视而不见，他也就不再苦恼了，等这件事情过去了，孩子的情绪平静下来之后，我再跟他好好沟通这件事情，指出他做得不对的地方。”

王娅觉得同事的这个办法不错，后来在女儿发脾气的时候，她就按照同事的方法去做，没想到女儿真的不再哭闹了，脾气渐渐地也没那么暴躁了。

脾气发作不仅严重损伤孩子的情绪和生理状态，而且也使家长狼狈不堪，感到很棘手。所以家长要想方设法制止孩子发脾气。怎样制止呢？一定要根据发脾气的原因“对症下药”，方能奏效。

1. 冷落他一会儿

孩子会因为需求没有得到满足而发脾气。由于家长的溺爱，有的孩子稍不如意便大哭大闹，此时，妈妈们绝不要让步和将就，不然会助长孩子的脾气。最简单的办法是把他单独放在房间里，作短暂的隔离，冷落他一会儿，让他有时间冷静下来考虑下一步怎么办。即使在外面也一样。如此反复几次，孩子就会感到自己发脾气、哭闹都毫无意义，得不到家长的注意，得不到自己想要的东西，慢慢地就不再乱发脾气了。每次发作平息后，妈妈们要记住给孩子讲道理，及时进行教育。要告诉孩子刚才的行为是不好的，采取发脾气的办法要挟父母满足自己的需求，是达不到目的的。要让孩子知道父母是爱自己的，只是不爱自己的撒泼行为。这样既可以教育孩子今后不再乱闹，也可以避免孩子疏远父母。

2. 等孩子情绪平静后和孩子聊一聊

由于不被理解，孩子也会发脾气。孩子有自己的想法，对一件事也有自己的看法，妈妈们一定要给孩子提供充分表达内心想法的机会。有时候当孩子喋喋不休地向妈妈讲述某件趣事时，妈妈们却常因忙于自己的事情，漫不经心地点点头或哼哼两声，那么孩子会十分恼火的。所以，妈妈不妨暂时放下手中的事务，以专注的神情倾听孩子的话语，以欣赏的态度理解孩子的话语，并饶有兴趣地和孩子聊一聊、说一说，这对孩子将是莫大的支持和鼓励。

3. 适当表扬、奖励

当孩子不发脾气时，妈妈们必须对他进行表扬。你可以这样说："你能好好听我讲话，我很高兴""你真听话。"每当孩子有好的表现时，你就拿出一些时间陪他玩。孩子听话时要更关注他。这样，孩子就会知道你注意到并赏识他的好的表现。你甚至可以记"好行为"日记，帮助你和孩子记住这些表现。有时还可以用情景表演、记分、奖励制度来帮助孩子克服发脾气的毛病。

4. 转移环境和转移孩子的注意力

有的孩子在家里、在父母面前爱发脾气，而在其他环境则表现得比较好，这样的孩子可以让其暂时离开使之脾气发作的环境，到亲戚朋友家生活一段时间或到寄宿制幼儿园或学校过一段集体生活，这对矫正孩子爱发脾气的缺点会有好处。很多时候，孩子会由于受忽视而乱发脾气。对于这样的孩子，要安抚他们并转移注意力。孩子越小，情感越不稳定，注意力也越容易转移。当发生不愉快时，要采用活动转移法，让他们在游戏活动或体育活动中宣泄内心的紧张。比如，孩子想妈妈了，而妈妈加班还未回家，孩子委屈得不得了，乱扔东西，怎么劝都不行。这时，家里人可以有意识地提起孩子平时最感兴趣的一件事，转移孩子的注意力。例如，给孩子讲个爱听的、好玩的故事，或者带孩子去玩最喜爱的荡秋千游戏，等等。一定要从爱心出发，从感情上安抚他，哄劝孩子不哭；要有耐心，千万不要训斥指责，更不能动怒打骂。否则，孩子的脾气只会愈演愈烈。

赖床不起，任由父母火冒三丈

一些妈妈们用最老的办法解决孩子赖床的问题：每天早上叫孩子起床；午饭后让孩子休息，自己不休息，而是等到时间了叫孩子起床。其实这种方法也不能解决根本问题，而且孩子会形成一种依赖心理，做妈妈的往往还要落下埋怨。

看到孩子睡得又香又甜，每个妈妈脸上都会洋溢着灿烂的笑容……可是如果孩子赖床不起，上学就要迟到了，相信没有一个妈妈会笑得出来。导致孩子赖床的主要原因有三点：睡眠不足、午睡过久、噩梦干扰。

有的妈妈会说，很多时候孩子总是为了赖床哭闹不停。其实，无论孩子怎样哭闹，该起床时必须催促他起床，并且要告诉孩子：现在我们必须起床了，否则上学就迟到了。但到了星期天，你就可以陪着孩子睡个懒觉，并且告诉他：因为今天是星期天，所以我们可以不起床。时间一长，孩子就知道，原来只有星期天，才可以睡懒觉，而其他时间必须按时起床。

小军在班里是典型的“迟到大王”，小军的妈妈王霞为小军赖床的毛病很是头疼，因为儿子总是在晚上的时候十分活泼。虽然才上三年级，但是小军的妈妈却发现儿子晚上总是喜欢熬夜，但是第二天早上却又起不来。很多次王霞都冲小军发火，但是无论她怎么生气，小军还是改不了赖床的习惯。

王霞问小军为什么晚上不早点睡觉，小军说晚上睡不着，只有早上才睡得香。但是这样一来，小军变成了班里的迟到大王，他几乎是班里去得最晚的一个，也是班里白天最无精打采的一个。

王霞每次被老师叫去学校都是为了小军迟到的事，但面对老师的批评，她却无言以对，因为小军赖床自己也没有办法，当然她也没有认真分析小军为什么会赖床，这是一个关键的原因。

晚上太晚睡，会造成睡眠的时数不足。从小就应该让孩子在固定时间上床睡觉，养成规律的作息习惯。而且只要就寝时间一到，妈妈即使还有事要忙，也应该先停下手边的工作，在床边陪着孩子，趁着入睡前的空当和孩子聊聊天、说说床边故事，一方面可以增加亲子互动的机会，一方面可以放松孩子睡前的情绪。

如果孩子的午睡时间太久，或是睡午觉的时间接近傍晚，都会让孩子在晚间精力旺盛，到了就寝时间还睡不着，于是间接造成晚睡、睡不饱的状况。孩子睡午觉的时间不宜过长，也不要在接近傍晚的时候才让孩子睡午觉。以幼儿园来说，午休时间通常是1点到2点左右，如果让孩子在下午睡得太久或太晚午睡，孩子很容易在晚上变成精力旺盛的小魔鬼，等他筋疲力尽入睡后，隔天早上势必又得花一番工夫才能把他叫起来，所以妈妈们别以为孩子午觉睡得越久越好。

孩子难免都会做噩梦，除了单纯做噩梦，有很大原因是担心害怕、心理压力或身体不适造成的。孩子做噩梦最常见的原因有“怕黑”跟“怕魔鬼”几种。“怕黑”是出自于人类对未知的恐惧，如果孩子因为怕黑而不敢睡觉，甚至还因此做噩梦，不妨在孩子的房里添置一盏小夜灯。市面上出售的夜灯都有许多可爱的造型，如果情况允许，让孩子挑一个他喜欢的卡通造型夜灯，在睡觉时有可爱的夜灯散发着微弱光芒陪伴他，会让孩子感到安心不少。此外，妈妈也可以在就寝前熄灯时，和孩子玩光影游戏。让孩子知道原来“暗暗的时候”，透过光线和手势的变化，影子可以变化多端，这样的游戏也可以有效降低孩子怕黑的心理。

为了改变孩子赖床的习惯，妈妈的心态和处理方式也要有所改变。以下建议可供妈妈参考。

1. 让孩子决定作息时间

和孩子讨论就寝、起床时间，也问问孩子喜欢妈妈用什么方式叫他起床。让孩子自己决定作息时间，可以让孩子知道该对自己的承诺负责。用孩子能接受的方式叫他起床，可以降低起床时的不愉快。

2. 给孩子买一个小闹钟

给孩子买一个小闹钟，让孩子按自己定的时间起床，这样孩子会根据自己的实际情况，不断使时间控制到合理，在这个过程中妈妈可以给孩子一些经验，但最好不要有强制性，要引导孩子分析什么样的时间更合理。妈妈可以把自己起床的时间交由孩子来订，孩子有一些掌握大权的劲头，他们会很有积极性，作为妈妈可以创造这样的机会给孩子，既省了自己的精力又锻炼了孩子的能力，何乐而不为呢?

3. 营造起床气氛

叫孩子起床的时候，随手播放一些轻松的音乐，或者放些孩子喜欢听的故事 CD，让孩子在轻松的气氛中苏醒，缓解被吵醒的不快。

4. 睡前准备就绪

睡前要求孩子整理自己的书包，把第二天该带的东西都准备好。如果天气寒冷，可以先把第二天要穿的内衣当成睡衣穿，起床后只要帮孩子套上毛衣、外套即可。这么做不但可以避免孩子在穿脱之间受凉，也可以减少起床后的准备时间。

5. 理清优先顺序

妈妈起床后，先把自己的问题都处理好，再叫孩子起床。这样妈妈就不用一边急着处理孩子上学前的准备，一边还要忙着整理自己上班前的琐事。在时间有限的情况下，只要妈妈一急躁，亲子之间很容易会产生摩擦。所以先准备好自己的事，或是以孩子为先，都可以减少时间。

6. 提早起床发泄

如果孩子有严重的表现——只要一被吵醒就会大哭大闹，而别的方法都不管用时，妈妈只好提早叫孩子起床，先让他发泄一顿再说。在他哭闹的时候，妈妈不用去管他，试着让他一个人宣泄情绪，等他闹够了，先安抚他，再去做出门前的准备工作。

很不听话，总找理由为自己辩护

多数孩子有哭闹的习惯，主要是由于孩子本身的性情和父母的娇惯造成的。对于孩子的哭闹行为，父母不要心烦意乱，应该视具体情况，理智而巧妙地处理，以便改正孩子这种不良习惯。妈妈都希望自己的孩子听话，按照自己的意愿去办事情，因为自己的想法都是为了孩子好，但是孩子偏偏不听话，有的时候孩子会犯很多错误，而且在犯错之后找各种理由为自己辩护，根本意识不到自己做错事情了。

如果孩子是偶尔淘气，不听大人的话，妈妈们或许会不以为然；如果孩子经常不听话，管不住，那么妈妈们可能就会深感头疼了。不幸的是，许多妈妈会发现这样一个情况，随着孩子年龄的不断增长，孩子不听话的行为愈来愈严重，而且不管妈妈怎么唠叨，孩子都不会改变，甚至还会找各种各样的理由为自己辩护。面对这种情况妈妈们也是十分苦恼的。

让明明的父母最头痛的事，就是明明动不动就哭闹。什么事都要听他的，而且还要立刻得到满足，否则就会哭闹一场。尤其是家里来了客人时，明明不听话，真让妈妈恼火。一次，妈妈的几位老同学到家里聚会，事先妈妈已经和他讲好要懂事，不要哭闹，可是大家正谈得高兴时，明明一定要妈妈带他去外面玩。妈妈怎么给他讲，他都不听，于是便哭闹不休，满地打滚，令明明妈妈感到尴尬。并且事后，他还跟妈妈顶嘴，找理由说自己当时真的想出去玩耍，反正就是不承认自己的错误。

其实，孩子爱哭闹，除了孩子自身的性情外，主要是被娇惯出来的。孩子哭闹是最容易引起家长爱怜的，于是由此而迁就孩子，但往往就是这一次、两次的迁就，养成了孩子爱哭闹的毛病。开始也许是孩子生病的时候或在他很小不懂事时要什么东西，他一哭闹，爸爸妈妈马上就乖乖地满足了他。以后每次他哭闹都奏效，于是这种坏毛病就养成了。

五岁的婷婷可谓是聪明伶俐，为达到自己的目的，会以各种理由说服家长，妈妈总是觉得自己的女儿不好管束，很不听话。比如，有一次，妈妈要带婷婷去朋友家玩儿，出门之前，妈妈叫她快穿好衣服，她立刻“回敬”道：“为什么要快？阿姨的家又跑不了，我现在要耐心地做事情，你又让我快，我要是快了你又说我不耐心。”面对女儿的种种理由，婷婷的妈妈真是感觉很无奈。

毫无疑问，面对这样的孩子，妈妈们必然会感觉到很头疼。这个时候妈妈们千万不要再给孩子讲一些大道理，更不要冲孩子嚷吼。妈妈可用日常生活中孩子经历过的事例，以故事的形式，具体指导孩子改正这些不听话的行为，让孩子不听话这个问题不再成为家长的烦恼。千万不要让孩子养成爱找理由的毛病，在孩子下次找理由的时候做好提前教育工作。那么作为一名妈妈，要怎么样才让孩子意识到自己的错误，避免孩子总是找理由呢?

1. 冷处理

不强迫孩子马上停止无理的狡辩，而是静静地坐在一边，或者干脆去做其他的事情，等待孩子冷静下来，再跟他讲道理，使他认识错误，让孩子自己意识到自己的行为是错误的，只有合理的要求，妈妈才会给予满足。如果由于妈妈的错误引起孩子哭闹，则妈妈应勇于改正。

2. 教会孩子换位思考

当孩子做错事情却找各种理由无理取闹的时候，不妨给孩子打个比方，让孩子学会换位思考，站在别人的角度思考问题，这样孩子很快就能够意识到自己的错误了，自然而然，在下次孩子犯错又找理由的时候，他会意识到自己的错误，这对孩子的成长是有帮助的。

3. 日常生活中，父母要多给孩子讲道理

应该常用一些较为形象、浅显的语言给孩子讲一些道理，使孩子懂得做客的规矩，知道到了别人家立刻就走，是不礼貌的行为。如果自己不喜欢，也要学会必要的克制与忍耐。父母不可溺爱纵容孩子，要采用适当的态度和方法，帮助孩子懂得服从与合作，以减少这种情况的发生。为了避免孩子总是出现一些不听话的现象，那么妈妈们可以在日常生活中多给孩子讲一些这方面的故事，让孩子明白更多的道理，这样一来孩子自然就会知道自己的不足所在，也就不会那么无理取闹了。

4. 当孩子有长进的时候记得夸奖孩子

每个孩子都喜欢得到妈妈的夸奖，当孩子有所改进的时候，不妨去夸奖孩子，让孩子明白这样做是正确的，也是会得到妈妈喜欢的，这样一来在今后的生活中，孩子会变得更乖、更听话，当然，在教导孩子的时候，妈妈们也应该做好榜样，当自己做错事情之后，也要主动向孩子道歉，不要总是找一些理由，因为很多时候孩子找理由都是在模仿妈妈，要想让自己的孩子更听话，就要控制好自己，在孩子面前千万不要为自己的错误找理由。

不讲卫生，总是把房间弄得乱七八糟

在现实生活中，经常会有一些人由于不讲卫生而染上急性或慢性疾病。孩子的抵抗力比较差，容易感染疾病，更应注意讲究卫生。孩童期是习惯养成的重要时期，抓紧这个时期进行培养，使孩子养成良好的卫生习惯，将收到事半功倍的效果。有的孩子总是将房间弄得乱七八糟，根本不注意卫生。

有人认为，“不干不净，吃了没病”，这种说法是缺乏科学根据的。在现实生活中，确实有一些人不怎么讲卫生，而身体也还健康，但是他们的身体健康并不是由于卫生造成的，而是受其他因素的影响，例如，阳光充足，空气新鲜，活动充分，营养齐全等。如果他们再注意讲究卫生，身体会更加健壮。当然面对孩子不讲卫生的行为，妈妈们经常头疼和苦恼。

李娜娜的儿子小品已经上了三年级，但是儿子却有着一个不好的习惯，那就是不讲卫生。他放学一回家，第一件事情就是将所有的东西随地一扔，紧接着连手也不洗，直接就去冰箱里拿东西吃。并且更为可气的是，拿出苹果、葡萄等水果后，也不洗，直接就往嘴里放，吃完之后将水果皮直接扔到了地上，总是把屋子弄得乱七八糟。

李娜娜每天要做的事情本来很多，儿子回家之后还要帮儿子打扫卫生，更为重要的是儿子这样不讲卫生，会对孩子的健康产生影响。有一次，儿子将买回来的葡萄不洗就往嘴里放，李娜娜看到之后，很着急，但是她并没有指责儿子，而是拿起葡萄走到儿子面前，指着葡萄皮上的小黑点对儿子说：“儿子，你知道这是什么吗？”儿子摇摇头，李娜娜继续说道：“这是昆虫的粪便，它们靠吃发霉的葡萄存活。”儿子听了之后，立刻放下了手里没洗的葡萄。

从那次之后，只要是吃水果，儿子都会去洗洗，并且吃完之后也会将垃圾扔到垃圾桶里。

培养良好的生活卫生习惯是件平凡而细致的工作，要持之以恒地要求孩子。通常要运用示范、讲解、提示、练习等方法，给孩子以具体的指导和帮助。当孩子还不会做某件事情时，我们就要向孩子示范并伴随着讲解，教他们如何做。如果孩子已经会做这些事情，只是还没有完全形成习惯，那么大人就需提醒他们，从而帮助孩子完成这些他们应该做的事情，并逐渐养成习惯。那么，应该怎样培养孩子良好的卫生习惯呢？

1. 教孩子养成良好的饮食习惯

教育孩子不吃不洁净的食物。地上捡的东西绝对不能随便往嘴里放，生吃瓜果一定要洗干净，最好削皮。有的孩子生吃瓜果时只在自来水龙头下把瓜果一冲就算洗过了，其实这达不到消毒杀菌的目的。应该用刷子或丝瓜瓤擦上洗涤液把瓜果刷洗干净，再冲洗两遍，然后用干净的布擦干净才能吃。

2. 培养孩子养成保持身体和服装整洁的习惯

勤理发、洗头、洗澡、剪指甲。这不仅能清洁身体，保证卫生，而且能够促进血液循环，增进健康。

看书、绘画时保持正确的姿势，即眼距书本一尺，胸距桌沿一拳，握笔时手指与笔尖距离一寸，不在光线太强、太弱的地方看书和绘画，不用手或脏手帕擦眼睛。保护鼻道，不抠鼻孔，养成用鼻子呼吸的习惯。这样可以使吸入的空气在经过鼻腔时变得洁净、温暖和湿润，保护呼吸道和肺，使它们免受伤害。

3. 督促孩子养成良好的盥洗习惯

常言道：饭前便后要洗手，肠道疾病不会有。睡前洗干净，睡觉也轻松。其实好处何止这些，良好的盥洗习惯会给孩子带来更多的益处。比如妈妈应耐心地告诉孩子为什么饭前便后要洗手：“因为手上摸了许多脏东西，在吃饭前不洗干净，吃进肚子里就会生病，肚子里就会长虫子。”孩子很容易明白这样的道理，会愉快地去洗手。但孩子往往新鲜几天，坚持不了多久，在这个时候妈妈一定要提醒孩子。妈妈的表率作用对孩子也有着很大影响，只要持之以恒，孩子就会养成良好的洗手习惯。妈妈要为孩子准备好肥皂、擦手毛巾，放在孩子容易取拿的地方，要让孩子用流动水洗手，这样符合卫生要求。妈妈还要提醒孩子，掌心手背都要洗，并教给孩子正确的洗手方法。往往通过妈妈的一次示范动作，孩子就能心领神会，很快学会自己洗手了。

4. 教育孩子养成保持周围环境整洁的好习惯

不乱扔果皮、纸屑，不随地吐痰和擤鼻涕，不随地大小便。这对保障人身体健康有重要意义。据化验，马路上 20% 的痰都带病菌，结核病人的一口痰里就大约有四五千个结核菌，这些带病菌的痰干了以后，病菌会随风到处飞扬，污染空气，危害人们的健康。因此，从孩子到大人都要养成不随地吐痰的良好习惯。另外，人在患病时咽喉和鼻腔里往往有大量的病菌，打喷嚏时很容易将病菌喷出来，所以应该教孩子在咳嗽或打喷嚏时用手帕捂住口鼻。不乱涂墙壁，不踩桌椅。不仅在家里要做到这些，而且在公园、电影院、公共汽车站等公共场所也要做到。

不让孩子沉迷于网络

家长一味地限制孩子上网，不仅不符合发展的趋势，也起不到应有的作用；如果对孩子上网放任自流，很可能会使孩子受到黄毒、暴力的侵害，得不偿失。正确的做法应该是趋利避害，让互联网发挥积极的作用。

在网络信息发达的时代，不让孩子上网获取知识、信息，不是一个明智的行为。通达的家长会指导孩子遵守上网的一些基本守则，这样可以使孩子既具有网络的基本知识，通过上网促进学习、生活，又不受有害信息、有害行为的影响。

孙欣沉溺在电脑游戏中不能自拔，虽然三番五次地向妈妈写保证书，但一点作用也不起。为了帮助孩子改掉坏习惯，妈妈采取了这样的措施：限制每天上网的时间和内容，并引导孙欣将上网与学习联系起来。结果孙欣通过上网来辅助学习，出现了一学就是半天，甚至忘记吃饭的现象，并由此对学习产生了兴趣。为达到一定的学习目标，孙欣还为自己制订了一个苛刻的学习计划表，并持之以恒，最终实现了这个目标。

我们必须承认孩子使用电脑的好处，但也必须承认让他们整天陷于电脑中的危险，家长面临的最大的问题是如何不让孩子沉迷于电脑之中。

1. 主动学习有关网络知识

家长应主动积极地学习有关网络知识，知道网络的负面影响后就不会出现束手无策的情况，还可以科学地要求孩子。事实上，当今社会家长的社会化问题已日显突出，相对于青少年而言成人面临社会化的情形更严峻、更困难。因此，家长要不断地去学习、不断地提升自己，只有在这个基础上才有资格、有能力去影响和教育孩子。

2. 循循善诱

家长可以直截了当地告诉孩子，网络作为一种资源、一种方式，能够为学习创造更多的便利条件，但网络上同样存在着不健康或青少年不宜接触的东西，从一开始就给孩子打上一剂“预防针”。家长还可以有意识地向孩子提供一些适合孩子的网址，让孩子减少受不良网站影响的机会。当发现孩子在网络上有不良倾向时，不能一味地训斥、封杀，而应重“疏”轻“堵”，动之以情，晓之以理。

3. 监控指导

家庭买电脑、安装宽带，是希望帮助孩子开阔视野、增长知识、丰富生活；但同时家长也担心孩子跌入网络陷阱，受到不良信息或坏人的伤害。因此家长有责任和义务了解孩子每天上网的需要，控制孩子上网的时间、地点，了解孩子需要多少时间上网、在网上做什么，但不应对孩子严格限制，而应该用积极友善的方式进行。家长可以借助绿色上网软件，使用安全浏览技术，屏蔽少儿不宜的网站及信息，指导孩子提高辨别能力和审美能力，杜绝不良文化对孩子的侵害和污染。

4. 培养孩子的业余爱好

一方面，不能让孩子把所有兴趣全部集中在网络上，而应把孩子的兴趣引导到其他方面。例如，与孩子一起到博物馆、展览馆参观，一起看电视和球赛，一起玩球、下棋、外出散步等。通过合理安排孩子的课外活动，培养孩子良好的业余爱好和兴趣。另一方面，不能让孩子把对网络的兴趣局限在浏览网页上，而应引导孩子参加有关网页设计的比赛等，从而激发各方面的兴趣，并有效培养孩子的创新素质。

5. 做孩子的榜样

要想培养孩子良好的网络道德和上网习惯，家长必须为孩子做好榜样，特别是家长与孩子共用一台电脑的家庭。如果孩子的家长经常利用家庭电脑浏览黄色网站，孩子就会由好奇、兴奋到效仿、试验，其后患无穷。如果要求孩子不要有“网瘾”，家长首先不要有“网瘾”。因此，每个家长都应当加强自身修养，以身作则，以良好的形象去感染孩子。

6. 必要时强力限制

孩子好奇心强，渴望知识，面对游戏以及网上花花绿绿的虚拟世界，常缺乏冷静而客观的态度。作为父母，面对“上瘾”的孩子不应掉以轻心，要多多引导，必要时强力限制。如果让孩子的黄金时代在游戏和虚拟中度过，最后受伤害的可是整整两代人！

网络有益于我们的学习工作，但也有一定的危害。为保护儿童安全上网，应该把以下上网规则告诉孩子：

（1）如果上网时，发现某人做的事让你不安或者难堪，先不要关闭电脑，要马上告诉父母，可以让父母举报他。

（2）上网时不要使用自己的真实姓名，不要泄露任何个人资料和信息给网上的人，例如家庭地址、电话号码、姓名，父母姓名和单位、学校等，也不要用看起来有诱惑力的名字。

（3）不要轻信聊天室里的陌生人。

（4）除非经过父母同意或者父母在场，否则一定不跟网友见面、通电话、相互邮寄东西。

（5）不要轻易把照片放在网上或者发给他人，除非父母同意。

（6）如果要网购，一定要征得父母同意，千万不要向他人透露信用卡信息。

（7）绝对不能透露你的密码给任何人，即使你最好的朋友也不行。

纠正孩子的攻击行为

从小有暴力倾向、攻击性强的孩子，如果不注意克制，长大后容易走上违法犯罪的道路。因此，如果孩子经常出现攻击性较强的行为时，父母切不可掉以轻心，必须及早予以矫治。

有一个叫毛毛的男孩，在幼儿园被称为“小霸王”。“哇——”有一个小朋友哭起来了，一边哭，一边用手指着毛毛。唉，不用说，一定又是毛毛干的“好事”！毛毛的父母和幼儿园的老师都为毛毛操碎了心。原来，毛毛是一个爱打人的孩子。他一会儿打哭了真真，一会又推倒了鹏鹏……真是闯祸不断！毛毛的爸爸妈妈经常要面对上门来告状的父母：“你们家毛毛是怎么搞的？平白无故地就把我们家的孩子打哭了！”

毛毛并不比别的小朋友高大、强壮，但是他就是爱打人。当与别的孩子意见不统一时，他不是争辩，而是不管三七二十一，先打了再说；别的小朋友不愿跟他交换玩具，他不是继续央求或者找老师反映，而是伸手便打；他甚至会无缘无故地打人，老师说：就算是为了表示对某人的好感，他也会采用这种手段。

毛毛的“战术”很多，他有时用手打，有时用脚踢，有时用牙咬，还用指甲抓、脑袋撞……全班所有的小朋友身上，都有他留下的“记号”，差不多每天都会有一个小朋友带着新的伤痕回家去。

幼儿园里所有的孩子都怕他，因为大家时刻都在担心，不知道什么时候又会遭毛毛打。

毛毛的行为确实给别的孩子带来了很大伤害，这种无缘无故打人的坏习惯，说明孩子有“暴力”倾向，这种现象反映了我们家庭教育的失误。

现在的“小皇帝”由于家长的溺爱，有“小霸王”作风的并不在少数，这是应该引起全社会重视的一个问题。有的“小霸王”到哪儿都欺负别人。对此，父母可告诫自己的孩子不要与他玩，同时警告“小霸王”，不许他欺负人。

有些父母惯于用暴力惩罚的方式来教育孩子，结果孩子也以同样的方式来对待其他孩子，表现出攻击行为。有的父母只要孩子做错事，就不分青红皂白地打他一顿。孩子挨打以后，容易产生抵触情绪。这种情绪一旦“转嫁”到别的人身上，就易找别人出气，逐渐形成暴力倾向。有的父母对自己的孩子说：“如果有人欺侮你，你要狠狠地揍他。”在父母的纵容下，孩子容易形成暴力倾向。

美国心理学家班杜拉通过一系列实验证明，攻击是观察学习的结果。由于儿童模仿性强，是非辨别能力差，因此，很容易模仿其周围的人或是影视镜头里人物的攻击行为。有资料表明，经常看暴力影视的孩子，容易出现攻击行为。如果孩子经常看暴力影视片、武打片，玩暴力电子游戏，会使孩子的攻击性心理加强。

值得指出的是，如果一个孩子在偶然几次的攻击行为后，得到了“便宜”，尝到了“好处”，其攻击行为的欲望会有所增强。若再受到其他孩子的赞许，其攻击行为就会日益加重。

对于如何纠正孩子的攻击行为，有关专家给出以下建议。

1. 教孩子懂得宣泄情感

烦恼、挫折、愤怒是容易引起攻击行为的情感，因此要教会孩子懂得宣泄自己的感情，把自己的烦恼、愤怒宣泄出来。

2. 引导孩子进行移情换位

心理学研究表明，攻击者在看到受害者明显的痛苦时，往往会停止攻击。然而，攻击性很强的人则不然，他们会继续攻击受害者。这是因为他们缺乏移情技能，不会同情受害者。父母应从小培养孩子的移情能力，告诉孩子，攻击行为会给别人带来痛苦，导致严重后果。再让孩子换个位置想想，如果你是受害者，那么，你将会有怎样的感觉和心情呢？想让孩子从本质上消除攻击行为，这是一种很好的方法。

3. 对孩子的攻击行为“冷处理”

所谓“冷处理”，就是在一段时间里不理他，用这种方法来“惩罚”他的攻击行为，如把孩子关在房间里，让他思过、反省，这种方法的好处在于不会向孩子提供呵斥、打骂的攻击原型。如果把这种方法与鼓励亲善行为的方法配合使用，效果会更好。

4. 培养孩子丰富的情感

有些孩子见到小动物，会虐待它，以发泄内心的愤怒。父母可以让孩子通过饲养小动物来形成孩子的爱怜之心。这种鼓励亲善行为的方法，是纠正孩子攻击行为的一条行之有效的途径。

5. 及时制止

如果孩子打了人父母不制止，打人就成为攻击行为的“奖励物”，使孩子觉得打人并没有什么不对，以后还可以去打别人。所以，当孩子出现攻击行为时，父母要及时处理，使孩子认识到什么行为是错的，应该怎样做才对。

6. 创造不利于攻击行为的环境

实践证明，生活在一个有良好家庭气氛、有充裕玩耍时间以及有多种多样玩具环境中的孩子，攻击行为会明显减少。父母应为孩子提供足够的玩耍时间和玩具，不让孩子看有暴力镜头的电影、电视，不让孩子玩有攻击性倾向的玩具，不在孩子面前讲有攻击色彩的语言。

孩子偷拿别人的东西怎么办

当孩子侵占别人的所有权或物品时，父母要冷静分析原因，认真对待，不要骂孩子是“小偷”，更不要指责其“屡教不改”。孩子日常犯的错误与这些话语的性质是不能等同的，孩子长期听惯了这些消极的词语，一会自卑，二会无动于衷，长期下去会把孩子推向反面。

现在的生活水平提高了，人们再也不会为吃穿发愁。应该说，孩子偷东西的事是不会发生的。但是，奇怪的是，即使生活条件很好的家庭，也时常会出现孩子偷拿别人东西的事情。

作为家长，当你第一次发现孩子拿别人的东西时，一定要弄清楚原因后再下结论。有的孩子有时会把误认为是自己的东西拿回家，比如一块有图案的手绢、玩具或书等。如果是这样，父母应该把自家的东西拿出来让他看，让孩子明白他拿的不是自己的而是别人的。然后告诉他不是自己的东西不能要，应向别人道歉还给别人。

从儿童心理学来分析，孩子偷拿别人的东西是由两种心理因素引起的：一种是孩子有一种强烈的占有欲望，他对自己没有玩过的东西，既好奇又想获得，而且企图马上获得。在私欲的引领下，他便悄悄将别人的东西据为己有。另一种是孩子有一种异乎成人的冒险心理，他们心想：我拿了别人的东西，只有自己知道，别人却不知道，这是多刺激和神秘呀。偷东西的行为大多发生在孩子幼年时，大多数孩子并不清楚偷盗这种行为的卑劣之处。

因此，家长要注意在这个方面进行正确的引导和教育。孩子有偷拿别人的东西的习惯怎么办？孩子有了这个毛病，一定要克服掉，而且越早越好。其实，很多孩子都有过偷拿别人东西的经历，只要改正了，也没有什么大问题。怎么帮助孩子克服呢？这里提几点建议供参考。

（1）先让孩子认识到拿别人东西是可耻的事情。跟孩子说清楚偷拿别人的东西是极为可耻的行为，它会使一个人身败名裂的。一定要克服这个坏毛病。包括家里的东西，如家里的钱，也不可以随便拿。

（2）当孩子再犯的时候，一定让他将偷来的东西当面还给人家，最好让他自己去，如果他不自己去，就带着他一起去。让他当面向人道歉。培养他的羞耻心，强化他的自制意识。

（3）规定孩子不论买什么东西都要征得家长同意，给他钱或者他自己花钱都要记账。发现他有来路不明的钱就要过问，防止他自己克制不住。

（4）警告他，如果再发现他偷拿别人的东西，包括家里的钱，就告诉老师或同学。严重时就送派出所，请警察帮助管教。这样警告他，可以给他抛下一个心锚，让他不敢轻举妄动。

（5）如果说孩子就是管不住的话，那就属于心理问题了，需要进行心理治疗。

一般来说，通过上面这样几招，孩子会有所收敛，逐渐就会改正了。

有的孩子经常偷拿家里的钱，这让很多家长大伤脑筋。孩子偷拿家里的钱，事后也不和家长说明，显然是一种很不好的行为。但一味地责备孩子，也不会有很好的教育效果。

孩子拿家里钱花可能只是为了满足某种需要，比如买喜欢的文具、玩具，买喜欢吃的东西，玩游戏机或参与其他娱乐活动等。他们要满足这些需要，以正当方式跟家长要钱往往通不过，于是采取私自去拿的办法。

当发现孩子偷拿了家里的钱，家长该怎么办？

1. 不要发火

家长发现问题后，不要怒不可遏、连打带骂，而应尽量控制自己。把孩子叫来，坐下来认真交谈。让孩子谈是怎么样想的，花钱买了什么东西，怎么处理的。根据实情，给孩子重点分析两方面问题。

一是是非问题。联系实际，给孩子讲清如何对待钱会反映一个人的品质，小的毛病发展下去，会铸成大错。

二是想花钱应该怎么办。告诉孩子，想买什么跟家长说，家长给钱或不给钱是经过思考的，要钱就给对孩子成长没有好处。如果家长平时忽视了孩子的某些合理需要，应该向孩子做自我检讨，让孩子服气。

2. 给孩子适度的零花钱

给孩子适度的零花钱。孩子需要零花钱，有的家长根本不给，这是不妥当的。给零花钱多少要从实际出发，看家庭经济条件和孩子实际需要，而且要指导孩子怎样花钱。

3. 培养孩子合理消费的好习惯

在家里专门准备一个抽屉或匣子，放上十几元或几十元钱，急需时取用。钱最好是一元一张的，还可放些零钱，里边放一个本做记录用。明确告诉孩子，这里的钱在急需时可以拿去花，不过拿多少、找回多少、买什么东西要记下来，还要写明时间。这样，把主动权交给孩子，孩子觉得家长信任自己，反而不会乱花钱。如果孩子花钱不当，要及时讨论、引导，培养孩子合理消费的好习惯。

4. 教孩子学会存钱

压岁钱和剩余的零花钱给孩子存起来，开一个活期存折，陆续存入，真正需要时，用多少取多少。这不仅能培养孩子积累资金的能力，而且培养量入为出的好习惯。

总之，改变孩子拿家里钱的行为，出发点首先是尊重孩子的人格，切不可一下子把孩子看扁了，随意惩治会伤害孩子的自尊心。家长要在整个教育过程中充满理智，要有孩子出现反复的心理准备，用反复的教育去解决反复的问题。

选择适合孩子的体育锻炼方式

父母应根据自家孩子的不同情况，并针对其性格中的不同特点，有选择地给孩子安排适合的体育训练项目，不同的项目侧重培养的品质有所不同，比如游泳属于耐力性项目，更需要坚持，而球类运动因场上瞬息万变，则更需要果断和独立性。

孩子应多参加促进身体全面发展的运动项目，或进行多种体育活动的锻炼。父母应该替孩子选择可以促进身体全面发展的运动项目。广播操、武术、田径、体操、游泳、球类等运动，不仅对身体各部分的肌肉、骨骼和器官的生长发育都有好处，而且对主要的身体素质如速度、力量、耐力、柔韧性、灵敏度等都具有良好的促进作用。

不同的运动项目和动作类型对身体各部位的影响不同，对身体各种素质的锻炼也各有侧重。单一的运动项目、片面地发展专项素质容易导致身体畸形发展。

家长在帮孩子选择运动项目时，应考虑以下几方面：

1. 根据孩子的特点选择适宜的运动

根据孩子的性别、年龄、健康状况、身体素质的特点选择适宜的运动。不同的运动项目对身体部位及身体素质的训练有所不同。如加强足部弹跳的项目可以锻炼足弓承重能力，预防扁平足；进行基本技能训练如跑、跳、投掷、游泳等活动项目，可以发展平衡、协调、反应、灵敏、柔韧等身体素质。

2. 有针对性地选择运动项目

根据个人身体素质的具体特点，有针对性地选择运动项目。例如：力量不足的可以练习单、双杠；速度不够的可选择短跑；耐力不好的可选择竞走、游泳；灵敏度差的可以选择武术和乒乓球运动；臂力不足的可以练投掷等。体弱多病的孩子也应坚持适度的体育锻炼，可进行体操、快慢交替走步、太极拳等活动。

3. 体育锻炼应照顾到女孩子的生理特点

女孩更适宜参加如高低杠、平衡木、体操、跑步、花样滑冰、游泳等力量性要求不高，而要求柔韧性较好、平衡性较强的活动。不宜多做支撑、悬垂、负重等静力性练习。训练的时间也应较男孩稍短。女孩在月经期间宜选择那些不太剧烈、震动较小、不用憋气的运动项目，如徒手操、活动性游戏，羽毛球、慢跑等，不宜进行短跑、拔河、跳高、游泳等活动，以免引起经期紊乱或造成感染。

除此之外，在指导孩子进行体育锻炼时，父母应注意以下事项：

锻炼时注意运动量要逐步增加或减少。练习应有节奏地以中等、平稳的速度进行。要注意运动后的身体反应，如脉搏、食欲和睡眠等，以便随时进行调整。

不宜让孩子过早地进行超负荷锻炼。进行体育锻炼会使人体承受一定的生理负荷。孩子的骨骼富有弹性，虽不易骨折但易发生变形，关节活动范围虽大但牢固性差，因此超负荷锻炼会造成一定危险。

让孩子养成正确的饮食习惯

对于孩子来讲，饮食是保障孩子健康发育的关键因素，妈妈们一定让孩子养成正确的饮食习惯。有的孩子为了早上能够多睡一会儿，宁可不吃早饭便去学校，久而久之，便养成了不吃早饭的习惯，这是完全不正确的，这样的习惯对孩子的健康是没有好处的。因为，早餐的好坏决定了孩子一天体能消耗对食物的需求，所以不仅要孩子吃早餐，还要他吃得好，按照科学的规律，合理饮食。

研究工作者从大量的资料中分析发现，我国青少年的体质与发达国家的青少年相比，有较大的差距，甚至低于日本、东南亚等国的青少年。虽然造成这种差距的因素很多，但其中很重要的一个原因即是饮食营养不良，尤其早餐的质和量不高。

中国预防医学科学院营养研究室曾对北京 2500 余名中小学生进行调查，发现有 40%的中学生不能保证每天吃早餐，多数学生的早餐以含蛋白质较少的馒头、饼干等谷类食物为主，有 60%的青少年从不喝牛奶或豆浆，近50%的学生不能保证每天吃到鸡蛋。

美国波士顿“儿童发育与营养研究中心”的一份报告指出：“经过一夜12小时不吃东西，孩子的血糖下降得很快，如果孩子不吃早餐，快到中午的时候，就会对其大脑的功能产生微妙的影响，这与他们的心理思维及智能的发展密切相关。”研究显示：吃够了占全天1/3并含有优质蛋白质早餐的孩子，在课堂上的最佳思维期相对较长。

人的大脑对血糖波动最为敏感，因为脑细胞只能从糖这一种营养素中获取能量，而不能从脂肪和蛋白质中获取。所以，当血糖下降之后，大脑兴奋性随之降低，思维变得迟钝，注意力不集中，儿童若在低血糖的状态放学习，成绩是不会好的。上午消耗的能量占全天总能量的35%～45%，早餐进食量要达到一日量的25%～30%。而事实上，一般早餐的摄入量仅占三餐总量的15%～20%，差距很大。所以，要保证青少年的体质，早餐的质量是不能忽视的。

对于孩子来讲，上午的活动量很大，如果不吃早餐或少吃早餐，活动所消耗的热能要靠前一天晚餐提供，而人体内不能储存很多糖原，如果不吃早餐，就会引起血糖浓度下降，就会出现头晕等低血糖症状，甚至引起低血糖休克。尤其青少年，正处于生长发育时期，除了补充活动消耗能量外，更需要大量营养支持，这样供给少消耗大，必然要消耗体内储存的脂肪和蛋白质，长期消耗过多就会造成消瘦，并且影响生长发育和学习能力，因此，妈妈们应该保证孩子的早餐吃得好，并且养成吃早餐的习惯。

有的孩子喜欢吃零食，喜欢用零食来代替主食，这样一来，在吃正餐的时候，他们往往不爱吃东西了，正是因为正餐孩子吃不了多少东西，妈妈们担心孩子会饿，便会给孩子们买大量的零食，这样久而久之，孩子便养成了爱吃零食的习惯，也正是这样，孩子更加不喜欢吃饭，总是喜欢吃零食，最终的结果是导致孩子营养不良，身体发育出现问题。

因此，妈妈们应该控制孩子的零食量，合理地调配孩子的饭菜，尽量做孩子喜欢吃的饭菜来吸引孩子的食欲。如果孩子不好好吃正餐，那么妈妈们就不要让孩子吃零食，以免扰乱孩子的饮食规律。

然而，有的孩子小小年纪却体重超标，成为人们眼中的“小胖墩儿”，这往往和妈妈们所做的饭菜有关，有的孩子喜欢吃过分油腻的油炸食品，而妈妈们觉得孩子爱吃，便会不加节制地让孩子去吃，这样一来，孩子往往会出现肥胖的情况。如果早餐吃得太腻太多，就会给肠胃增加过重的负担，使血液长时间地集中在胃部，影响大脑的血液供应，使孩子早晨前两节课不能迅速地集中注意力进入紧张的学习状态。因此，饮食中要有点脂肪，又要容易消化，不可使动物脂肪过量。

身体较弱、肠胃不健的孩子消化力差，如果吃了冷凉的荤食，容易发生胃肠不适，影响一上午的学习。妈妈要按照孩子的体质，安排温热、清淡、可口的饭菜。那么妈妈们要怎么帮助孩子养成好的饮食习惯呢?

1. 定点吃饭

不管孩子多么淘气，也不管孩子当时饿不饿，都要让孩子养成按时吃饭的习惯。如果孩子能够按时吃饭，就能够很好地控制自己的食欲。

2. 对孩子不爱吃的有营养的物质，要合理地引导孩子

有的孩子在吃饭的时候，总是挑自己喜欢吃的东西，有些蔬菜有营养，并且对孩子的健康有很大的好处，但是孩子却因为不喜欢便一口也不吃，这样一来总是给妈妈们造成心理上的负担。在这个时候，妈妈们不妨用正确的方法去引导孩子，帮助孩子摆脱挑食的习惯，如果孩子总是挑食，那么最终影响的是孩子的健康。

好妈妈不吼不叫教子方法

张卉研 编著

下册

哈爾濱工業大學出版社
HARBIN INSTITUTE OF TECHNOLOGY PRESS

下篇

好妈妈不吼不叫——培养杰出孩子

第1章

和谐家庭，给孩子创造良好的成长环境

家庭布置以保持整洁为原则

我们每个人都希望能够拥有很舒适的家。对于妈妈来讲，总是希望为子女提供适合成长发展的家庭环境，这也是妈妈的责任之一。

对于孩子来讲，生活环境往往对性格的形成会产生很大的影响。妈妈们应该尽量为孩子创造一个比较温馨的家庭环境，当然这是说在家庭气氛方面的要求。不仅如此，作为妈妈更应该考虑到家庭布局对孩子产生的巨大影响。一个家庭的布置总是那么的繁杂，容易让孩子产生急躁或者暴躁的性格，所以说作为妈妈，应该尽量为孩子创造适合他们的生活环境。

对于孩子性格的形成，妈妈们应该尽可能考虑周到，尽可能为孩子创造比较安逸和简单舒服的环境，没有必要要多大的房间，但是房间的布局一定要合理，这对孩子性格的形成是有巨大作用的。要想进一步教养子女，妈妈们就应该在精神上成为子女的导师，必须十分谨慎。

对于家庭设备和布置，妈妈们应该明白事前改善胜于事后补救的道理，在对家庭进行布局的时候，一定要考虑得周全一些，从教养子女的角度来进行思考，免得事后产生不良的影响。

1. 家庭空间不求过大，但求够用

有人说自己的家里感觉永远会少一个房间，不管有多大的面积，总觉得是不够用的。所以我们提出这一原则，主要是希望妈妈们千万不要觉得家的面积越大对孩子的成长也越有好处，其实没有必要总是在家庭面积上费心思，即便是房子比较小，只要足够温馨，那么孩子一样能够健康地成长，如果自己的家庭环境不够大，或者妈妈们总是在孩子面前表露自己希望拥有大的房子的欲望，那么对孩子的成长也是不利的。因此，妈妈们应该把心思从房屋的格局大小和空间大小，转换到是否温馨、和谐、愉快的家庭环境上面，然后让子女身心能够健康，快乐成长，比房子的大小重要得多。

2. 选家具，不可以奢侈，要求其合用

人由节俭进入奢侈，很容易适应，但是反过来则是一件十分痛苦的事情，也是一个比较艰难的过程。所以家用的家具，最好不要过于豪华奢侈，以免让孩子养成了这种奢华的习惯，万一长大以后孩子遭遇困境，要过比较节俭的日子，孩子反而会十分辛苦，心理上的波动也无法平复，自然对孩子的成长是十分不利的。

在家具的选用方面，最好是按照安全、舒适、适用三个原则来选择，没有必要选择那些华而不实的东西，更没有必要讲求名贵。安全最重要，当然妈妈在生活中，不可以用规定这样、规定那样，来维护子女的安全，不要觉得自己只要是用这种命令的方式来要求孩子，那么家具再不具备安全的因素孩子也会安全的，这种想法是完全不正确的。

要求舒适，原本是生活中的一种要求，如果妈妈们所选用的家具不能够让孩子感受到舒适，自然孩子也不能够很好地去实现自己的愿望，更是不能够让孩子感觉到温馨。在工作之余，舒适地坐卧，休息之后再来勤奋地工作，也是一种很不错的享受。家具舒适一些，对家庭的温馨和谐愉快，也是会有十分大的帮助的。当然，这里说的舒适而不是奢侈。妈妈必须根据自己的生活条件、自己的使用标准来选用所需的家具，这是十分重要的。

3. 子女要有做作业的桌椅，以及共同使用的书橱

对于孩子来讲，从小要培养孩子定时、定位的习惯，这并不是对孩子苛刻的教育，而是对孩子很好的习惯引导，所以说妈妈们可以在布置家的时候，给孩子留出做作业的地方，这个位置一定要是固定的，同时孩子的这个位置一定要比较安静和简单，让孩子放学后，能够有空间去写家庭作业。所以书本用具应该有固定的地方进行放置，拿到以后要教孩子放到原来的位置，以免东找西找，浪费时间，所以说妈妈在布置孩子的书桌的时候，一定要保证孩子书桌的固定性，同时保证孩子在这个地方学习比较舒服。当然，在孩子书柜上还可以摆放一些书籍，这样方便孩子阅读，但是布置一定要简单，千万不要让孩子感觉复杂。

4. 布置要简朴，经常保持整洁，千万不要设置酒吧之类的设施

家庭的摆设到底是为了什么？这是一个重要的问题。有的妈妈为了彰显自己的经济地位，希望在家中布置豪华的设备，比如说高档的家具，甚至希望有酒吧等设施。但是这对孩子的成长是十分不利的，所以说妈妈们一定要保持家庭布局的简约，让孩子感受到温馨。家庭的布置，最好是明亮的、顺畅的、舒适的、安全的，这样不但对孩子的性格形成有一定的帮助，还对克服孩子虚荣的缺点有帮助。有些家庭的客厅里摆设着豪华丝绒大型沙发，在家庭的酒柜上陈列着世界名酒，再抬头看墙壁上，还嵌着彩色明镜。请问妈妈们，生活在这样的环境中，孩子怎么能够感觉到轻松自在呢？

创造健康的生活环境

妈妈们在教育孩子的时候一定会明白一个道理，那就是家庭环境对孩子的成长有着决定性的影响。孩子经历的事情比较少，所以心灵是洁白无瑕、天真纯朴的，他们生活在什么样的环境中，往往就会受到环境的影响。对于孩子来讲，成长的绝大部分时间是生活在家里，要知道父母是孩子的第一任老师。家庭环境对孩子的影响也是最为深刻的，家庭生活给孩子的身心发展都会打上烙印，在其一生的成长过程中也会起到十分重要的作用，甚至终生难以磨灭。

曾经有一名教育专家，做过这样一个实验：他将一对双胞胎小女孩儿从小分开，然后分别放置在两个不同的成长环境中，一个留在了大城市的家里，一个被送往边远的森林里，跟随亲戚一起生活。因为是双胞胎，所以两个孩子的遗传素质大体上是相同的，由于生活的家庭环境有所不同，这两个孩子的个性自然也会发生变化，最终形成了完全不同的性格。留在城市的孩子十分喜欢读书，智力发展较快，也比较文静；而在森林附近的亲戚家长大的孩子，则从小不喜欢读书，身体素质很好，经常爬树，也比较灵巧，性格上很开朗活泼。

通过这个实验可以看出家庭环境对孩子的影响有多大，健康的家庭教育带给孩子丰富多彩的生活环境和条件，当然这也是保证孩子拥有健康的生活环境的关键所在，这是孩子快乐进取的物质基础之一。环境具有强大的影响力，因此，妈妈们应该为孩子创建一个健康的生活环境，这样才能帮助孩子塑造出更为良好的性格特征。

小玉在4岁的时候，父亲就不幸去世了，她从小跟着妈妈长大，妈妈含辛茹苦地抚养着小玉。对于妈妈来讲，小玉是自己的全部，妈妈把全部希望都寄托在了小玉身上，她要求她好好读书，日后成为一个有作为的人。

妈妈对小玉寄托了很大的希望，并且在平时的时候，自己也是省吃俭用，将所有的钱都供小玉来读书了，但是小玉的成绩却一直很差。妈妈想尽了一切的办法来帮助小玉，可小玉的成绩就是提不上去。后来经过观察发现，小玉学习差和家庭氛围有关。妈妈性格是十分内向的，再加上小玉爸爸去世的打击，还有生活的压力，所以妈妈从来没有开怀地笑过，总是愁眉不展。因此，家里总是笼罩在沉重的气氛里，根本没有活力。久而久之，小玉的心灵也被蒙上了阴影，小小的孩子也有了沉重的心事。

俗话说得好："近朱者赤，近墨者黑。"这句话形象地说明环境对人的影响是广泛并且深刻的，有时甚至会起到决定性的作用。瑞典著名的作家爱伦·凯曾经指出，环境对人的成长是非常重要的，良好而健康的环境是孩子形成正确思想和优良品格的基础所在。

妈妈们可能会有这样的错误观念，认为孩子还小，坏习惯以后可以慢慢矫正。如果一株树苗被折弯了腰，即便是长成参天大树，也无法直立。家庭是孩子人生的起点也是生命旅程的第一站。当孩子随着年龄的增长走向幼儿园、学校和更广阔的社会以后，家庭仍然是最密切的栖息港湾，自然是受到影响最深的地方，也是孩子成长最重要的环境。因此，家庭应当成为塑造孩子健康人格的土壤。孩子的成长犹如一株嫩苗，在一个比较和谐的家庭中才能健康地成长。为了孩子的健康，也为了全家的幸福，妈妈们应当为孩子创造一个良好的成长环境，那么就应该做到如下几点：

1. 创造有利于孩子身心健康的环境

琳琳上六年级，她成绩一直很好，性格活泼开朗，对人也很有礼貌，而且非常讲究卫生。老师经常夸她是个好学生，邻居们也都会夸她是个好孩子。很多父母都十分羡慕琳琳的妈妈，说琳琳妈妈有这么一个乖女儿，纷纷向琳琳妈妈请教，想要知道她到底是怎么样教育自己的孩子的。每当说到这个问题的时候，琳琳妈妈什么都不说，只是请那些孩子的父母去自己家中做客。开始的时候，那些人会感觉到很奇怪，到了琳琳家，不用琳琳妈妈说任何话，他们都会有所感悟的。因为他们看到了琳琳的家是个十分适合孩子成长的好环境。

有一次，琳琳获得了全国作文大赛的一等奖，当然这不仅是学校的骄傲，更是琳琳妈妈的骄傲。在媒体采访琳琳妈妈的时候，她说："我教育孩子的方法很简单，无非尽我的所能为女儿准备良好的成长环境而已。在我的女儿小的时候，我就按照孩子身心成长的不同阶段来布置家里的环境，为孩子创造健康的家庭环境，以促进孩子身心的健康发展。

良好的生活习惯总是在生活中的点点滴滴中养成的。不同的家庭有着不同的物质环境，虽说这并不会对孩子的成长起到决定性作用，但也是不可忽视的。当一个家庭拥有良好的环境，不单单是从感官上让孩子感到舒适，还会在潜移默化中塑造出孩子的良好性格。当妈妈非常注意家中的整洁，总是让家里有条不紊的时候，便会让孩子在美感与舒适中享受生活。不仅仅对心情有着良好的作用，还会让孩子在不知不觉中养成良好的生活习惯。

2. 建立温馨、和谐的家庭气氛

小小是花园小学三年级的一个学生，鉴于小小每年都是三好学生，不仅成绩好而且性格好，在班上与同学关系都十分融洽，班主任孙老师便去小小家做了一个家访。家访时孙老师发现，原来小小的家庭十分温暖。不仅父母恩爱而且对爷爷奶奶也是十分的孝顺。家里的事情分工合理，累活父亲抢着干，而母亲则张罗着一家人的营养餐食。他们并不把小小当作一个什么都不懂的孩子，凡是都会征求小小的意见。这样一个温暖美满的家庭想要小小不那么优秀都难。

虽然每一个人都有家，但并非每个人都有一个温暖、和谐的家。如何建立温馨的家庭氛围就是一门学问。首先要与父母、长辈搞好关系，其次要和孩子搞好关系。只有家庭关系和谐，家才有温暖的可能性。父母应该爱护子女，且要相信子女。这样孩子在得到了来自父母的关怀之后，才会形成良好的性格。

3. 树立端正、良好的家庭风气

小勇上小学五年级的时候，就偷窃成性。爸爸总是气得经常打骂他，老师也总是拿他当典型，对他进行批评，但是怎么也起不到效果。后来，老师通过家访了解到，小勇现在的行为养成与他的妈妈有关。在小勇小的时候，就喜欢从邻居家和父母的朋友家拿东西，出现这种事，一般大人都不会和小孩计较。妈妈见到孩子的这种行为也是一味纵容，还说："孩子还小，拿点小东西有什么大不了的，这些小东西又不值钱，长大自然懂事了。"没想到长大后，拿别人的东西已经成了难以矫正的恶习。

优良的家庭风气和环境，是良好家庭环境的重要组成部分之一，对孩子养成良好的习惯和性格是至关重要的，所以说对于孩子的不良行为，妈妈们应该尽早制止，千万别等到孩子长大后再对孩子进行管束。妈妈们应为孩子建立良好的家风，家庭成员都应具有良好的伦理道理观念，这样才能为孩子创造良好的环境。

4. 创造勤读、好学的智慧环境

王小军的知识面很广，在老师眼里他比同龄的孩子知道得都多。不管是天文知识、历史知识还是海洋知识，都能够随口道来，俨然就是一个小博士，很多孩子都十分羡慕王小军。当然，王小军也并不是天生就拥有这些知识的，王小军的知识都是他平时读书积累下来的，而这个习惯的培养源自王小军的妈妈。

王小军的妈妈是个非常喜爱读书的人，经常会手不释卷。在妈妈的影响下，王小军很小就开始识字了。妈妈也十分注意对王小军的阅读能力的培养，并且经常会和王小军一起读书，一起讨论读后感，还经常带王小军逛书店。就这样，王小军从小知识面就比较广。

家庭不仅仅是休息的场所，同样也是孩子学习的主要场所。所以说，妈妈应该尽力为孩子创造一个安静舒适的学习环境。如果有条件的话，尽量给孩子安排一个单独的学习、休息的房间，也能够给孩子自由的空间，以免电视、会客等干扰孩子。孩子房间布置一定是要符合孩子年龄的特点，妈妈们可以鼓励孩子一起动手来设计房间的布置，这样更符合孩子的情趣和爱好，同时，也能培养孩子的动手能力。

与孩子共同保持良好的生活环境

对孩子的教育，妈妈们应尽可能地用正确良好并且科学的方式去引导孩子。在生活中，妈妈们可能会经常听到这样的话，“播种思想，收获行动；播种行动，收获习惯；播种习惯，收获性格；播种性格，收获命运”。由此可见，环境对孩子的影响是至关重要的，那么妈妈们就应该想办法和孩子一起去保持良好的生活环境。

从人生观到动手能力，各方面去正确地引导孩子，孩子就能成为对社会有所作为的人。在生活中，妈妈们要着重培养孩子良好的习惯。孔子说过“少年若天性，习惯如自然”，当孩子从小养成一种习惯之后，便能够影响到孩子的一生，所以说好的生活环境往往会对孩子习惯的形成产生影响作用。古往今来，好的习惯往往能够造就人的丰功伟绩。因此，帮助孩子从小养成好的习惯，这是妈妈们的责任。

很多时候妈妈们会抱怨，自己在打扫完卫生之后，过不了多大一会儿，就会被家里的小淘气鬼弄得一团乱，甚至会被孩子弄得什么也做不了，然后妈妈们只好重新打扫。其实妈妈们完全没有这个必要，妈妈们可以培养孩子养成不乱扔东西的习惯，或者是邀请孩子和自己一起打扫卫生。这样做的目的就是让孩子知道保持家庭生活环境的卫生和整洁，是每个家庭成员必须要做的事情。

刘晓娜最头疼的一件事情就是儿子总喜欢搞破坏，刘晓娜每天在孩子去上学之后，都会将家中收拾得干干净净，然后自己才去上班，但是每次孩子一回家，总是将东西随地乱扔，甚至还会将自己的玩具都翻出来，弄得家里特别乱。

每次面对这样的情况，刘晓娜都会很生气，她对孩子大嚷道：“你怎么又把那对破玩具拿出来了，你知不知道妈妈收拾家很辛苦。”开始的时候孩子还会听，渐渐地，孩子习以为常了，对妈妈的话也不怎么理会了。当孩子心情不好的时候，妈妈说这样的话，孩子还会反驳：“我上学也很累，好不容易回家能够玩儿会玩具，你还老是嚷我。”

渐渐地，刘晓娜发现母子关系变得生疏了很多，孩子也不跟自己说学校的事情了，更不会利用课余时间跟自己交流了。刘晓娜将自己的心烦事告诉了同事，同事小周说道：“你这样做自然不会让孩子开心的。其实你完全没有必要去责备孩子，你可以在孩子临睡觉之前对孩子说‘宝贝，帮妈妈把玩具收一下吧，妈妈知道宝贝玩得很开心，现在我们比赛收拾玩具，看谁收拾得快。’”

刘晓娜按照同事的方法去做了，果然孩子有了做事情的积极性，渐渐地儿子养成了收拾东西的习惯，每次自己的玩具都能够摆放好。

对于孩子来讲，他们也希望自己生活在一个良好的环境中，当他们的生活空间变得很乱或者是很不卫生的时候，他们也会觉得不舒服，所以说要看妈妈的教育方法，看妈妈们用怎么样的教育方法来让孩子变得更加主动地和妈妈们一起去保持家庭良好的生活环境。那么，在实际生活中，妈妈们要怎么做呢？

1. 妈妈们要修身养性

妈妈的行为如果表现得好，正直善良、勤劳勇敢，能够为孩子营造一个好的环境，那么孩子就会以妈妈为榜样，模仿妈妈的行为，这样一来孩子自然能够主动地劳动，并且还能够养成好的生活习惯。例如，一位妈妈每次下班之后，都会将自己的皮包放到应该放的位置，那么孩子自然会按照妈妈的要求，将自己的书包放到应该放的位置，这样一来，妈妈自然会省心很多，孩子也就在无意中帮助妈妈整理了房间。

2. 带动孩子参与实践

孩子只有在行动中才可能养成一定的生活习惯，所以说妈妈们不妨带着孩子一起去做家务或者是去整理房间，在妈妈们带着孩子去整理房间的时候，孩子会体会到保持良好生活环境的辛苦，自然也就不会去轻易破坏自己的生活环境了。当然在这个过程中，妈妈们可以给孩子分派一些家务，这些家务必须是孩子力所能及的。

培养孩子的主人翁意识

孩子在妈妈的心里永远都是长不大的，有的妈妈认为家中的“待人接物”都是与孩子没有关系的。在这样的情况下，孩子也理所应当地以为这些事情都是应该由妈妈来处理的，长此以往，“事不关己高高挂起”的心态就会在孩子的潜意识里形成。

其实孩子根本不懂什么“主人翁”，也没有“小主人”这个概念。随着孩子的长大，需要扮演主人的机会也越来越多，孩子是十分渴望学习作为“小主人”哪些事该做、哪些事不该做的。帮助孩子做一个周到热情的小主人，就是每一个妈妈该做的事情。

妈妈要让孩子做好小主人，最重要的还在于日常行为中做习惯的训练。当家中来了客人的时候，妈妈要把孩子看成是接待员之一，让孩子知道自己该做什么，给孩子一些接人待物的机会，让他给客人端茶、送水果，等等。当客人中有和自己家孩子同龄的小孩儿时，有的时候可适当地将话题抛给孩子，让孩子学会邀请小朋友一起出去玩儿，使孩子学会在客人面前轻松地说话。一些聪明的妈妈还会故意留点时间，让孩子和客人单独相处，从而培养孩子与客人交谈的能力。

作为妈妈的莉莉说：“接待小朋友是培养孩子主人翁意识最好的机会，也最能够反映孩子行为的优点和不足。每次家中来了小客人，我都会把接待小客人的任务完全交给我的孩子，让他给小客人拿饮料拿水果，并且带着小客人一起去玩玩具，和小客人做游戏，等等。同时，我还会让孩子照顾好小客人，既要保证小客人玩得高兴，又不要乱打乱闹。”

莉莉说在这个过程中有一个问题需要大人注意的，由于孩子年龄还小，在开始的时候孩子既不知道招待客人应尽的义务，也同样不知道作为主人有什么样的权利。而一些小孩子对小客人的破坏行为要么是放任不管，要么是毫无办法，这种主人当起来就会让孩子感觉非常委屈。妈妈们可以让孩子明白，小主人在热情接待客人过程中，也要注意保护好家中的物品。莉莉会告诉孩子主动地将东西拿出来给客人玩，给客人吃，这些孩子还小，开始的时候父母应该给予提醒，如果小客人随便乱动，是可以制止的。这样，孩子当主人就有了分寸。

送走客人时，莉莉也会要求孩子一起向客人道再见。这就是莉莉培养孩子小主人翁意识的关键所在。

让孩子从小学习待人接物是一件非常有必要的事情。良好的待人接物习惯，不仅对孩子的交际能力有帮助，还对孩子对社会的适应能力有着促进作用。妈妈们应该学会在日常生活中灌输孩子主人翁意识，让孩子知道自己应该做什么、不该做什么。培养孩子的责任心，最关键的一点就是培养孩子的主人翁意识。

在生活中，妈妈们要帮助孩子学做小主人，就要做到以下两点：

1. 要树立孩子的小主人意识

由于很多妈妈一直没有想到要培养孩子的主人翁意识，让孩子充当小主人的角色，很多孩子没有意识到自己是家里的小主人。那么对于妈妈来讲应该怎么办呢？首先可以从强化“小主人”这个词入手。家长可以以一种不经意的方式，选择一个较轻松的环境，然后给孩子讲解什么是主人，告诉孩子“主人”在字典上的解释是“接待客人的人”。搞清楚词义后，家长接着与孩子进行交流，此时可以问孩子：“我们家如果来了客人，谁是主人呢？”孩子自然会明白。等到真的有客人来家里的时候，妈妈可以向客人介绍说：“这是我们家的小主人。”或者对孩子说“小主人，快给叔叔阿姨拿水果去”之类的话。总而言之，妈妈们可以多用“小主人”这个词来强化孩子的主人意识，让孩子意识到自己是家中的小主人。

2. 要让孩子明白小主人必须尽的义务

既然主人是接待客人的人，所以只有让客人高兴了，想客人之所想，才能成为好主人。那么父母要怎样接待客人呢？首先，妈妈应告诉孩子接待客人的一些基本的常识，比如主动热情地和客人打招呼、给客人倒茶倒水等，让孩子明白做什么事情才能够体现出小主人的地位和意识。

让孩子在家庭中享有平等的权利

要使孩子变得合作、友善、自制，最大限度地促进孩子的独立性和社会责任感的形成，使孩子更活跃、开朗而外向，父母首先需要做的，就是努力营造一个民主和谐的家庭环境。更为重要的是，让孩子在平等的环境中生活，让孩子感受到父母的尊重。

“挑剔中成长的孩子学会苛责，敌意中成长的孩子学会争斗，讥讽中成长的孩子学会羞怯，羞辱中成长的孩子学会愧疚，宽容中成长的孩子学会忍让，鼓励中成长的孩子学会自信，赞扬中成长的孩子学会自赏，公平中成长的孩子学会正直，支持中成长的孩子学会信任，赞同中成长的孩子学会自爱，友爱中成长的孩子学会关爱。”可以说，孩子的成长就如这首小诗所说的那样，是在环境的影响下成长的。孩子早期大约有 2/3 的时间要在家庭中度过，而且完全依赖成人，所以家庭环境对孩子的成长有着相当重要的影响。

有人把家庭比作人生之海中的一只小船，孩子凭借父母之船遮风挡雨，劈波斩浪。父母两人如能齐心协力，即使在滔天的波浪中也能维系小船的平衡，让孩子感受到安全。要是父母离心离德，心不往一处想，劲不往一处使，那么在风平浪静中也可能船翻人亡。小船既可以成为孩子健康成长的摇篮，也可能成为孩子的毁灭之舟。

可以说，父母是孩子人生的第一个启蒙老师，他们对孩子的影响，有时决定了孩子一生的命运。权威机构经多年研究发现，父母对待孩子存在着以下几种教养类型。

1. 期待型

父母不顾子女的天赋，把自己的夙愿寄托在子女身上，希望子女完全按照父母臆想的要求和标准去做，这样的父母对子女往往期望值过高。倘若父母持有这种态度，而子女的能力不能达到父母的要求，就容易使子女的意志消沉、自卑、冷淡，没有活力，缺乏自制。

2. 溺爱型

父母对子女的要求、主张、意见无条件接受，对子女过分喜爱，想尽一切办法迎合子女的要求，即使子女做了坏事也为其申辩。这种以孩子为中心的家庭容易给子女的性格和情绪发展造成扭曲，这种孩子即使微小的要求未能得到满足，或稍遇挫折，也会哭泣、叫喊、胡闹。其缺乏自我控制能力，往往以自我为中心，与周围环境不协调，适应社会的能力极其脆弱，缺乏独立性和创造性，缺乏忍耐力，追求某些强烈刺激，对人对己、对事对物缺乏责任心，经常期待他人的帮助。《名贤集》中的“藤萝绕树生，树倒藤萝死”说的就是这个道理。

3. 严厉型

父母对子女虽有疼爱，但常以严厉、顽固、强迫的态度去禁止、去命令、去训导子女。严格控制孩子的一举一动，要求他们绝对服从父母的意志和愿望，稍不如意，就对孩子进行变本加厉的呵斥。倘若父母持有这种态度就容易使子女对学业成绩、各种训练激起反抗，产生厌学、无责任心、不合群等行为和现象，进而导致他们的非社会行为或反社会行为的产生，或只是表面上唯命是从，做得很好，其实逃避现实，结果成了一个阳奉阴违的人。

4. 干涉型

干涉型大致与期待型相同，为了能使孩子变得更好，事无巨细地去照顾孩子，不吝唇舌地终日唠唠叨叨。在这种类型父母管教下的子女身心发育迟缓，情绪不稳定，遇到挫折容易失去控制，忍耐力差，总想推卸责任。因受大人过多照顾与保护，影响了和同龄孩子的接触，因而成熟也较迟缓，依赖性强，冷淡、孤僻，对社会不适应，做事敷衍，不善独立思考，似乎没有独立的灵魂，缺乏远大目标和理想。

5. 矛盾型

父母当中的某一方，对于子女的同一行为，有时斥责、禁止，但有时却宽恕、勉励。在不同时间和不同场合对孩子的教育态度前后矛盾，或者父母的态度不一致。如母亲斥责孩子而父亲却充当港湾，使孩子陷入激烈的矛盾和混乱。

在这种养育态度下，子女行为没有规律，情绪不稳定，经常处于紧张不安状态。虽有时受到优待，但不知什么时候又要被训斥，也不知为什么。

在这种分歧态度养育下的子女，被两种权威、两种命令和意图夹在中间，往往处于无所适从的地步，造成精神上的极度不安。特别是父亲严厉而母亲过于保护时，孩子大多有激烈的反抗性，有时甚至会出现叛逆的倾向。此外，有的孩子想把攻击性隐蔽起来，表面上很老实、畏首畏尾，一旦假面具被揭穿，就立刻变得残忍冷酷。

在一些家庭里，父亲是支配者，母亲是服从者，但有一些家庭，母亲是家庭权威，父亲处于服从地位。在这种情况下，子女会轻视父亲，怨恨母亲，或者男孩有女性倾向，而女孩会男性化。

6. 民主型

父母之间感情和谐，家庭气氛融洽，对子女温柔、关心，给孩子必要的帮助和鼓励；能够设法了解孩子，能和孩子经常沟通，感情和谐；尊重孩子的人格和权益，给孩子适当的独立和自由，鼓励孩子发表自己的见解，要他们学会解决自己的问题，让孩子感受到家庭的责任。总之就是“指导而不支配，自由而不放纵，尊重而不溺爱，鼓励而不怂恿”。

在民主型的家庭中，孩子会变得合作、友善、自控，有较好的适应能力。这种家庭能最大限度地促进孩子的独立性、积极性、首创精神和社会责任感的形成，孩子会更活跃、开朗而外向。年轻的父母都期望把自己的孩子培养成为自信、自强、有道德、有能力的人。那么，年轻的父母们就应该从自身做起，为孩子营造一个良好的家庭环境。

第一，需要正确理解父母的威信所包含的真正含义。孔子曰:“其身正，不令而行；其身不正，虽令不从。”父母的威信是父母和孩子之间的一种积极的、肯定的相互关系，这种关系的基础，是父母对孩子的尊重与孩子对父母的爱戴，不是训斥与听命、支配与服从的封建君主专制式的“威信”。在生活中，父母对孩子的关心与帮助，对孩子人格的尊重与信赖，可引发孩子内心深处的真诚感激，并激励孩子努力按照父母的要求去做。这样，日久天长，父母和孩子之间就会形成亲密的关系，父母在孩子的心目中，也就自然而然地具备了一种建立在威信基础上的巨大教育力量，即威信的力量。由此，创建家庭民主氛围，不仅不会有损父母的威信，相反，更有利于培养孩子的独立性，有利于孩子天性的自由发展和健康人格的塑造。

第二，尊重孩子的人格，给孩子个人自主权，维护孩子自尊心。我们在教育孩子尊重父母、尊重他人的同时，父母也要尊重孩子，不要把孩子看成是自己的附属物，而是应该把孩子当作一个独立的个体，尊重孩子的人格。在与孩子交谈、讨论问题时，持平等认真的态度，要尊重孩子的爱好、兴趣，语言要平和、亲切，不要粗暴地训斥孩子，即使在孩子做错了事的时候，也要晓之以理，循循善诱，维护孩子的自尊心，尊重孩子的意愿，给孩子个人自主权，要让他们积极参与家庭的各种活动，并鼓励孩子提出自己的意见，说出自己的想法。父母在倾听孩子的意见后，对孩子的正确想法和行为应给予充分的肯定，还要经常和孩子讨论问题，谁讲得有理，就听谁的，以理服人。

第三，父母之间要互敬互爱、互谅互让。父母是孩子的第一任老师，一言一行对孩子有着潜移默化的影响。因此，父母之间要有民主作风，即使发生矛盾或者摩擦时，双方也要心平气和地讲道理，妥善处理，以身作则，要求孩子做到的自己首先做到，而不能当着孩子大吵大闹，拳脚相加，用粗暴的方式解决问题。只有夫妻和睦，才能创造温馨的家。

第四，要明确告诉孩子他所拥有的权利。孩子作为一个独立的个体，作为家庭一员，他应该拥有自己的权利，同时，也必须承担一定的义务。因此，在孩子小时候，父母就应该明确地告诉他，他拥有哪些权利和必须承担的义务。

从生活细节上关爱孩子的成长

苏联著名的教育家苏霍姆林斯基说过这样一句话："教育是关心备至地、深思熟虑地、小心翼翼地去触及孩子年轻的心灵……当然，教育者还要具备一种对美的精细的感觉。"这便是告诉我们，作为母亲，从教育孩子的角度上来说，一定要注意到孩子的心情、心境。只有在细节上关怀孩子，才能够让孩子感受到真正的爱。

是的，一切的教育都是从对孩子天性的理解开始的，妈妈们在教育孩子的时候，一定要充满耐心，包括耐心地去倾听孩子的每一次谈话，细心观察孩子的每一个眼神，从生活中每一个细节来分析孩子当时的心理。也就是说，无论什么样的教育都应当体现妈妈对孩子的人文关怀，而这种关怀需要从生活的细枝末节入手，让孩子感受到妈妈的理解和尊重，从生活的点点滴滴中，去关爱孩子，从而影响孩子的心灵。

现实生活中，很多妈妈白天要忙工作，晚上回家还要做很多的家务，她们会抱怨自己没有时间对孩子的细节进行管理和关爱，或者由于工作忙、生活压力大，或者由于疏忽，因而对孩子关心不够。当孩子出现问题之后，或许妈妈们才会明白关爱对孩子的重要性。

已经15岁的梅梅跟年仅11岁的妹妹吵架，妈妈批评了她俩，梅梅竟负气地离家出走了。妈妈焦急地四处寻找，因梅梅的爸爸在香港经商，平时很少有时间回来看自己的两个女儿，一切的事情都要妈妈来照顾。幸好到了晚上，梅梅的父亲打电话说孩子去找他了，妈妈这才算松了口气，但却产生了深深的担忧。妈妈记得一次保姆告诉她，梅梅平时脾气暴躁，动不动就会打妹妹，说自己的家人更爱妹妹，对她却很少关心，一犯错就怪梅梅，梅梅还说过几次想跳楼。

而实际上，平时妈妈对两个孩子都是一视同仁、公平对待，并没有任何的偏向，毕竟都是自己的孩子。更让妈妈着急的是，当她对梅梅的父亲讲起孩子的一些值得关注的表现时，孩子的父亲却总是不以为然，觉得小孩子不会有什么问题。

很多时候妈妈给孩子一样的玩具、一样的食物，不管是什么都进行平均分配，认为这样就是所谓的公平，但是事实上，这正是对孩子的不公平。因为，不同年龄段的孩子对不同的东西有不同的要求，而不同年龄段的孩子所需要的东西更是不一样的，用物质衡量和代替解决不了任何的问题。

米琪清晰地记得去年儿子生日的那天，当她一回家，儿子就兴冲冲地跑过来告诉米琪："妈妈，今天我收到一份最好的礼物，你猜猜是什么呢？"望着儿子高兴得发红的笑脸，米琪说："一定是什么新鲜玩具了。""不对，今天老师表扬我了，说我的作业做得非常好，是班里做得最好的。"听了这话，米琪心中一阵惊讶，心想老师的一句表扬竟然胜过自己的任何礼物，这个时候米琪才意识到儿子长大了，不再是只需要玩具店的那些新鲜玩具的小孩儿了。

细细想来确实也是这样的，由于平时米琪对儿子的要求很高，在平时检查他的作业时，做得好的话，她会觉得这是理所当然的事，根本不会对孩子有所赞许；相反，做得不好的地方，米琪总是会横加批评，甚至大声训斥孩子。久而久之他感到的只是批评和训斥，在米琪的眼里孩子永远是做不好的，而现在米琪发现老师的一句表扬竟然让孩子感到了对自己的认可，感到了无穷的快乐，这句夸奖胜过了任何礼物。

经过这件事情，米琪认识到做事情要考虑孩子的心理，所以在以后的日子里，米琪会更多地考虑孩子的心理要求，看见儿子有进步的地方，不管是学习上的进步还是在生活中的进步，她都会对孩子进行表扬。当孩子有做得不到位或者是不好的地方，妈妈就会及时加以纠正，使他逐渐找回自信心。

好恶分明是米琪儿子最大的特点，对于自己感兴趣的事情，他会非常愿意去做，并且做得又快又好；相反，对于那些没兴趣的事情他就会敷衍了事，甚至产生抵触心理，即便妈妈再三要求，他也会磨磨蹭蹭，既做得不好也会浪费很长时间。这样越是做不好，就越不会有兴趣，渐渐地就形成了恶性循环，米琪发现最明显的例子就是孩子的语文成绩。

米琪觉得儿子比较粗心，在做语文作业的时候经常会做错，不是字写错了，就是成语用错了，时间长了，儿子就失去了兴趣，每次做作业的时候如临大敌，孩子要么很快地就做完了，要么就是不会做，再加上考试成绩不好，更是让他对语文失去了兴趣。因此，米琪不时地告诉儿子，要相信自己，要多动脑，只要改掉粗心的毛病，这样就能够考到好成绩，也能够得到老师的“优”，并要求儿子把每一次的练习都当成是一次小型的考试，认真对待，不要放过任何一次证明自己的机会。在平时生活中，米琪还会利用交谈的机会，给孩子讲解语文知识，尽量用一些小案例或者是一些生活小故事来帮助孩子学习，这样渐渐地孩子对语文产生了兴趣，他的成绩也就慢慢地好了起来。

所以，米琪通过对孩子的观察发现，对孩子的教育首先要为孩子确立一个符合他自己的实际的目标，在点滴的关爱中鼓起孩子在各方面学习的乐趣，使孩子勇敢地去克服困难，不断进步。体贴孩子和关爱孩子是最根本的办法，鼓励孩子多参与，对孩子的需求积极回应，这对孩子的成长相当重要。孩子是需要体贴和爱护的，这对于孩子情绪的安定和感受亲子间的亲情有着至关重要的影响。如果妈妈能给予温暖的关爱、体贴的照顾，从生活细节去关照孩子以及肯定孩子的优点，这有助于孩子认知能力和情商的发展。

妈妈不但要关注孩子生理上的需要，对孩子的吃喝拉撒都要十分关心，还应当关心孩子心理上的需要，经常和孩子沟通，耐心倾听孩子的诉说，了解孩子的思想，多多给孩子支持和正确的引导，进行平等的双向的交流。作为妈妈，应当对孩子的教育有一个全面的深刻的认识，从生活的点点滴滴入手，时刻不忘对孩子予以关注。

1. 妈妈们要一切以理解孩子为出发点

常言道“理解万岁”，可见此话有着十分重要的意义。我们都希望自己的意愿得到别人的理解。其实，我们的孩子也是一样的。他们也希望自己的妈妈能够理解自己，他们也有美好的愿望。只是有时他们不知道怎样来表达而已，甚至会选择用不恰当的方式表现出来。如果妈妈不能够正确地理解孩子，就很可能会打击孩子的思想，扼杀孩子心灵的纯真。因此，不管孩子做出什么样的事情，妈妈首先要做的就是站在孩子的立场上，去理解孩子，即便孩子犯了错误，也要理解孩子，然后再跟孩子讲明道理，只有这样孩子才会有更好的发展。如果连妈妈都不理解孩子，那么孩子会觉得自己的生活失去了意义或者是没有了价值。

2. 给予孩子无私的关爱

要想真正成为孩子最信赖的人，让孩子信任自己并不是那么容易做到的，要实现这一点就要具备慈母的爱。母爱是人世间最神圣的感情，所以说要让孩子感受到来自母爱的真情，因为这种感情最没有利禄之心掺杂其间。在孩子的眼里，老师是威严的长者，因此，很多时候孩子不会选择将自己的真心话说给老师听，而妈妈是自己身边最亲近的人，他们希望妈妈能够听到自己的真心话，但是，如果孩子对妈妈产生了不信任的感觉，自然也不会将自己的心里话说给妈妈听。因此，在生活中，妈妈要让孩子知道，你是多么关心他、爱护他。如此一来，孩子自然就会敞开心扉。

3. 每天尽量多地和孩子在一起

现代社会随着经济的高速发展，人们的工作压力也很大，妈妈们可能因为工作忙碌，和孩子在一起生活的时间会很少，教育孩子的时间也就更少了。所以说妈妈们要注意，千万不要忽视或中断了“亲子关系”的纽带。妈妈们即使再忙，也要抽出时间来照顾孩子，多和孩子进行互动和交流，从而建立良好的亲子关系，这样对于孩子的成长和身心发展是非常有帮助的。

做孩子永远的支持者

美国现代教育家约翰·杜威说过这样一句话：“做孩子永远的支持者，永远爱孩子，永远赏识你的孩子，而没有任何附加条件，这样才能让他真切地体会到父母的爱。”父母的支持对于孩子来说是非常重要的。在孩子的成长过程中会有来自不同人的支持，然而只有父母的支持才是坚强的后盾，才会让孩子感受到无比的幸福。

妈妈们应该成为孩子永远的支持者，无论发生什么事情，妈妈对孩子的爱都不会改变。妈妈可能会表扬或批评孩子某些具体的行为，但是对孩子的呵护关爱却是毋庸置疑的。世界上很少有不爱自己孩子的母亲，也只有在妈妈永远的无条件地支持和家庭温情关怀下，孩子才会感受到温暖和快乐，才会变得更加自信和努力，在自己以后坎坷的人生中，才会勇敢地去面对生活中的困境。

妈妈是孩子的守护神，如果一个孩子没有了妈妈的支持，那么他就像是一株无根的水草，不知道自己未来的方向。当然，妈妈也是孩子的辩护律师，是孩子心中不灭的灯。孩子需要妈妈对自己的支持，也希望妈妈一直爱他们，不管他们在生活中，做得是对还是错、是成功还是失败，但在精神上，妈妈都是他们永远的支持者，因为这意味着妈妈对孩子无条件的爱。

阳阳今天放学回到家里似乎心情很不好，他撅着小嘴，怒气冲冲地把书包狠狠地扔在桌子上，说道："冬冬那小子太坏了！他在班上大声喊我白痴，而且还不止一次地喊！我想上去跟他理论，他还差点把我推倒在地！"妈妈一听，马上说："冬冬肯定不会无缘无故地这么做。你是不是先做了什么事情，让冬冬不开心了？你都干什么了？"

阳阳余怒未消地说："我做什么了？我不过是在体育课上跑步的时候，不小心撞了他一下，这有什么呀，本来跑道就特别窄，那么多同学一起跑，我也不是故意的，他就那样侮辱我！"妈妈说："瞧！我就知道，冬冬不会无缘无故地骂你，你一定把他撞疼了！"听了妈妈的这话，阳阳更加气愤了，狠狠地跺着脚嚷道："你一点也不关心我，你就知道替别人的孩子讲好话！"说着，把门一摔，冲出了家门。

在上面案例中，阳阳的妈妈并没有起到帮助孩子消除气愤心理的作用。当孩子受了委屈的时候，他希望能够向妈妈诉说时，而此时他希望妈妈能够理解自己，做自己的支持者，而不是支持别人。孩子在困难的时候，如果得不到妈妈情感上的帮助，只会导致矛盾的升级，根本达不到妈妈想要的结果。许多妈妈自然会说："我的孩子肯定知道我很爱他。"

实际上，孩子往往很难分清妈妈是生气还是不再爱他了。就像上述案例中，阳阳将妈妈的严格要求和分析误以为是不在乎不够关心，也会觉得妈妈对自己的爱不够，他小小的心灵会觉得是雪上加霜，使他对妈妈越来越疏远，甚至会影响到亲子之间的感情，沟通也会难以进行。

妈妈可以通过很多种方式来对孩子表达支持与爱。在必要的时候，妈妈应该对孩子的某个行为表扬或批评时，一定要让孩子知道你不管是批评还是表扬都是爱的一种表现，当孩子的情绪不够稳定时，妈妈可以先放弃"理"，先去体会孩子的感受，让孩子感受到妈妈对自己的支持和体谅，如，妈妈们可以对孩子说

“你一定很生气吧？你很尴尬吧”，这样的话有助于沟通的进行。在妈妈要讲自己道理的时候，最好先让孩子发泄一番，等他心平气和时再讨论事情本身的对错。首先让孩子感受到妈妈的爱和对自己的支持，妈妈才能教孩子以正确的心态和方法去处理矛盾。

要永远支持孩子，要随时观察孩子的表情变化、微笑地倾听孩子的心声、用话语来进行沟通。要客观地衡量孩子的所作所为，千万不要打击孩子的内心，要给孩子尝试的机会，要鼓励孩子在修正自己的行为中成长。

有人比喻孩子就像是翱翔在天际的风筝，而妈妈的爱和支持，就像是拉绳线一样，永远牵系着孩子。

妈妈的支持对孩子来讲就像是大地一样，让孩子感受到爱的坚实；妈妈的支持就像是海洋，让孩子沐浴在爱的波浪中；妈妈的支持对孩子的成长是助推器，让孩子飞向无量的前程。那么，妈妈该怎么做呢？

1. 做孩子背后永远的支持者

成成在十六岁那年报名参加了全市篮球比赛，他准备给妈妈一个惊喜。可由于他求胜心切，发挥失常，最后他所在的队，连最差的名次都没拿到。比赛结束后，他独自坐在凳子上，心里十分悲伤和痛苦。过了很久，他默默站起来，正准备离去，突然，他发现在不远的看台上，有一个人正对自己微笑。他当然看清楚那是谁，“是妈妈！”他飞奔过去，一下扑在妈妈的怀里，放声地大哭起来，边哭边责问妈妈：“为什么你在看台上，也不下来安慰我？”

妈妈笑着对孩子说：“儿子啊，人生最难的路要自己去走，妈妈如果一味地帮你，那么如果有一天妈妈不在你身边了，谁去帮你呢？”“那你为什么还来看我比赛？”儿子责问妈妈。此时，妈妈回答：“孩子，无论你多难，无论你比赛的结果怎么样，妈妈都会站在你的身后，永远地看着你支持你……”

第二年，还是在这个体育馆里，还是一样的比赛，成成所在的篮球队战胜了所有的对手，获得了冠军。有人问他为什么这次表现得这么出色，并且还进步这么大，他说："这是因为我知道妈妈一直站在我的身后，一直在支持着我，她用她充满慈爱、鼓励的眼神在看着我，我必须要做得更好。"

高尔基曾经这样说过："爱孩子，这是连母鸡都会的。"可是爱孩子，却需要爱的智慧。爱孩子首先就表现在支持孩子方面，孩子的人生中会出现各种各样的挫折，那么要想让孩子勇敢地接受挑战，那么妈妈就要支持孩子，让孩子自己勇敢地面对困难，在战胜挫折中长大、成才。

2. 妈妈要支持孩子伟大的梦想

一个出生在普通农场工人家庭的男孩，在老师布置的作文《长大以后做什么？》中这样写道：我长大后，要拥有一座美丽的庄园，在庄园中，有无数的小木屋，当然，还会有人们喜欢的烤肉区、钓鱼区，有我喜欢的葡萄园、玫瑰园，还有高尔夫球场。老师在看了他的作文之后，给他的评语是差，让他重新写，并且对他严苛地说道："你不要想些不着边际的事情了。你没有钱，你的家庭是那么普通，根本没有家庭背景，靠什么得到一座大农场呢？那可是要花很多钱的大工程，是具有一定经济地位的人才能够拥有的，你不可能做到的。"

男孩感到很委屈，回家后征求妈妈的意见，妈妈告诉他："儿子，妈妈支持你的梦想。人要敢于做梦。只有拥有了梦想，人才有奋斗的动力，人生才会有奋斗的方向。"

再三考虑之后，男孩做出了一个决定，那就是坚决不改作文，一个字都不改。他告诉老师："老师，即使您给我批复了'差'，我也不会放弃自己的梦想。"三十几年过去了，这位老师带着一群学生到一个美丽的度假村去旅游，遇到了庄园的主人，那位度假村的主人就是当年那个作文不及格的学生。当时，那位老师感觉到很惊讶也很惭愧。

对于孩子来讲，很多时候，他们需要的是来自妈妈的支持，所以要尽量支持孩子的梦想，即使你认为它是天方夜谭。因为孩子是属于未来的，没有人能够预料未来孩子会发展成什么样子，敢于梦想，就是迈向梦想的第一步。妈妈们要支持并引导孩子去找到通向梦想的大门，并勇敢地帮助孩子推开这道大门，而不是以怀疑、嘲笑、否定的态度对待它。在妈妈的支持下，最终孩子的梦想将不会是天方夜谭，终有实现的那一天。

3. 支持孩子的兴趣和爱好

明明是个热爱运动的孩子，他尤其喜爱打乒乓球。在家中，他的卧室里有很多乒乓球冠军的照片，明明喜欢乒乓球胜过一切。

每天放学后，明明都要和小伙伴们在学校打一会儿乒乓球才肯回家。每当有乒乓球比赛的时候，他从不放过观看的机会。开始，妈妈看明明如此入迷，担心他会影响学习，决定与他好好谈谈。

明明热切地说："妈妈，我一定不会让打乒乓球影响到我的功课，实际上，它还可以促进我好好学习呢！每次我学习累的时候，打一会儿乒乓球就会瞬间感觉轻松了很多，同时，我的身体也变得强壮了，记忆力也提高了不少呢。"

很多孩子都有自己的兴趣爱好，但是得不到妈妈的支持，因为妈妈总是觉得孩子的兴趣爱好对其成长没有任何帮助，其实，对于孩子来讲，他们在特定的年龄段需要的往往是开心和快乐，而妈妈支持他们的爱好和兴趣就能够让他们感受到无比的快乐，这就是对孩子成长最大的帮助。

对孩子适当妥协

当父母在思想上与孩子不和的时候，很多父母都会表现为怒发冲冠，他们很难在这样的情况下还保持冷静、友好的态度。这样往往会激发矛盾，若是父母在矛盾升级前向孩子妥协，退出争吵，当只剩下孩子自己的一人的时候，他就会自觉无趣地放弃。在妈妈和孩子思想上发生冲突和矛盾的时候，切不要以为孩子一定要遵从自己的想法，按照自己的意见来。适当地做出妥协，让孩子有一个自由的空间，往往效果会更好。

对于孩子来讲，要坚持一件事情可能不太容易，而这个时候妈妈们应该给予支持，但是当孩子与家长思想出现矛盾或者是行为上出现冲突的时候，妈妈们不妨站在孩子的角度进行思考，千万不要让孩子违背自己的思想，跟从你的思想，所以说这个时候你不妨尊重孩子，妥协一次，从而让孩子更加自信。

张浩是一个比较听话的孩子，但在爷爷家度过了一个暑假回来之后，父母发现他有了小脾气，常常为一些小事没完没了地闹，妈妈越小心，张浩越难侍候，像一只小刺猬，搞得妈妈很头痛。在爷爷奶奶家受到了什么特殊待遇不得而知，但妈妈对张浩却变得无所适从。妈妈要带张浩出门去做客，让他换下身上的脏衣服，张浩一口拒绝。妈妈将衣橱里所有的衣服都拿出来吸引张浩，他就是不换。“你不想去冰冰家和冰冰玩了吗？”“想。”“那你就得换衣服，你已经5岁了，该懂得什么是脏、什么是净、什么是漂亮，到别人家做客就应该穿得干干净净漂漂亮亮的。”“不换，就是不换！”妈妈渐渐失去了耐心，抓住张浩开始扒他的脏衣服。张浩拼命挣扎，大喊大叫，将妈妈好不容易给他穿上的衣服又脱了下来。妈妈气得在张浩身上打了几下。张浩哭得更加厉害，转身又将那件脏衣服穿上，泪眼婆娑地看着妈妈。妈妈真不知如何是好，只好蹲下来说："宝贝，一会儿妈妈给你买电动手枪，对门林林有的那种。"孩子点点头，"那把衣服穿上好吗？"妈妈费了九牛二虎之力，终于给张浩穿上了干净衣服。

张浩的目的是要好好展示一下自己的权威，他可以不听妈妈的话，逼着妈妈与他"打仗"。而妈妈也正如他所希望的那样与他争执不休，因为妈妈要带孩子出门做客，因此无论如何也要想办法让孩子换上干净衣服。妈妈的这种心理张浩可能也有所察觉，因而更有兴趣与妈妈周旋一番。

这种情况下妈妈只有两种选择，一是如上所发生的那样，妈妈最终采用"利诱"的办法，这当然是不明智的，因为这样等同于鼓励孩子下次如法炮制。不妨换一种方法，向孩子说明做客必须穿干净衣服，如果孩子不换衣服，只能取消去做客，然后让孩子考虑 5 分钟做出决定，若超过 5 分钟便给朋友打电话说明情况取消这次活动。说完应该回到自己房间或去干自己的事情，摆出可走可不走的姿态，将这次是否去做客的界线确定为完全取决于孩子是否换衣服。这样张浩就没有必要再向母亲示威了，除非张浩根本不想去，否则妈妈的策略是有把握成功的。当然妈妈这样可能会做出一定的牺牲，一次很好的聚会可能被迫取消，搞得朋友也不开心，但这样做不仅仅为这一次的事件找到了出路，更为今后避免了不必要的麻烦。

小东升 4 岁，吃饭时一不小心把粥碗弄翻了，洒了自己一身。妈妈应声赶到，看到这桌上地下的脏乱情景，不由火往上冒，但她只是对小东升说："怎么不小心点，快来孩子，我们去洗一下，换件干净衣服。"

小东升跟着妈妈到了洗手间，等妈妈放好水，给他准备好衣服后，小东升却突然改变了主意，不让换不让洗，躲躲闪闪的。

妈妈给小东升讲了一会儿道理，仍不奏效，生气中的妈妈按捺不住，上去紧紧抱住他，把他放到了澡盆里。小东升又哭又闹，在澡盆里哭天喊地地挣扎，妈妈只好抓住他的胳膊用力按住他，将他的胳膊抓出了一道红印儿。待擦净穿衣一切弄好后，小东升抽泣着将自己关在房中，仿佛受了莫大的委屈伤害。妈妈也回到自己的屋里，感到一阵阵的内疚。本来是很轻松愉快的一顿午餐，却搞得儿子苦不堪言、母亲气喘吁吁。

这件事不妨这样处理，做母亲的或许能少受许多周折。在小东升拒绝换洗时，妈妈应告诉他："这么脏不但自己身上很不舒服，也会将其他东西搞脏。"如果孩子坚持不换，妈妈可以走开，继续做自己的事，孩子身上的确不舒服会回来重找妈妈的。

"兰尼，晚餐好了，进来吃饭吧。"妈妈对在院子里玩的6岁的孩子喊。"好的，一会儿就来。"

爸爸和妈妈在桌旁坐下来，等了一会儿，见兰尼还没有来就开始用餐。过了一会儿兰尼跑了进来，看父母已开始吃饭，并没有招呼他，有些不自在，在自己座位上坐下，挑剔地看了看面前的盘子："又是炒芹菜土豆丝，我不爱吃，我要吃牛肉炖柿子！""不要闹，兰尼，家里没有现成的牛肉，要到市场上去买，还要用高压锅煮熟，今天就吃这些，明天我们再做好不好？""不，我今天就要吃牛肉炖柿子。""好孩子，快吃饭。""我不。"兰尼将身体仰靠着椅子背，将眼睛盯着天花板，一副不罢休的样子。一直未开口的爸爸很生气，说："你妈做什么你就吃什么，再这样闹下去就回自己的房间。"兰尼转身离开了，但不是回到了自己的房间，而是跑到外面找朋友玩去了。

父母让兰尼吃饭却毫无效果，不难预料下次兰尼会变本加厉，让父母感到无可奈何。不管兰尼是真的不愿吃芹菜土豆丝，还是他不饿，或只以此为借口挑起事端，事件发展到权利的较量，爸爸要命令兰尼吃饭，兰尼却拿定主意不吃，看你怎么办。如果爸爸硬将饭菜灌入孩子的嘴里，甚至更强烈点将兰尼打一顿，其结果是孩子大哭一场，不能继续晚餐，父亲是否就胜利了呢？没有。在兰尼眼里，他成功地挑起了事端，使父亲气急出手，却仍不能使他吃饭，他还是成功了。因此他眼里虽然要流着委屈的泪水，但心里却在品尝着成功的喜悦。

在这件事情上，若是父母稍稍妥协地处理，那么结果又是如何呢？当兰尼走进餐厅的时候，看到父母正在用餐也没有招呼自己，心里自然有些不舒服，所以借题发挥想要看父母的态度。这是孩子在被忽视后的一种自然反应。若是此时兰尼说："我不喜欢吃芹菜土豆丝，我要吃牛肉炖柿子。"妈妈的回答是："兰尼，你要想吃牛肉炖柿子，我们明天可以做。可是今天晚餐就只能是芹菜土豆丝了。"然而若是此时兰尼还继续闹，父母又不给予兰尼任何反应的话，兰尼自然而然也会觉得没有意思了。下面也就不会出现兰尼跑出去玩或者继续挑事端了。

其实，在这种情况下，母亲应该把握好度，在适当的时候从争端口撤出来。因为在家庭关系中，孩子总是想要依赖和母亲之间的联系来寻找到安全的归属感。当妈妈撤出后，留给孩子的则是一个人的孤独。孩子并不喜欢这样的孤独感，很快自己就会意识到错误，也会很快自觉改正错误。因为他们知道若是他们一直这样父母将都不会理会他们。在冷静之后有的孩子还会意识到自己的错误所在，主动到母亲身边以嘻嘻哈哈的方式表达友好，来缓解与父母之间的关系。

除了上面的这种情况，还有一种是孩子故意挑衅。他们想要探究母亲的底线到底在哪里，也想知道自己做了之后妈妈究竟会怎样对待自己。在遇到这种情况的时候，妈妈应该理性地从中撤离出来，这也是另一种告诉孩子界限的方式。孩子也会自己领悟出其中的道理，来调整自己的行为，和妈妈重新回到友好的状态中。

爱孩子，也教会孩子付出爱

妈妈们作为孩子的第一任老师，要让孩子明白一个道理，那就是目前的幸福生活不是一来就有的，都是由于父母的辛勤劳动以及学校里老师的教导和关心得来的，还有社会的关爱带来的，所以要让孩子懂得去关心别人、感激别人。让孩子懂得去感恩的目的是为了让孩子明白自己也是需要付出爱的。在这个社会中，感恩方面的教育是不应该流于形式的，而是要培养出孩子的爱心，只有懂得付出自己的爱，懂得感恩的孩子才会得到他人更多的支持和帮助，那么在今后孩子成长的道路上，也就会越走越顺利了。

孩子在成长的过程中，会感受到来自外界的很多的爱，不管是来自父母的爱还是来自朋友的爱，都会让孩子十分开心，但是作为妈妈，一定要教会孩子去付出自己的爱，一个不懂得付出自己爱的孩子是不会得到别人真心的祝福和爱的。要告诉孩子，如果他想要让更多的人爱自己，那么就要真心地去爱别人，因为爱是相互的。

昨天，圆圆的爸爸下班回来说眼睛干涩，并且头有点痛，连晚饭也没吃就回房歇息去了。当时，圆圆正在家里看电视。

于是妈妈嘱咐圆圆：“宝贝，今天爸爸不舒服，请你去看看爸爸，关心他一下，可以吗？”圆圆跑上楼，不到五分钟就下来了，然后继续看她喜欢的电视。

妈妈问她：“圆圆，你有关心过爸爸吗？”圆圆头也不回，仍然在看她的电视，应付说：“有啊！我有看过爸爸的。”

当时她聚精会神的样子，让妈妈很生气，妈妈很想把电视关掉，但是觉得这样做不会起到好的教育效果。

妈妈一边扫地，一边在心里纠结着。

过了一会儿，缓过神来的圆圆眼睛里含着眼泪，过来抱住妈妈，问道："妈妈，你不理我了吗？"圆圆的妈妈抱住她，"妈妈怎么会不理我们家圆圆呢，可是你在看电视就忘记爸爸在病着。这让妈妈很失望。圆圆可否记得当你生病的时候，爸爸妈妈、奶奶爷爷，甚至是表哥表姐都会陪在圆圆身边，甚至隔壁的阿姨也会来看圆圆是不是好点了，现在爸爸不舒服，难道圆圆不该去关心一下爸爸吗？在圆圆需要爱的时候，所有的人都会给圆圆爱，现在爸爸不舒服，难道圆圆不该给爸爸一些爱的力量吗？你的爱会给爸爸很大的力量哦！这个时候，爸爸很需要你的关心、你的安慰、你的陪伴……"

其实，妈妈还想告诉圆圆，爱永远不是单方面的索取，即便是孩子，也应学会付出自己的爱。

圆圆听完妈妈的话后，将电视关掉，然后上楼陪爸爸去了。还很认真地读她的儿童故事书给爸爸听呢！

作为妈妈，不仅要让孩子感受到来自父母的爱，更重要的是要让孩子从小就明白爱的真谛，学会主动地付出自己的爱，因为这样，孩子才会感受到真正的幸福，在长大后才能够真正地感受到爱。

1. 不要对孩子保护太多、干预太多，不要为孩子包办一切

如果妈妈对孩子的保护过多，那么孩子可能会觉得这是父母应该做的，渐渐地将会失去爱的能力，那样孩子就会渐渐习惯妈妈的包办代替，会认为这一切都是理所当然的。久而久之，孩子就很难再感谢妈妈对其所做的一切了。所以，妈妈要让孩子去做他们能做的事情，让孩子感受到爱的幸福。

2. 妈妈千万不要让孩子吃"独食"

从小让孩子吃"独食"并不是一个好习惯，这会让孩子觉得他吃好东西、拥有好东西是理所应当的，并且养成这个习惯之后，会不懂得分享的价值。如果孩子习惯了被给予，只知道索取，便很难在以后的生活中去考虑别人，这样会让孩子变得很自我。对于一个不懂得关爱别人的人，怎么可能会得到更多的爱呢？所以，妈妈们要避免孩子吃“独食”，让孩子从小学会分享，然后渐渐地学会付出自己的爱。

3. 不要“有求必应”，更不要“无求先应”，不要让孩子觉得一切来得太容易

对孩子提出的要求，妈妈应先思考一下是否是合理的，如果不够合理，妈妈们则需要坚决拒绝，并且认真地告诉孩子为什么是不合理的，给孩子一些经受挫折的机会。当孩子通过自己的努力获得了所需的时候，他才会知道在妈妈的爱和保护下是幸福的，渐渐地孩子才懂得付出自己的爱。同时，妈妈也不要预先对孩子承诺太多，以免孩子觉得这是自己应该得到的。

4. 经常给孩子讲一讲自己的工作艰辛

每一位妈妈在工作中都很不容易，但妈妈们却爱给孩子一张笑脸，给孩子一些超脱的环境，因为妈妈们希望自己的孩子能够更加快乐，害怕艰难的现实会给孩子带来生活的压力。其实，如果妈妈们能经常告诉孩子一些自己的苦恼，那么孩子会变得更加听话，也能够学会从妈妈的角度去思考问题，同样也就学会了付出自己的爱给妈妈。

5. 妈妈要为孩子做出榜样

身教的力量远远大于言教。如果家中有老人，那么有好吃的东西，妈妈要先给老人吃，逢年过节给老人送礼物，这些都要让孩子知道，妈妈们要给孩子做榜样，让孩子知道什么样的行为是对的，渐渐地，孩子也就会按照妈妈的所作所为来行事，自然也就明白怎么样来付出自己的爱。

6. 给孩子“回报”的空间

妈妈们要清楚自己最大的责任不是让孩子学会读书，而是让他首先学会做人，所以，孩子在成长的过程中，妈妈们一定要给他们创造“回报”的机会，让孩子敢于去付出自己的爱。

当孩子懂得付出、懂得“回报”了，他才会懂得珍惜、懂得体谅别人。

制订规范孩子行为的家规

在一般情况下，每个家庭都有治家的规范。在教育孩子的时候，互相理解是一种很自然的道理。所以说妈妈们有必要建立家规，在建立家规的时候，妈妈们首先要做的就是要树立“角色”的意识，让孩子明确“角色”任务。妈妈要让孩子从小就懂得家里有一些规矩人人都是要遵守的，有些事是大人可以做的，孩子却不能去做的。

很多家庭坚持的是父母制，在这种制度下，家里的一切均由一家之主说了算；而在民主型的家庭里，治家的规范则是建立在尊重每个家庭成员的意愿和义务的基础上的，在这样的家庭中，每个家庭成员都会有权表述自己的意见，即便是对于孩子来讲，他们也可以按照自己的想法表达自己的意愿，当然，不管是父母还是孩子，只要是家规中规定都要遵守的事情，就必须要遵守。

但这并不是说所有成员的权利和责任都是绝对同等的，这一点必须要清楚。例如，妈妈们可以要求孩子在早上见到问好，晚上讲晚安，而这一点也是家庭其他成员必须做到的；在家庭成员中，不管是谁离家外出、回家时都要对家庭的其他成员打招呼；不管是谁带同学回家或者是邀请客人的时候，事前都应该征求家里其他人的意见；可以规定家里公用的东西要有固定位置，用后要放回原来的位置；家里各人的东西都要自己保管好，不要随便乱放，不可随意乱翻别人的东西等。因为孩子的自我控制能力较弱，有的已经改正的坏习惯还是可能再犯的。因此，为了巩固孩子纠正不良的生活习惯所取得的成绩，一定要预防和纠正孩子不听话的坏行为，只要是订立的家规，就一定要相互督促遵守。因此，妈妈可以制订一些家庭规范，使孩子的行为有所约束。

小虎有一个很不好的习惯，那就是吃饭剩碗底，不管吃什么饭，也不管饭多少，都是那样。妈妈正确引导他，给他讲了粮食来之不易，并用一些具体事例开导他，与此同时，还定了严格的规矩，说在家庭成员中，不管是谁剩饭，都要受到惩罚。渐渐地他的这种坏习惯也改变了。

邱小姐的女儿小敏今年刚上幼儿园了，老师说她比其他同学都懂事。其实，邱小姐在女儿很小的时候就开始锻炼她自主的能力了，并且根据孩子的年龄和能力，邱小姐制订了简单的家规：自己洗澡，九点半睡觉，不喂饭等，而且邱小姐执行得很坚决，即便女儿哭闹，她还是坚持这样，并且规定了父母要做的事情，也规定了女儿应该做的事情。因此，女儿放学的第一件事就是写作业，写完之后还帮妈妈做点力所能及的家务。

孩子缺乏自我控制能力，如果养成了坏习惯就需要费力纠正，某些改过的还可能再犯。为预防和纠正孩子坏习惯的产生，可以制订一些家规，对孩子有所约束。

刘强上小学时，开始一边吃饭一边看书，影响消化也耽误时间，父母劝说多次也难以改变，父母发火也无济于事。后来父母跟刘强一起讨论怎么解决这个问题，刘强说，他已经习惯了，手里没有书，就不想吃饭。父母指出这样看书的效果差，也影响肠胃和眼睛的健康，跟刘强一起制订了整改时间和方案，并规定如果一个月以后还是这种状况，就不再给刘强买新书。刘强酷爱读书，不买零食和玩具可以，但每个月都要买很多新书。为此他决心改变自己的坏习惯，父母也按照约定，一个月内没有购买新书。一个月之后，刘强终于改掉了吃饭时看书的坏习惯。

从上面的案例可以看出，孩子本身年龄比较小，自控能力还很弱，那么妈妈们就应该帮助孩子去控制自己，避免孩子形成不良的习惯。如果孩子已经形成了不良的习惯，那么妈妈们可以制订适当的家规，督促孩子去改正。当然在制订家规的时候，一定要跟孩子讲解清楚，避免孩子产生反抗情绪和叛逆心理。家规制订出来后，不仅仅是孩子，家长们也一定要严格遵守，定期进行总结和变动；还要在执行家规的同时，改善家庭的软环境，对待孩子一定要尊重和关心，当孩子改掉了不良的习惯之后，家规可以适当地做调整，并且要给孩子夸奖和奖励。制订家规，预防和约束孩子的不听话行为，父母要注意：

1. 让孩子理解家规的目的和意义

在制订家规之前，一定要告诉孩子，家庭规矩都有哪些内容，并且尊重孩子的意见，让孩子参与家规的制订，就此机会应该对孩子进行孩子家庭传统史的教育。比如，有的家庭经济条件并不富裕，也可能因为各种原因生活上会出现暂时的困难，此时可以让孩子了解家庭的背景，让孩子理解父母的诚实劳动，这样不仅能够让孩子变得更加听话，更能让孩子树立起家庭的自豪感，进而做到自强、自立。在实际的教育中，妈妈们也可以进行渗透家规的教育，经过了长期的并且有目的的教育之后，孩子会在不知不觉中，形成一种定式，最终能够自觉地遵守家规。

2. 让孩子感受到这是缘于父母的爱

对于孩子来讲，他们虽然年龄比较小，但是也会出现心理上的压力和一些负面情绪。如果一个孩子在童年时没有形成健全的人格，那么在其成长过程中，必将遇到许多的障碍。所以说应该给孩子订家规，让他从小就明了什么是是非曲直，以免误入歧途。但是在订家规的时候，严格是一方面，最重要的是应该让孩子感受到这是缘于父母的爱，要让孩子感受到父母的关怀，感受到安全感的存在，切忌让孩子产生抵触心理和叛逆心理，觉得父母不爱他了。在坚持原则的基础上给孩子爱抚，在他情绪不好或者是不开心的时候，妈妈们千万别为了威严而忽视孩子的心理感受。

3. 妈妈要以身作则守家规

在给孩子制订家规时，一定要让孩子感受到妈妈是爱他的，要让孩子既改正了错误又感受到了安全感，不要让孩子产生任何的抵触心理，或者是让孩子感受到妈妈不爱他了。妈妈必须让孩子明白一个道理，那就是自由并不是无限的，必须要接受并遵守一些规则。但是，妈妈们对孩子进行合理的限制这并不意味着控制孩子，让孩子失去自由。妈妈们要知道大部分的家规都不仅仅是立给孩子的，而是爸爸妈妈以及家庭的其他成员也要严格遵守，妈妈更要以身作则。比如，要让孩子规律进食，妈妈自己就要在饭桌上举止规范，如果妈妈挑食，那么还怎么规定让孩子不去挑食呢？要求孩子不说脏话，妈妈自己也要对所有的人使用文明用语。当然，在家规制订完成后，妈妈们要尽量帮助孩子认识到为什么要遵守这些规则，使他真正理解原则的意义。

4. 家规制订尽量简单

家规一定要尽量简单，千万不要一次性地订立出很多条，要让孩子有一个慢慢遵守的过程，尤其是对于孩子不良的习惯来讲，一定要给孩子时间去改正。一段时间内三条左右比较合适，家规表述尽量多用正面的语言，语言上尽量要温和。在决定给孩子奖励或者是惩罚的时候，要尽量与要遵守的规则结合起来，然后让孩子把规则牢牢地记在心上。比如，妈妈们为孩子制订了“每天只能吃一块糖”和“每天睡觉前都要刷牙”的规则，如果孩子没有遵守，妈妈可以对他说：“如果你不把玩具整理好，那么明天你就不可以吃糖了。”

5. 家规教育应该坚持长期不懈

妈妈对孩子进行的家规教育，不能单纯地凭着自己的主观意志来办事，一定要让孩子坚持下去，不要今天想起来了就对孩子进行教育，明天因为事物繁忙就允许孩子不去遵守，也不能因为孩子情绪好了就教育，情绪不好的时候就不去教育，甚至妈妈还做起违背家规的事情，这对孩子的成长都是不利的。家规教育具有一定的持久性特点，所以说妈妈要帮助孩子持久地去坚持，即便是孩子要放弃，妈妈也要起到督促作用，当然妈妈要做好榜样，不要半途而废。

第2章

良好的品德和性格，让孩子一生绽放光彩

培养孩子的孝心，这是做人的根本

孩子孝敬长辈，不仅是一种美德和责任，也是一种做人的态度，它应该代代相传。如果一个人连父母都不孝顺，那么他的人品也是值得怀疑的。父母应该强化对孩子的孝道教育，这样才能培养出一个孝顺的孩子。

大家知道，乌鸦虽然外表丑陋，但在养老、敬老方面却堪称人类的楷模。当乌鸦年老不能觅食的时候，它的子女就四处去寻找可口的食物，衔回来嘴对嘴地喂给老乌鸦，且从不感到厌烦，直到老乌鸦临终，再也吃不下东西为止。这就是人们常说的“乌鸦反哺”。

乌鸦尚知反哺，作为人就更应知此道理。只是孩子太小，还没有明确的是非观，他们是否有孝心就看父母的教育了。

近年来，很多家庭患上了“四二一综合征”，即四个老人和一对父母共爱一根独苗，溺爱已成为严重的社会问题。研究人员曾对武汉 1000 个儿童家庭溺爱孩子的情况做了调查，概括出八种溺爱现象，这里摘录一些，便于家长朋友“照镜子”。

（1）过分注意孩子，把孩子当作欢乐的中心，一家人围着他 / 她转。

（2）轻易满足孩子的物质要求，对孩子有求必应。

（3）对孩子放任自流，使其生活懒散，允许孩子的饮食起居没有规律。

（4）不敢严格要求，害怕孩子哭闹，只有祈求央告。

（5）不让劳动，剥夺独立要求，一切包办代替。

（6）大人管教不一，当面袒护孩子，导致孩子是非不分、性格扭曲。

（7）给孩子特殊待遇，使孩子变得自私自利。

（8）孩子在家中地位高人一等，处处特殊照顾，如吃独食。

长辈盲目的爱是否得到了回报呢？先看看下面这个真实的故事吧。

奶奶六十大寿，孩子非要先吃一块生日蛋糕，爸爸不允许，孩子犯了横："不让我先吃，你们也别想吃！"一巴掌把生日蛋糕打翻在地。奶奶哭着说："我爱你十二年，你爱我一天也不行吗？"

十二年的爱得到的回报却是"爱我一天也不行"，令人寒心，发人深省。孩子为什么会这样冷酷无情、自私自利呢？很大程度上是因为父母过于溺爱孩子，没有使其养成孝敬老人的习惯。

事实已告诉了我们，假如孩子连孝敬父母都不懂，又谈什么尊敬其他长辈？谈什么关心他人？

那么，家长应该怎样教育孩子孝敬父母和老人呢？

1. 言传身教为孩子树立榜样

家长要给孩子讲道理、举实例，让孩子明白长辈辛苦劳动换来了一家的幸福，理应受到孩子的尊敬。

俄国作家列夫·托尔斯泰曾写过一个《爷爷和孙儿的故事》。

父亲老了，行动不便，吃饭时口水鼻涕一起流出来，儿子、媳妇嫌他脏，不让他同桌吃，把他赶到灶边独个吃。

有一次，老父亲不小心把吃饭的瓷碗打碎了，儿媳破口大骂："以后给你一个木盆吃饭算了。"过了几天，夫妇俩发现儿子米沙拿着斧头好像在做什么东西，男的问："米沙，我的宝贝，你在做什么？"米沙一本正经地回答："亲爱的爸爸，我在做木盆，等到你和妈妈老了用它吃饭，免得打碎碗。"

这时，这对夫妇猛然醒悟，感到十分惭愧，把父亲请回来，并拿出家里最好吃的给老人吃。

故事的道理很明白，父母是榜样，孩子耳濡目染，自然会学习父母、效仿父母。

2. 要从小事做起

让孩子多体验，如让孩子关心父母健康，参与家务劳动，父母生病时让孩子照顾，端水送药等。

经常让孩子做一些力所能及的事情是很必要的，因为只有在他们有了切身体验之后，他们才能领会父母照顾他们的辛苦，从而知道体谅父母，尽自己的力量帮父母做事，为父母分忧解愁。

父母要使孩子懂得，在家庭中，他不仅有享受父母爱抚的权利，同时又有应尽的义务。比如，听从父母对于饮食起居、生活制度和用品购买的合理安排，乐于接受父母的正确要求，并参加一些力所能及的劳动等。在这种和睦的家庭气氛中，孩子对父母的尊敬就会自然养成。

在独生子家庭中，孩子在物质和精神方面都享受到最大的爱，如果这种爱仅仅是向儿女的单向倾斜，而不能实现爱的双向交流，那么这种爱就是畸形的溺爱，甚至还没有脱离动物的本能。只有把大家给予孩子的爱转化为孩子对大家的爱，这才是理性的爱，才是爱的升华。

王凯是个独生子，但他却对爸妈缺少关爱之情，也不能正确理解爸妈对他的爱。为此，父母感到很伤心。在一位教育专家的建议下，王凯的父亲采取了一系列的措施。

双休日爸爸骑车带王凯到公园里玩。回家的路上行人稀少，爸爸问道："你觉得骑车有意思吗？"王凯说没骑过，不知道是否有意思。爸爸问他想不想试一下，王凯高兴地表示同意。于是爸爸骑坐到后车架上，双手伸直了把住车把，王凯跨到大梁上骑车，凭自己的操作使自行车滚滚向前，这使王凯兴趣陡生。可他毕竟还小，骑过800米后就有些体力不支了，额头上也渗出了小汗珠。

最后他喘着粗气停下来，好奇地问："爸爸，你骑车带我上学也这么费力吗？"爸爸说："尽管我力气大些，不过每天也都挺累，尤其是上坡时更费力气。"

星期一爸爸照常骑车带儿子上学。骑到一个上坡处时，坐在后边的王凯忽然跳下来，用一双小手推起车来，爸爸心满意足，真诚地说了一句："感谢儿子，你现在知道关心别人了，这太让我高兴了。"

王凯为什么变了？当然是专家的方法起了效果——让孩子多体验。只有让孩子体验到别人的疾苦，才能激起他们的爱心和同情心，从而促使他们设身处地为别人着想。

3. 父母应树立自己的威信

有威信的父母才能获得孩子的尊敬。父母的威信，严厉打骂"打"不来，单纯疼爱"疼"不来，用钱买它"买"不来，反复说教"说"不来；只有在他们自己模范行为的影响下，在他们对孩子的帮助中，威信才能真正树立。

父母的威信来自他们的事业。当孩子闪动着好奇的眼睛开始观察周围世界的时候，家长就应该向他说明自己的工作。比如，爸爸是一位建筑工人，他可以指着新建的大楼告诉孩子，"这是爸爸亲手建成的，会有许许多多的人高高兴兴地搬进去住。"让孩子觉得自己的父母很能干，这种自豪感可以让孩子从心底里尊敬、佩服你。

教孩子懂得每天反省自己，不断进步

孩子在成长的过程中，因为阅历不足或者缺乏方法，难免会犯错误或者走弯路。犯错不要紧，只要及时反省，调整自己，就能保证向正确的方向茁壮成长。

舅舅送给悠悠几条漂亮的小金鱼。悠悠十分喜欢，特喜欢看它们在水中自由地畅游。有一天，悠悠突发奇想，把金鱼从水中捞出来，丢在地板上。看到金鱼在地上拼命挣扎，不停甩动尾巴，悠悠觉得很好玩。

“悠悠，你怎么这么残忍！鱼会死的，还不快把它们放回去！”在厨房忙碌的妈妈刚出来，看到这一情景，就大声呵斥悠悠。

悠悠就跟没听见似的，继续看着金鱼在地上挣扎。这时，奶奶走过来把鱼放进鱼缸，说：“悠悠，如果你口渴时不给你水喝，你会怎样呢？”

“我会很难受。”悠悠不假思索地回答。

“是啊，你没水喝很难受，鱼没有水喝也很难受啊。而且，鱼只能生活在水里，更是离不开水。一旦离开水，它会很快渴死的。你刚才看到它们拼命地跳来跳去，就是因为它们太难受了啊。”奶奶和蔼地开导悠悠。

悠悠歪着头沉思了片刻，对奶奶说：“奶奶，我错了，我以后再也不把金鱼丢到地上玩了。”

面对悠悠的不当行为，妈妈只是一味责骂，却收不到任何效果。奶奶循循善诱就能引导悠悠自我反省，从而认识到自己的错误，收到良好的教育效果。

“金无足赤，人无完人”，每个人都有缺点，都会犯错，孩子也不例外。孩子在成长的过程中，只要学会自省，就能不脱离正轨，快乐成长。自古以来，凡是成就大业的人，无不把反省作为自我修养的重要手段。早在两千多年前，周公一日三省其身，孔子提出了“吾日三省乎”，越王勾践就以“卧薪尝胆”的方式进行反省。犹太人习惯于在周六长时间反省，因此他们即使在二战中遭受毁灭性打击，战后却迅速崛起，成为世界上最有名的商人。所以，每天只要花一点点时间好好反省自己，孩子的人生道路就会大大改观。

由于孩子尚未形成完备的自我意识，自我反省的内在人格智力还处于萌芽阶段，因此需要家长正确引导，从小培养孩子的自我反省能力。要培养孩子的自我反省能力，家长不妨借鉴以下几点：

1. 多加引导，不要对孩子的错误横加指责

当孩子做错事时，家长不要一味斥责，这样易引起孩子的反感，对家长产生抵触情绪。这时，家长可采用冷静的态度，从侧面引导孩子进行自我反省，明白自己的过失。

2. 让孩子自己承担犯错的后果

孩子做错了事，许多家长常常替孩子去承担犯错的后果，使孩子觉得做错了也没关系，从而丧失责任心，不利于培养其自我反省的能力，使他以后容易再犯类似的错误。

所以，家长应该让孩子自己去承担犯错的后果，让孩子明白，一旦犯错，将会造成不良甚至严重的后果。

3. 重视负面道德情感的良好效应

当孩子犯错时，应让他懂得羞愧和内疚。如孩子做错事，家长可直接平静地指出错误所在，促使孩子自我反省，激发起他的羞愧感和内疚感，以后不再犯类似错误。

4. 八个问题

家长可以把下面八个问题，贴在孩子课桌上和床头，让他每天反思。

（1）我今天充分利用时间了吗？

鼓励孩子每天根据自己的生物钟，合理安排时间，明确任务，踏踏实实地把握每一分钟。

（2）今天上课我积极动脑了吗？

课堂是激发孩子大脑的最具活力的阵地，学习中最可怕的危险就是孩子坐在课桌后无所事事。

（3）今天的作业，我独立完成了吗？

做作业是学生的职责，要自己去完成，才能得到真正属于自己的知识，体会到学习的乐趣。

（4）今天，我帮父母做什么了吗？

孩子在校衣食无忧地学习，父母们在外勤恳地劳作。所以，要让孩子时刻记得父母的辛劳，形成家庭责任感和社会责任感，多帮父母做一些力所能及的事。

（5）今天，主动帮助同学了吗？

主动帮助别人也是一种快乐、一种幸福。每天多问问自己：今天给同学送个微笑了吗？借给同学橡皮了吗？帮同学解答问题了吗？

（6）今天，不懂的问题解决了吗？

今日事，今日毕，不懂的地方要今日解决，不能让问题过夜。否则一旦形成拖沓的习惯，就很难改掉。

（7）今天，做无效劳动了吗？

上课说话、做小动作、上课分神、抄袭作业、旷课……这些都是对学习毫无好处的无效劳动。如果学生不时时提醒自己，就会小问题铸成大错误。

（8）明天，我怎样去改变自己？

在每天晚上睡觉的时候，思考这些问题："今天已经过去了，那么，今天我什么地方做得不够好，有哪些地方需要加强，明天怎样才能做得更好……"只要多做思考，善于反省，那么每一个明天都将是美好充实的一天。

意志力决定孩子的路能走多远

培养孩子具有恒心的方法有很多，如参加体育锻炼、读书自律等。父母要根据自己孩子的意志特点，有针对性地培养训练，刚柔相济。但根本点在于启发孩子的自我需求，让其主动养成持之以恒的好习惯。

持之以恒是一个主观能动的心理过程。具体来说就是，人在自觉地确定目标之后，能够根据目标来支配、调节自己的行动，坚持不懈，克服种种困难，最终实现目标。

其实，一个人要想生存就得不断积累经验，让自己不断地自我创新。而无论是经验还是不断地创新，都需要持之以恒的毅力。毅力不是瞬息而就、说有就能有的，它的形成需要一个过程。持之以恒的毅力对于孩子的意义是不言而喻的，但它恰恰又是孩子容易缺乏的。

“千里之行，始于足下；九层高台，起于垒土”，凡事业上有所作为的人，无不是从小事做起，锤炼自己意志的。

一个孩子，如果连自己的学习用品都丢三落四的，怎么能保证演算习题时不粗枝大叶呢？所以父母培养孩子的意志要持之以恒地从小事抓起，决不姑息迁就，要一抓到底。

曾有学生问大哲学家苏格拉底，怎样才能学到他那样博大精深的学问？苏格拉底听了并未直接作答，只是说：“今天我们只学一件最简单也是最容易的事，每个人把胳膊尽量往后甩，再尽量往前甩，”苏格拉底示范了一遍，说，“从今天起，每天做 300 下，大家能做到吗？”

学生们都笑了，这么简单的事有什么做不到的？

过了一个月，苏格拉底问学生们：“哪些同学坚持了？”有九成同学骄傲地举起了手。

一年过后，苏格拉底再一次问大家：“请告诉我，最简单的甩手动作，还有哪几个同学坚持了？”这时，只有一人举起了手，这个学生就是后来的柏拉图，古希腊另一位大哲学家。

人人都渴望成功，人人都想得到成功的秘诀。然而，人们常常忽略这样一个道理：即使最简单、最容易的事，如果不能坚持下去，也绝对不可能打开成功之门。成功并没有秘诀。

培养孩子的恒心应从小事做起，不断进行训练。一个人的意志是否坚强，可以从他的意志行为中得到体现。在成长的过程中，独生子女缺乏恒心与毅力的现象比较普遍，这在很大程度上会影响孩子的学业、交往、品德及心理健康。很多时候，成功与失败往往就取决于一个人能否坚持到最后一刻。

培养孩子持之以恒的方法有很多，在此简单介绍几种：

1. 用兴趣引导孩子具有持之以恒的决心

兴趣是孩子把事情高效率做好的前提。在现实生活中，并不是对必须去做的每件事，孩子都一定感兴趣，但是孩子对自己感兴趣的事，都有着明显的自觉性、持久性等高效率特点，而对于自己不感兴趣的事则往往需要父母的约束与督促。为了使孩子提高做事效率，父母应该引导孩子对事物产生兴趣。

很多上学的孩子比较喜欢的口头禅是“郁闷”或者“烦”。事实上，学习本身的确没有多少乐趣可言。然而父母并不这么认为，他们一厢情愿地认为学习是最有意义的事情，并且一味地强迫孩子对学习产生兴趣。孩子的学习兴趣是需要父母加以引导的，而不能靠强迫来获得。

2. 让强烈的欲望与责任感激发孩子的行动

不管做什么事情，只有明确的目标而没有实现目标的强烈欲望是难以完成的，必须具有完成目标的强烈欲望和社会责任感，才能更好地达到目标。

例如攀登泰山，很多人都有这样的目标，但从山脚下的红门到山顶的玉皇顶，七千多级台阶，而且越上越陡，越上越难。对于普通游客来说，如果体力不支，半途而返也无可厚非。但对于有着责任的挑夫来说就不同。泰山上建筑所用的水泥沙石，每次一百多斤分量，全靠他们挑上山去。支撑他们艰苦工作的力量，是他们的工作责任和家庭责任。

许多孩子不能攀登成功的顶峰，并非没有目标，而是缺乏由强烈欲望和责任感所激发的意志。

3. 适度创设困难，磨炼孩子的意志

逆境、困境能铸造一个人顽强不息的意志品质，中外历史上不乏这样的事例。现在大多数孩子养尊处优，稍遇逆境决心就动摇。如果父母能人为地给他们适度创设困难，让他们接受强大心理承受能力的锻炼，那么有朝一日他们面对逆境和困难的考验时，就能经受住锤打。

1999 年，18 岁的成都女孩刘亦婷被美国哈佛大学、哥伦比亚大学等四所世界一流高等学府录取，还获得全额奖学金，成功的背后总蕴藏着艰辛。刘亦婷 10 岁上四年级时，父亲给她设计了一个奇特的“忍耐力训练”：捏冰一刻钟。刘亦婷捏的是冰箱里特意冻得结结实实的一大块冰，父亲手拿秒表，一声“开始”刘亦婷就把冰放到手里。

第一分钟感觉还可以；第二分钟就觉得刺骨的疼痛，她急忙拿起一个药瓶看上面的说明，转移注意力；到第三分钟，骨头疼得钻心，她就用大声读书的方法来克服；到了第四分钟，她感到骨头都要被冰冻僵了，这时她使劲咬住嘴唇，让疼痛转移到嘴上，心里想着：忍住、忍住；第五分钟，她的手变青了，也不那么疼了；第六分钟，手只有一点痛了；第七分钟，手不痛了，只觉得冰冰的，有些麻木；第八分钟，她的手完全麻木了……当爸爸说：“15 分钟到了！”她高兴得欢呼起来。而她的手却变成了紫红色，摸什么都觉得很烫。爸爸急忙拧开自来水龙头给她冲手。此时此刻，她的父亲为女儿有这么顽强的意志力而由衷地高兴。

手捏冰块自我折磨，这是对感受极限的挑战，是对毅力的考验。一些好奇的大学生都试过，可没有一个人能坚持一刻钟。由此可见，刘亦婷的成功绝非偶然。

艰苦的环境，特别是艰苦的生活环境和劳动，往往是对一个人意志最好的考验和锻炼。

4. 鼓励孩子挑战自己的弱点

急躁、懒惰、缺乏毅力、什么事都干却都难干到底……这些都是人性的弱点，也是实现人生目标、理想的巨大障碍。一个人若能有勇气挑战自己的弱点，便能逾越障碍，获得成功。

春秋时期，吴王夫差打败了越王勾践，并霸占了勾践的妻妾。越王勾践忍辱负重，十年不食珍馐，不着锦缎，每天睡柴堆、舔尝苦胆，在艰苦的环境里挑战自己的弱点，以图他日能复国雪耻。后来，在勾践的不懈坚持下，吴王夫差终于被打败。

诸如此类的例子很多。家长可针对孩子意志的薄弱点，选取一两个突破口，鼓励孩子挑战自我。可以说，这是为孩子铸造恒心的良方。

培养孩子的恒心的方法还有很多，如参加体育锻炼、读书自律、在集体中接受监督、严守诺言，等等。父母要根据自己孩子的意志特点，有针对性地培养训练，刚柔相济。但根本之点在于启发孩子的自我需求，让其主动养成持之以恒的好习惯。

可以接受好意，但要说声“谢谢”

在公交车上，人们时常看到这样一幕：你把座位让给了需要帮助的人，那人对你正眼都不瞧一眼，大大咧咧地坐下来，有时候那动作大得把你挤到了一边，好像你把座位让给他是理所应当的，他才有资格坐在那儿。

请问如果下次你又遇见了他，你还会心甘情愿给他让座位吗？就算出于某种不得已的理由让给他了，恐怕心里也很不情愿。

很多时候，一句轻声的“谢谢”，一个友好的微笑或者一个感恩的眼神，都会让人心里感到温暖，让人心甘情愿地为别人付出，觉得很值得。

一个故事是这样的：

广场上，一家公司在做促销活动，给孩子免费赠送气球，吸引了不少孩子的注意力。一个五岁左右的孩子拉拉奶奶的衣角，想让奶奶给他去要一个。奶奶要来了气球，男孩心满意足地拿着气球去玩。另一个两岁多的小男孩追着他看，尖叫声、欢笑声洒落一地。

气球爆炸了，两个孩子很沮丧，大点的男孩又朝奶奶叫着：“奶奶……。”

小男孩的妈妈看看烈日下的促销帐篷，跟自己的孩子说：“要是你还想跟哥哥一起玩，你去找发气球的阿姨要一个吧。”小男孩蹦蹦跳跳着去了，拿回来一个气球。小男孩举着竹竿上的气球，开开心心地笑着。

妈妈问儿子：“你对阿姨说谢谢了吗？”

“谢谢！”孩子冲着远处喊。

“距离太远了，阿姨听不见啊！”

小男孩为了向阿姨说一声谢谢，又小心翼翼地举着气球走过去。

不多久，这个气球又爆了。小男孩看了妈妈一眼，又看看远处的促销帐篷，就自己去了那边。不久后当他又举着气球回来时，他很自豪地跟妈妈说：“妈妈，这次我对阿姨说谢谢了。”

妈妈夸奖儿子说：“这就对了。别人给了你东西或者给了你帮助，要记住对人家说声谢谢！以后不要再让妈妈提醒你，好不好？”

“好！”孩子回答。

也许孩子下次还会忘记，还需要妈妈提醒，但当孩子再长大一点，一定会记得主动对别人说一句“谢谢”，会懂得关心他人、体贴他人。学会感恩、学会报答，他就不会是一个自私的、只会为自己考虑的人。

请别忘记对那些给予我们帮助和温暖的人发自内心深处地说一声：谢谢！

孩子礼貌教育之“父母守则”：

1. 做孩子的榜样

要求孩子做到的事情，父母一定提前做到，并给孩子一个好的“模板”。

2. 要给孩子足够机会学习

学习讲礼貌也是个反复实践的过程，父母应多给孩子创造练习的机会。

3. 别强迫孩子跟别人打招呼

有的孩子个性比较强或相对内向，不愿意和人打招呼，如果父母强迫孩子，很可能适得其反；不如暂时放弃，并以自己的言行给孩子做个表率。因为，父母做的比说的更能使孩子明白自己该怎么做。

礼貌是人际关系交往中的一种表现，它与文明程度、道德水平、文化修养都有深切的关系。父母每日为了生活而忙忙碌碌，返回家中已是筋疲力尽，疲惫不堪，除了注重孩子每日的功课之外，往往忽略了对孩子的管教。

即使父母再忙，也绝对不能把忙碌当作忽略教育孩子的一种借口，因为它关系到孩子的品格和修养。

父母不应一味只注重孩子的学业及满足孩子的物质需求，应该多给孩子灌输正确的价值观，加强对孩子的品格的教导，使孩子朝正确的方向成长。

教育孩子从宽容中得到快乐

教会孩子学会宽容，不仅是为了孩子今天能处理好同学关系，而且也是为孩子将来的幸福打基础。

宽容是一种非常珍贵的性情，这种性情对于孩子个性的健康发展，以及孩子良好人际关系的建立都有着非常重要的意义。富有宽容心的孩子往往心地善良，性情温和，惹人喜爱，受人欢迎，而缺乏宽容心的人往往性格怪异，易走极端，人际关系往往不好。宽容能使人和气亲切，能消除许多无谓的矛盾，赢得广泛的尊重。

著名主持人白岩松在教育自己儿子时这样说："如果所有的美德可以自选，孩子，你就先把宽容挑出来吧。也许平和与安静会很昂贵，不过拥有宽容，你就可以奢侈地消费它们。宽容能松弛别人，也能抚慰自己，它会让你把爱放在首位，万不得已才动用恨的武器；宽容会使你随和，让你把一些很重要的东西看得很轻；宽容还会使你不至于失眠，再大的不快、再激烈的冲突，都不会在宽容的心灵里过夜。于是每个清晨，你都会在希望中醒来。一旦你拥有宽容的美德，你将一生收获笑容。"

今年8岁的明明和翔翔是表兄弟，因为年纪相仿，两人相处得一直很好。可是有一天，翔翔却哭着向妈妈告状说，明明哥哥打了他，而明明也嘟着嘴告诉自己的妈妈，是翔翔有错在先。细问之下才知道，原来翔翔到表哥家玩，表哥刚好不在，在等表哥回家时，翔翔不小心摔坏了明明最心爱的变形金刚。明明回家一看，气得抡起拳头就打了翔翔。明明觉得自己没错，翔翔也觉得很委屈，两人一直闹别扭，好几天不说话。

明明妈听了明明的话，觉得孩子间的矛盾应该让他们自己化解，才能学习和成长，于是她决定不用惩罚和批评的方式来解决这件事。妈妈对明明说："哥哥比弟弟大，应该爱护和照顾弟弟，同时，也要能够包容弟弟的错误。想象一下，如果是你不小心弄坏了妈妈的东西，你希望妈妈怎么对待你？如果妈妈打你，你伤不伤心？"明明想了想，说："我希望妈妈原谅我，因为我不是故意的，如果妈妈因此打了我，我也会很伤心。"

妈妈笑着说："那你刚才因为一件玩具就打了翔翔，那他不难过、伤心吗？要知道，他也是不小心弄坏了你的玩具的啊。"

说完，明明明白了自己应该表现出的大度和宽容，主动要求妈妈带自己去给翔翔道歉。明明原谅了翔翔的无心之过，展示出哥哥的风范；而翔翔也由此感受到哥哥的宽容，暗自下决心以后不再犯错，两个孩子又重新言归于好了。

人与人的相处过程中矛盾冲突不可避免，孩子也一样，一件小小的事情都会引起纠纷，甚至争吵、动手。现在，受到独生环境的影响，很多孩子习惯了以自我为中心，宠溺让孩子变得自私，娇纵让孩子变得狭隘。自私和狭隘，会造成孩子度量小，不懂原谅，不会宽容。这样的孩子不仅处理不好和同学朋友的关系，还会造成人际交往的阻碍。

有一个坏脾气的男孩，他父亲给了他一袋钉子，告诉他，每当他发脾气的时候就钉一个钉子在后院的围栏上，当他能控制自己脾气的时候，就拔出一根钉子。一天天过去了，最后男孩告诉他的父亲，他终于把所有钉子都拔出来了。

父亲拉着他的手，来到后院说："你做得很好，我的好孩子，但是看看那些围栏上的洞。这些围栏将永远不能回复到从前的样子。你生气的时候说的话就像这些钉子一样，会留下疤痕。如果你拿刀子捅别人一刀，不管你说了多少次对不起，那个伤口将永远存在。心灵的伤痛就像真实的伤痛一样令人无法承受。"

人与人之间常常因为一些误会和固执，而造成永远的伤害。钉子钉下去，留下的疤痕无法消除。伤害了别人，心灵的伤痛不是一句简单的对不起就能弥补的。伤害了一个人，也许就为以后的人生道路埋下了隐患。因此，家长应该培养孩子健康向上的心理，及时指导孩子面对与人相处时的矛盾冲突，学会处理与同伴的关系，在宽容中获得快乐。

宽容是一种美德，教孩子学会宽容，尤为必要，这不仅仅是为了孩子能处理好同学关系，而是为孩子将来的幸福奠定基础。

宽容的种子往往需要父母去播种。宽容的孩子，长大以后往往更会体味幸福。做父母的，既可以将自己的孩子培养成胸怀广阔的人，同样也可以将孩子培养成心胸狭窄的人。你的孩子成为前者还是后者，就要取决于你了。

那么，应该怎样培养孩子的宽容之心呢?

1. 让孩子认识自己

孩子在家中往往都是中心，习惯了被大人们让着、哄着。学会宽容第一步，就是要教育孩子摆正自己在家庭中的位置，让他懂得他只是家庭中的普通一员，而不是全部。不能对他娇惯，不能无限度地满足他的愿望，不能给他特殊权利，让他高高在上。要让孩子认识到，爸爸、妈妈甚至其他亲戚都是很重要的成员，爸妈也有看想看的电视、吃孩子爱吃的东西的权利。

2. 父母要为孩子树立榜样

孩子的宽容之心最主要的来源就是父母。孩子最初是从父母那里学会待人接物的。父母宽容、大度、遇事不斤斤计较，与邻里、同事之间融洽相处，孩子就会学着父母的样子处理同学之间的关系，也会变得宽容、好善、乐于与人相处。

同时，家庭成员间要友爱宽容，让孩子从小就生活在一个温馨、和谐、友爱宽容的家庭环境中，使其在潜移默化的影响中，逐步形成稳定的宽容忍让的良好品质。

3. 让孩子在与人交往中学习相处之道

要多给孩子与同伴交往的机会，使之从中得到锻炼。让孩子在发生矛盾的后果中体味到只有团结友爱、宽容谦让，才能享受共同玩耍的快乐。

所以，不妨多带孩子到朋友家串串门儿，鼓励孩子多与邻居的小朋友交往；另外，公园、球场等地都是孩子们开展人际交往的好地方，让孩子多跟不同的人接触，懂得更多的“交际守则”。孩子通过接触不同的人，会逐渐明白，每个人都有缺点和错误，相互容忍和谅解，世界才会更和睦。

4. 学会站在对方的立场思考问题

当孩子和同伴发生不愉快时，引导孩子设想一下：如果你是对方，此时会怎么想、怎么做？让孩子体会他人的心情和感受，这种“换位思考”的方式会训练孩子凡事多替他人着想，处理人际关系的水平也会提高，遇到矛盾便能迎刃而解了。

佳佳借了一本《小学生》杂志，她一下课就翻出杂志高兴地翻阅起来。不巧，同桌起身时不小心把墨水瓶碰翻，墨水洒到了杂志上，把一本精美的杂志弄得脏兮兮的。佳佳很生气，不但让同桌赔她新的杂志，还把这件事告诉了班主任老师。结果，佳佳的同桌被老师批评了一顿。

回家后，佳佳得意地跟妈妈说了这件事情。妈妈听完严肃地对她说：“谁都有不小心犯错误的时候，如果你犯了同样的错误，你的同桌大喊大叫，让你赔，还告诉老师批评你，你舒服吗？”

佳佳毫不犹豫回答：“我会很难受的。”

妈妈告诉佳佳：“那你今天这么对同学，她也会很伤心的啊。所以你要和气待人，尤其是对待同学，更要宽容，就像今天这样，应该说‘没关系’。这样，同学才会喜欢你。”

在妈妈的启发下，佳佳渐渐理解宽容的含义，也开始学着去宽容他人了。

5. 把握教育时机，让宽容的种子在孩子心里发芽、开花

比如，孩子不小心犯了诸如打破杯子这样的小错误，不要用惩罚或者责备的方式来教育孩子。而是要告诉孩子，其实爸爸妈妈有时也会犯这样的无心之错，只要下次小心就可以避免。从原谅孩子的错误开始，用宽容的心去引导他认识自己的错误，让孩子知道，解决问题的办法除了批评、惩罚外，还有宽容。

6. 让孩子知道人人都有缺点

金无足赤，人无完人，有缺点和不足乃是人性的必然。和同学相交，和朋友相处，完全没有必要求全责备。完全可以求同存异，只要同学和朋友的缺点不是品质方面的，不是反社会的。对于朋友的缺点和不足，对于同学心情不好时所说的话和所做的事，我们没有必要事事计较，事事都摆个公平合理。多原谅一次人，多给人一次宽容和理解，同时也就为自己多找了一份好心境，也会使自己在个性完善的道路上又向前迈进了一步。

当然，宽容不是怕人，不是懦弱，更不是盲从，也不是人云亦云，这一点是必须向孩子讲清楚的。必须让孩子知道宽容是明辨是非之后对同学、朋友的退让，而不是对坏人坏事的妥协，对坏人和得寸进尺的人是没有必要宽容的。

懂得乐观，才能拥有永久的幸福

乐观的品格，对一个人的一生很重要。一个孩子如果拥有乐观的品格，便会生活得快乐。让灿烂的笑容永远洋溢在孩子的脸上吧！这样的孩子才会觉得自己能够驾驭生活，能够克服学习中的困难，能够摆脱一切挫折。

乐观是人对未来充满信心和希望而又不断进取的个性特征。乐观的人对那些能够满足自己需要的事物或对象，会产生一种积极的情绪，而对无法满足自己需要的事物则会产生消极的情绪。乐观的性格是应对人生中悲伤、不幸、失败、痛苦等不良事件的有力武器。如果一个人无法乐观地面对人生，就会意志消沉，对前途丧失信心，长此以往，还会损害身体健康。

心理学家马丁·塞利格曼认为，乐观不但是迷人的性格特征，它还有更神奇的功能，它能使人对生活中的许多困难产生心理免疫力。乐观的孩子不易患忧郁症，他们也更容易成功，身体也比悲观的孩子更健康。

从心理学角度讲，乐观的情绪，能够提高人的大脑及整个神经系统的活力，使体内各器官的活动协调一致，从而有助于充分发挥整个机体的潜能，有益于健康水平和工作效率的提高。相反，悲观的情绪可能使人的整个心理活动失去平衡，对人的身心健康都可能造成严重的不良影响。

值得庆幸的是，孩子乐观的性格是可以培养的。早期诱发理论认为，人的性格是在后天的环境中逐步形成的，乐观的性格可以通过实践逐步培养，悲观的性格也可以在实践中逐步改善。

想让孩子成为一个快乐小精灵的父母不妨尝试下面的方法：

1. 不要对孩子控制过严，不妨让孩子拥有他们自己的选择权

很多孩子不快乐的主要原因是他们没有自己的自由。有些父母由于对孩子太过溺爱，往往会抑制孩子们的一些行为和举动，甚至会替孩子包办一些事情。这样，孩子就事事不用做，但是，这样一来，孩子就无法在做事中得到乐趣了。并且，孩子们也不见得就喜欢这样。所以，父母要把选择权交给孩子，让他们自己决定自己要什么东西或是做什么事情。比如，年纪小的孩子可以选择要吃什么样的午餐，大一点的孩子可以选择穿什么样的衣服上街，再大一点的孩子可以选择在节假日的时候去什么地方玩、可以选择买什么玩具，或是可以选择看什么电视，这样有充分选择权的孩子才会感到快乐自立。

2. 鼓励孩子多交朋友

不善交际的孩子大多性格抑郁，因为享受不到友情的温暖而感到孤独痛苦。性格内向、抑郁的孩子更应多交一些性格开朗、乐观的同龄朋友。这样孩子就能接纳各种性格的人，有助于养成豁达的心胸、快乐的性格。此外，家长自己也应与他人相处融洽，热情、真诚待人，给孩子树立好榜样。

3. 让孩子拥有广泛的爱好

开朗乐观的孩子心中的快乐源自各个方面，一个孩子如果仅有一种爱好，他就很难保持长久的快乐。试想，只爱看电视的孩子如果当晚没有合适的电视节目看，他就会郁郁寡欢。假如孩子是个书迷，但如果他还热衷体育活动，或饲养小动物，或参加演出，那么他的生活将变得更为丰富多彩，由此他也必然更为快乐。

4. 引导孩子摆脱困境

生活中不如意者十之八九，没有谁能够没有一丝烦恼地走过整个人生，谁都会遇上一些让自己烦恼的事情，即使他是一个乐观的人。但是乐观的孩子和悲观的孩子在遇到同样的事情时，他们的处理方式却是截然不同的。他们的反应虽然和先天的遗传有关，但大多方面还是父母教育的问题。所以，当孩子遇到困境时，父母要多留心孩子的情绪变化。如果孩子闷闷不乐，父母无论自己多忙，也要挤出一点时间和孩子交谈，教育孩子学会忍耐和坚强面对，鼓励孩子凡事多往好的方面想，不要尽往消极的方面想。

父母对于孩子情绪的变化也一定要注意观察，只要孩子愿意与父母沟通，父母就要引导孩子把心中的烦恼说出来。这样，孩子的烦恼很快就会消失，他也就会很快恢复快乐。当然，父母也可以帮助孩子克服一些困难，教孩子以正确的态度和措施来保持乐观的情绪，这些都是促使孩子摆脱消极情绪的好方法。

5. 拥有自信十分重要

一个自卑的孩子通常比较内向悲观——这就从反面证实拥有自信与快乐性格的形成息息相关。对一个智力或能力都有限，因而充满自卑的孩子，家长应该仔细观察他的言谈举止，适时适当并审时度势地多对其进行表扬和鼓励。来自家长和亲友的肯定有助于孩子克服自卑、树立自信。

6. 父母要做乐观的人

父母在教育自己的孩子时，要以身作则，每个家长不管是在工作上还是在生活中也都会遇到各种各样的不如意，而父母对待这些事情的方式会直接影响到孩子的做法。如果父母在面对困境、挫折时能够保持自信、乐观，那么孩子也就会受到父母的影响。当他们在遇到这种情况时，也就会乐观面对。

要让孩子成为一个有教养的人

一个高素质、有教养的人，必须有良好的文明礼仪。这样的人谈吐文雅、有风度、被人尊重、受人欢迎，有利于打开局面，建立和谐的人际关系，发展事业。

“少成若天性，习惯成自然”。文明礼仪要从小培养，形成良好习惯。有些家长认识片面，对培养孩子的文明礼仪习惯不够重视。一些家长认为，现代社会讲个人自由，懂不懂文明礼仪没关系，只要学习好、有本事就行了。这些家长只要留心一下周围人物，注意一下大众传媒，事业有成的人有几个不懂文明礼仪?

现代社会的确尊重个人的选择，自由度大了，然而对人的文明礼仪要求更高，因为文明礼仪是社会文明程度的重要标志。

一些家长认为，小孩子天真无邪，想怎样就怎样，长大了就自然懂得文明礼仪了，这也是误解。一方面，孩子从小不养成好习惯，就必然形成坏习惯，坏习惯形成了，再改就很难。想一想，现在有些孩子说话没大没小，家里来客人不懂礼貌，饭桌上挑挑拣拣旁若无人，浑身汗味不洗，指甲老长不剪……这些孩子如果不教育、不矫正，会在某一天早上突然变个样吗?另一方面，在孩子小时候培养文明礼仪习惯，与孩子天真无邪表现并不矛盾，越是懂礼仪的孩子，越能获得自由发展的广阔天地。

我国自古以来就是礼仪之邦，讲文明、重礼貌、和善待人是我们中华民族的传统美德。待人接物是否彬彬有礼是一个人的修养水平高低的体现之一，而讲文明、懂礼貌的良好习惯应该是从小养成的。父母可以从以下几个方面来培养孩子的文明礼貌的行为习惯。

1. 让孩子注意仪表

人的容貌、姿态、服饰是内心世界的外在表现。一般说来，衣冠不整、蓬头垢面的人，大多比较消极；而浓妆艳抹、矫揉造作的人，往往给人以精神空虚的感觉。所以不能忽视孩子的仪表，它对孩子的心理变化和发展有很大影响。训练孩子仪表，首先要让孩子每天坚持洗脸、刷牙、梳头，饭前便后要洗手，勤剪指甲、勤理发、勤洗澡。其次，要爱护孩子天真率直的童心，及时纠正孩子那些装腔作势、忸忸怩怩、任性胡闹的表现，并在此基础上教孩子对客人表示友善，对成功表示愉悦，对挫折表示惋惜，对前途表示信心。

2. 教孩子使用礼貌用语

语言是表达思想感情的工具，礼貌语言像丝丝细雨，能滋润人的肺腑。“请、您好、谢谢、对不起、没关系”这些常用礼貌用语，父母要教会孩子使用，而且要求孩子表里如一，真正从内心尊重他人。如说“对不起”时就应是真心表示歉意，而不是把“对不起”当作推卸责任的挡箭牌。上学前要对家长说：“妈妈，我上学去了，再见。”请别人帮助时态度要诚恳：“麻烦你帮帮我好吗？”而不可以说：“喂，你来给我……”别人帮你后，要说“谢谢”。

父母要培养孩子学会以下礼貌常用语：

（1）见到成人要称呼“伯伯”“叔叔”“阿姨”“爷爷”“奶奶”等。说话时要称呼“您”，不要叫“老头”“老太婆”，更不能叫名字。

（2）早晨和长者见面时，要说“您早”或“您好”，不能不打招呼，或装作没看见。

（3）当客人要走时，要说“再见”。

（4）当孩子请求父母或其他人帮助时，要说“请”或“劳驾”，而不能用命令的口气说“喂”“哎”等。当别人帮你做完事时，要说“谢谢”。

（5）当别人表示感谢时，要让孩子说“别客气”。当孩子妨碍了别人做事，或给人家添了麻烦时，要让孩子主动说“对不起”“麻烦您了”或“请原谅”。

（6）当接受别人道歉时，要回答说“没关系”或“不要紧”。

3. 对孩子进行行为训练

孩子能否做到文明礼貌，重要的是看他如何待人接物。父母应从每一件小事上培养孩子良好的行为习惯。比如，告诉孩子到别人家去要先敲门，得到主人允许后再进门；客人来时应起身主动迎接，让座、倒茶；长辈之间交谈时孩子不要随便插嘴，长辈问话时要热情、诚恳地回答；要爱护公共卫生，不随地吐痰、乱扔废物，不损坏公共设施，要遵守公共秩序。父母还要教育孩子对待老、弱、病、残、孕等行动不便的人，更要尊重和帮助，给他们让座、指路，帮他们拿东西，买车票。当孩子做了好事回家时，父母要以喜悦的表情对孩子的行为报以赞许，可以这样说：“你长大了，真是好样的。”

4. 不要强迫孩子

不要认为孩子这么小，就听父母随便指挥，他们有自己的个性，甚至有些叛逆。很多父母在孩子没有礼貌的时候强迫孩子，比如有客人来家里，孩子躲着不叫人，家长就拉着孩子，拼命地让孩子向客人问好，结果以孩子大哭而告终，这样非但达不到目的，还会产生反作用。孩子不肯说，可能有很多原因，也许是害羞，也许是不明白为什么要跟客人打招呼……如果孩子就是不肯说的话，父母可以暂时放弃，等到孩子平静了以后，再告诉他："这是应有的礼貌，你去别人的家里，也希望他能够热情欢迎你呀。"让孩子设身处地地想一想，或许能够帮助他理解。

5. 父母要做好榜样

孩子有没有礼貌不是天生的，是后天培养出来的，而且孩子天生就喜欢模仿别人，所以父母在家里的时候要注意自己的言行举止，注意讲礼貌，给孩子树立好的榜样。比如有客人来的时候给予热情地招待；接受了别人的帮助以后，对别人说"谢谢"；在收到礼物的时候邀请孩子和你一起写感谢卡等。有了父母的示范，再遇到类似的情形时，孩子自然而然就会学你的做法。

孩子缺乏诚实的品质，妈妈该怎么办

人的一生都是在真与假的斗争中度过的，父母要引导孩子从小说真话，一步步养成说真话的好习惯。这种习惯一旦养成，就会变成一种做人的准则。这对孩子将来的发展大有益处。

孩子在发展初期，看不出自己言行之间的直接关系，对他们来说，行为远比语言重要得多，而语言都是模糊的，是有多重含义的。

当孩子慢慢长大后开始发现，故意说谎而误导别人是错误的，当他们发现父母、兄弟姐妹或朋友欺骗自己时，会非常愤怒。他们逐渐开始区分谎言的类型和轻重的程度。

著名的哲学家罗素说："孩子不诚实几乎总是恐惧的结果。"孩子说谎并不可怕，可怕的是面对孩子的谎言，父母听之任之、任其发展。但是，父母想要控制孩子说谎，培养孩子诚实的品性，的确是件不容易的事。

在孩子的成长过程中，有一个能保护和培养孩子说真话的环境，孩子就会自然而然地养成说真话的好习惯，长大后也一定会成为一个正派、真诚的人，并且会受到他人的欢迎和尊敬。因为只有一个人说真话，相信别人，对生活有信心，才会问心无愧地面对各种事情，也才会得到别人的信任和理解。

怎样杜绝孩子说谎呢？

父母自己首先一定要说真话，为孩子做出榜样，无论在什么情况下，都不撒谎不作假，有一说一，说到做到。要让孩子看到爸爸妈妈是怎么做的，并要让孩子懂得为什么不能撒谎说假话。

有些父母在孩子不高兴的时候，或是在自己很高兴的时候，常常会哄孩子，给孩子开空头支票，许下种种并不准备兑现的诺言。这样很容易在孩子心目中留下“爸爸妈妈说话不算数”的坏印象，从而面临家庭教育失去基础的危险。因为不被孩子信任的父母，是没法教好孩子的。也只有孩子说真话，父母才能知道他们究竟在想什么，从而才能适当地给孩子以鼓励、引导、帮助和劝阻。要是孩子说假话成了习惯，孩子的行为就会变成当面一套、背后一套，很容易犯错误、做坏事甚至走上违法犯罪的道路。所以，为人父母者，一定要教育孩子不撒谎、说真话。

孩子如果连父母都信不过，天下还有谁值得信赖？既然父母是孩子最信得过的人，孩子听到什么事情或是想到什么东西，都会统统告诉爸爸妈妈。这时，不要管孩子说的是什么，父母都要认真、耐心地听完。就算是孩子有些地方说错了，甚至使父母不愉快，父母也不要吹胡子瞪眼发脾气，而要亲切地跟孩子交谈讨论，说出自己的心里话，而不要应付、糊弄孩子。如果孩子因为说真话在外面吃了亏，父母应想办法做孩子的思想工作，明确表示支持孩子讲真话，鼓励孩子做一个真诚的人。总之，不论在何时何地都要鼓励孩子说真话。

父母控制孩子说谎，培养孩子诚实，要注意以下五点：

1. 要澄清孩子的谎言

当警告孩子不要说谎时，父母不要对孩子说：“如果你说谎就把你的舌头割下来。”孩子说谎了，父母当然不会真的割他的舌头，这使孩子认为父母的警告本身就是谎言。孩子的想象转化成谎言，有时仅一步之遥，这就需要做父母的正确引导。孩子拥有想象力是天性，但如果父母对其想象力一味地赞许，就有可能发展成谎言，而父母如果一味反对孩子的想象力，又会扼杀孩子的智力发育。所以，父母必须调整教育方法，循循善诱地更正孩子不当的想象。

2. 要找出孩子说谎的原因

如果孩子到了能够分辨是非的年龄仍然说谎，父母应找出原因。孩子说谎的原因，许多心理学家都给出了答案。概括起来有如下几种：

（1）说谎有时比说真话更能免受处罚。

大多数父母认为，孩子主要是因为不知道撒谎的严重后果才说谎的。事实上，孩子说谎有时是因为说了真话反而受到了惩罚。

（2）出于无奈而撒谎。

许多父母可能无法接受，孩子有时撒谎是父母逼的。父母应该知道孩子也有沉默的权利。许多成年人在处理一些棘手的两难问题时，经常保持沉默。如果非要逼孩子说出真相，孩子就只能说谎了。鉴于这种情况，可以给孩子一定的缓冲，等大家都心平气和了，再让孩子主动把事情的真相说出来。

（3）为了讨父母欢心而撒谎。

著名心理学家皮亚杰博士发现，4 岁以下的孩子判断自己的言行是否正确的标准，通常是看爸爸妈妈脸上的表情。为了不让爸爸妈妈生气，他们最本能的反应就是不承认自己所做过的错事。

3. 要树立良好的榜样

对于说谎的孩子，威胁或强迫他承认自己的谎言都不是正确的方法，父母最好找个时间，冷静、严肃地与孩子谈谈。在孩子承认错误以后，父母一定要称赞孩子的诚实表现，要说一些类似这样的话："我虽然不满你做错了事，但幸好你说出了真相，妈妈爸爸实在很赞赏你的诚实。"

4. 让孩子感到安全

所有的孩子说谎都是因为需要安全感，如果父母能够给孩子安全感，孩子就会诚实起来。

5. 减少孩子的心理压力

父母对孩子过高的期望，会给孩子增加压力，导致孩子说谎。因此，父母对孩子的期望值要合理，不要希望他们做出超出自身能力的事。父母要以宽容之心对待孩子，经常与孩子倾心交流，减少孩子的心理障碍，做孩子的知心朋友。

总之，面对孩子的谎言，要去分析、研究，找出孩子说谎的原因，对症下药，进行善意的引导和教育。父母都望子成龙，虽然不可能每个孩子都能成为杰出青年，但却有可能让他们做人格健全的人。诚实，则是培养孩子健全人格的唯一方法。

教育的关键就是培养孩子的好性格

家长不可能永远充当孩子的保护神，也无法让孩子的未来尽善尽美，家长能帮助孩子做的最重要的一件事，就是培养孩子的良好性格，让他们勇敢地走向前，创造属于他们自己的幸福。

人的一生很短暂，想要功成名就，往往要经过艰辛的努力去争取，能够努力、探索、争取最终成功的人，大多数都是性格坚强、乐观、自信、刻苦的人，他们永不言败，在困难面前不退缩，勇于创造，富有恒心。

父母都希望孩子早日成才，除了必要的智力投资，从小培养孩子良好的性格也非常重要，因为孩子性格直接决定了其一生的命运。

什么样的性格是孩子们所需要的呢？

1. 快乐活泼

孩子从小要快乐活泼，爱笑，无忧无虑、无拘无束，不呆板，不胆怯，但并不吵闹多动。真正活泼的孩子应该是表情、动作、感知、双手、思想五方面的活泼以及口齿伶俐。还有一种活泼是内在的，表现为喜欢提问、讨论、辩理、识字读书等，外在的看起来反而显得比较安静。

2. 安静专注

活泼有外在和内在的表现之别，而内在的活泼就表现为安静，无论哪种活泼，专注都是必要的。玩也要专心致志地玩，全身心都倾注在游戏里，才能更多地感受到快乐，获得更多的收获。否则心猿意马，注意力涣散，该动该静都不能做到，做事不能坚持到底，这样就很不好。学习时也会难以专注，智能发展也会受到性格的不良影响。

3. 勇敢和自信

凡是成功的人，必定是强者和有自信的人，懦夫是无缘于成就的。

孩子的勇敢、自信表现在“不怕”上，不怕黑、不怕疼、不怕苦……这是孩子“自我意象”好的表现。也就是说，自信的孩子总觉得自己是个好孩子，很能干，因而也很快乐，这一切，跟骄傲、没礼貌、不友好完全不能等同。

4. 独立自主

成功者总是自我意识强，独立自主，相信自己的力量。

很多成功人士在很小的时候，就已经很有独立性了，比如大名鼎鼎的比尔·盖茨，他小学时就利用课余时间去图书馆做兼职为自己赚零用钱了。

有独立意识的孩子小时候自己睡觉、自己玩、不过分依赖大人，以后会做自己力所能及的事，喜欢自己处理自己的事情。

5. 爱劳动，关心人

从小爱劳动的人以劳动为快乐，富有同情心，会从关心家长开始，关心周围的人，会关心家长做事累不累、受伤疼不疼、生病难受不难受，也会留意不打扰别人，所以勤劳和善良是密不可分的。孩子从小有这样的性格，就一定是个道德高尚的人。

6. 好奇心和创造性

具有这种性格的孩子喜欢问“为什么”，表现为对新奇的事用眼睛看、用手摸、用耳朵听、用脑子想，更关键的是，用心感悟。他们喜欢别出心裁，与众不同，精益求精，喜欢动手试验，喜欢搞小发明等。有着以上充满求知欲望和创造精神的孩子，求异思维和发散思维优于常人，自学能力也比较强，将来会是开拓型、创造型的人才。

那么，作为父母，怎样让孩子形成好的性格呢？以下几点至关重要。

1. 要让孩子有强烈的自信心

当孩子对自己充满自信时，他才有可能战胜困难。家长要注意发现孩子的天赋，有意识地去诱导他们，鼓励孩子建立必胜的信心。

2. 要让孩子有饱满的热情

无论任何事，有足够的热情，才能取得成功。对大多数孩子来说，热情生来就有，但热情很脆弱，很容易在挫折中伤害，甚至被摧毁。因此，家长要格外留意，保护孩子的热情不被伤害。

3. 要让孩子富有同情心

大多数孩子对生命是敏感而关切的，比如他们看不得小动物受伤害就是例证。如果一个家庭经常关心他人，孩子幼小的心灵就会播下同情的种子。

4. 要让孩子有较强的适应能力

让孩子了解父母一定的难处，可以帮助孩子们尽快成熟起来，这样可以避免由于孩子过分幼稚和脆弱而经不起各种打击。

5. 要让孩子充满希望

家长要教会孩子对生活充满乐观，在黑暗中看到光明，就能让孩子敢于迎接挑战，遇到困难就能勇于面对，遇到危险就会临危不惧，从而建立坚强的个性和韧劲。

顽强和执着是搏击风雨的盾牌

培养孩子坚强的意志品质，尤其需要父母的榜样力量。懒懒散散，生活懈怠，做事没有信心、经常半途而废的父母，是难以培养出具有坚强意志品质的孩子的。

由于家庭条件优越，很多孩子从小不太可能经历艰难困苦。这就使得他们很容易产生依赖心理，也很难养成坚强的性格。然而，孩子将来所要面对的却是复杂的社会，难免遇到挫折和困难，没有坚强的性格，是不能适应激烈的社会竞争的。

美国心理学家威蒙曾经对150名有成就的智力优秀者做过研究，发现智力发展与三种性格品质有关：一是坚持力，即勇敢面对困难，并坚持到底；二是善于为实现目标不断积累成果；三是有自信，不自卑。可见，坚强的性格对人生十分重要。

不同的教育方式，造就孩子不同的意志力和自信心。比如有的孩子坚忍不拔，有些孩子有自立精神，有的孩子就不能承受一点挫折，有的孩子胆小怕事，有的孩子自理能力差。

为了培养孩子良好的心理素质，使孩子具有坚强的意志、活泼开朗的个性和健康向上的心态，父母应从小注意锻炼孩子的意志，重视孩子的自信心和勇敢精神的培养。

性格是长久养成的对现实的态度和与之相适应的习惯方式，是人格的一个重要方面。性格不由智力决定，但性格与智力相互联系、相互影响。坚强的性格有利于调动人的积极性、主动性和强化脑细胞活动，使人在学习和工作中产生超常的效率。

在现实生活中，人的性格是多种多样的，在各种各样的性格中最优秀的性格是坚强性格，具有坚强性格的人具有坚持力、自制力，能不怕困难勇往直前，在学习生活中不断取得成功。

那么如何培养孩子坚强的性格呢？父母们不妨从以下几点做起：

1. 给孩子独立锻炼的机会

如让孩子单独活动，同生人谈话，与小朋友来往，独立完成作业等。即使有一定困难也要让孩子自己去做。因为只有让孩子经常完成具有一定难度的事情，他才能体验克服困难后成功的喜悦，从而增强自信心并变得坚强起来。

2. 要求孩子从小事做起

千里之行，始于足下。从小事做起，持之以恒，是磨炼意志的好方法。许多在事业上有成就的人，都曾通过小事情磨炼自己的意志。

著名科学家巴甫洛夫，以工作精确、细致著称。他写字十分工整，像印刷出来的一样。原来在年轻时，他就是把工工整整地书写作为自己磨炼意志的开端的。

我国体育名将周晓兰，在球场上吃苦忍痛、意志坚强，也与她小时候在小事上的磨炼分不开。上小学时，她常因看电影而耽误功课，在父亲的帮助下，她从克制看电影做起，功课做不完，就把电影票退掉，再好的电影也不去看。经过一段时间，她战胜了自己，培养出了很强的自制力。

正如著名文学家高尔基所说："哪怕对自己一点小的克制，都会使人变得强而有力。"因此，父母培养孩子的意志品质，要从孩子"小的克制"入手。从小事做起，只是起点。培养坚强的意志品质，要随着孩子的成长而进步，从小到大，从易到难，从低到高地磨炼孩子。当孩子能够迎接越来越大的挑战的时候，一个意志坚强的孩子就站在你面前了。

3. 劳其筋骨，增益其所不能

大家知道，"劳其筋骨"是磨炼意志的重要方法。适合孩子的艰难一些的劳动、体育活动，能使孩子坚强起来。长途远足，爬山，跑步，游泳，较重的劳动……可供选择的内容很多，父母要指导孩子选择，关键在于坚持。当然，其前提是避免盲目性，不能冒险，不能脱离实际。要教育孩子：明确行动的目的，选择适合的内容和方式，一旦行动，不达目的不罢休，才能练出好身体。

4. 相信和尊重孩子

试着让孩子担负一定的责任，从而培养孩子的自我要求能力和坚持力。心理学认为，让孩子担任一定角色可以使其性格向这个角色靠拢。如某幼儿园的一个幼儿个人卫生不好，让他负责检查其他小朋友的卫生后，他自己的卫生明显好转，并且在其他方面，如自尊心、责任心、协调性等方面也都有明显改善。这个例子说明孩子的性格受大人期望的影响较大，所以在日常生活中父母应把孩子当作坚强的孩子来培养。

5. 让孩子保持健康的身体

一个身体虚弱的孩子对自己的身体没有信心，心情不好，必然怕这怕那，对人对事积极不起来，性格也就很难坚强起来。相反，孩子的身体素质好，有信心，有勇气，就容易培养自信坚强的性格。

6. 培养孩子积极的良好品德

良好的品德受人喜爱和尊重，知识和智慧使人有信心。人的各种心理品质是相互影响的，培养各种积极的良好品德，都能有效地使孩子的性格变得坚强起来。

7. 要求孩子做一些力所能及的事情

如要求孩子摔了跟头不哭，打针不哭等。父母应利用孩子的好强心理，在孩子未哭时给予鼓励，如孩子真的不哭，那么就要及时强化效果。如有的孩子不愿意去幼儿园，常在送幼儿园时大哭大闹，那么父母一方面要设法消除孩子去幼儿园的不适心理，另一方面应鼓励孩子“去幼儿园不哭的孩子才是勇敢的孩子”，一旦孩子不哭了，应及时鼓励，加上适当的奖励，这样孩子就会逐渐形成坚强的性格。

8. 防止因性别差异而形成偏见

有的父母认为，男孩子玩布娃娃没出息，女孩子不应该玩冲锋枪。好像女孩子生来就应做饭带孩子，男孩子生来就应该舞枪弄棒，做大事业。成人这种偏狭的观念极不利于孩子性格的健康发展。过早的女性化会损害女孩子的独立性和自信心，过早的男性化也会影响男孩的细致性和敏感性。

9. 对孩子要有耐心

有些孩子虽然一心想独立自主，凡事都坚持自己做，但实际上却往往是心有余而力不足，每件事情都无法做好，如吃饭时把桌面搞得一团糟，衣服穿得东歪西扭。有一些急性子的父母没时间等待孩子慢吞吞无秩序的自主行为，所以凡事一手包办以提高效率和节省时间，这不但会剥夺孩子自主学习的机会，同时也会致使孩子形成依赖心理。因此专家们强调，父母一定要有耐心，让孩子慢慢学着自我探索成长，千万不可操之过急，凡事为孩子代劳，只会使孩子永远也长不大。

另外，好奇、爱发问也是孩子最大的特点，父母在面对孩子提问时，不要急着给孩子一个标准答案，以免影响孩子独立思考的判断能力，最好是解释出前因后果慢慢启发诱导。

总之，坚强的性格某种程度上决定了人的成长。当遇到复杂的问题需要果断做出决定时，性格坚强的人就会沉着冷静地加以分析、判断，最终做出决定，而性格软弱的人则可能优柔寡断、瞻前顾后，最终把事情弄糟。

坚强的性格对孩子成长如此重要，想要提高孩子素质的父母，就不能忽视这个方面。

从容果断能谋大事

一个孩子在山里割草，被毒蛇咬伤了脚。孩子疼痛难忍，而医院却在远处的小镇上。孩子毫不犹豫地用镰刀割断受伤的脚趾。然后，忍着剧痛艰难地走到医院。虽然少了一个脚趾，但孩子以短暂的疼痛保住了自己的生命。

上面这个故事看似简单，实际上却蕴含了很深的道理。故事中的孩子果断地舍弃了脚趾，以短暂的痛苦换取了整个生命。在某些特定的时刻，只有果断地舍弃，才有机会获取更大的利益。

德国伟大的诗人歌德说过这样一句富有哲理的话：“长久迟疑不决的人，常常找不到最好的答案。”我们的祖先也给过我们这样的教训：“当断不断，反受其乱。”决策果断是一种宝贵的人格品质。然而，在现实生活中却有很多人因缺乏这种优秀品质，在关键时刻迟疑、拖拉、犹豫不决，终致错过成功的大好时机而以失败告终。

很多父母也知道培养孩子果断性格的重要性，但往往还不能明确界定孩子的某些行为是不是优柔寡断，是不是缺少主见。比如，很多父母都喜欢问孩子：“爸爸好，还是妈妈好？”孩子可能会回答：“爸爸好，妈妈好！”刚开始，父母听了可能还会很高兴，觉得孩子聪明乖巧，年龄不大就懂得不厚此薄彼。可是久了，父母可能就会发现，对于这样的孩子，当你问他两样东西哪样好时，他也总是回答这个好、那个也好。这其实就是孩子没主见的表现。

那么，做父母的要怎样做，才能让孩子养成遇事果断选择，有主见的性格呢？专家给父母们提了以下一些建议：

1. 让孩子明白鱼与熊掌不可兼得

很多孩子跟妈妈一块儿逛超市的时候，总是这也想要、那也想要，妈妈不给买，就大哭大闹。这跟父母平时溺爱孩子，什么都由着孩子有关。父母的这种行为使孩子养成了不懂得取舍的习惯。因为孩子觉得，自己要什么就会得到什么，至少哭闹之后就会得到自己想要的东西，那为什么还要取舍呢？全都要岂不更好？

对于孩子的这种想法，父母一定要及时加以引导和改变。平时，父母可以经常要求孩子做出唯一性的选择。比如，父母可以拿着苹果和香蕉问孩子吃哪个，并提醒他只能选择一个。对于孩子模棱两可的回答，要提出批评，而如果孩子做出了果断的决定，则要给予表扬。时间长了，孩子就会懂得鱼与熊掌不可兼得的道理。

2. 让孩子自己做选择

每次和孩子上街的时候，在经济许可的范围内，尽量让孩子自己挑选所需的物品。这时孩子会非常高兴，主动性极强。而对于孩子要买的众多物品，父母要提前规定他可以选取的数量，否则以后就不带他出来买东西。这样做，尽管孩子心有不愿，但慢慢地，孩子就会变得果断起来，因为他已知道果断地选择，比什么都得不到要强得多。

3. 尊重孩子自己的决定

给予孩子做决定的机会，可以培养孩子的果断性。所以，日常生活中，父母要给孩子发表意见的机会，并支持孩子合理的决定。切忌对孩子的生活做出全方位的强制规定。

例如，父母可以以征求意见的方式，让孩子决定是买变形金刚还是买小汽车、星期天活动的内容，是逛公园还是打电子游戏。

父母这样做可以使孩子觉得自己也有作决定的权利，在这种感觉的作用下，孩子往往就会拿出自己的果断来。

4. 引导孩子迅速做出合理的决定

未经深思熟虑就做出决定是鲁莽冲动，而深思熟虑后迟迟不能决断则是优柔寡断，这两种行为是与果断相对立的。父母既要教会孩子仔细思考，审慎地做出选择，又要引导不能决断的孩子尽早做出决定。

父母可以给孩子讲有关鲁莽冲动、优柔寡断和坚决果断的故事，让孩子自己说出哪种性格好。遇到具体的问题，也要让孩子说出怎样做才是对的，并果断地付诸行动。

5. 督促孩子坚持自己的决定

果断的品质还包含着做出决定后把决定贯彻到底的素质，即对孩子毅力方面的要求。

父母可以在孩子做出决定之后，与孩子达成口头或书面的协议，规定明确的奖赏与惩罚条款。当然，惩罚条款一定要由孩子自己提出，父母只要觉得合理，就要严格监督孩子执行。

6. 让孩子变得更自信

充满自信的孩子是不会犹豫不决的。帮助孩子克服优柔寡断的最好办法是让孩子肯定自己的能力，坚信自己什么都能干。

在幼儿园里，当老师提出一个问题的时候，有些孩子总爱悄悄地和旁边的小朋友交流，明显地表现出缺乏自信。而当老师问他："××，你知道吗？"他会点点头，但眼睛仍在左顾右盼，顾及周围人对他的看法。

有些孩子过于敏感，凡事都会想很多。在行动之前总是会有长时间的权衡，以他自己的角度来考虑行为的后果，结果造成了孩子的欲做还休，犹豫不决，缺乏果断的判断力，从而产生不自信的表现。

比如，有个孩子在妈妈接他放学回家的路上对妈妈说："妈妈，今天小朋友都去围着老师呢。""那么你呢？""我也想，可是已经没有位置了。""好哦，下次你第一个上去好不好？""好的。可是别的小朋友也会没有位置的。"

对于这一点，做父母的应该尽快寻找突破口，帮助孩子改变这种心理状态，千万不要把它归咎于孩子的个性置之不理。父母平时应给孩子较多的鼓励和认可，当孩子犹豫不决或打退堂鼓的时候，告诉孩子："你会干好的。没问题。爸爸妈妈都相信你！支持你！宝贝，去吧！"这样给孩子打气，孩子有了信心，自然也就不会犹豫不决了。

7. 不要对孩子犯冷热病

日常生活中，年轻的父母常会因各种事情的影响而产生心理波动。心情好时，对孩子亲近爱怜，关怀备至；心情不好时，则对孩子训斥打骂，往孩子身上撒气。父母随着自己心情好恶的变化而对孩子忽冷忽热，会对孩子的身心健康产生很大的影响。

父母对孩子的态度不同，孩子不能完全明白。当孩子没有做错什么事，却受到父母的冷遇或训斥，父母的反复无常会使孩子感到莫名其妙，有时又感到万般委屈，在父母面前无所适从。久而久之会就造成孩子在言行上优柔寡断，遇事六神无主。

作为父母，不管自己的心情好坏、空闲还是忙碌，对孩子都要一如既往，该指导的时候悉心指导，该关心的时候体贴关心，使孩子觉得父母永远爱自己、关心自己，从而给孩子一种稳定感、安全感和信任感。孩子有了坚强的后盾，往往就会有果决的底气。

另外，父母培养孩子果断的品质，要因孩子的年龄、性别等的不同而区别对待，千万不要认为那些成功的教育方法对自己的孩子就都是适用的。父母只有有针对性地选择那些适合自己孩子的教育方法，才能培养出做事果断、有主见的孩子。

天真活泼的孩子人见人爱

天真活泼是孩子健全人格的开端。不活泼的孩子很难受到小朋友们的欢迎，长大后也不易融入社会。孩子正处于可塑性极强的阶段，只要父母平时注意教育孩子的方式和方法，及时进行正确的引导，就会培养出一个天真活泼的孩子。

有些孩子胆小怕生，不够活泼，家里来了客人，总喜欢躲到爸爸妈妈身后。

对于这样的孩子，父母要有耐心，不要对孩子吼：“你躲什么躲，叔叔又不是老虎。”“你哑巴了？阿姨问你话呢。”

这些不合情理的话，非但不利于改善孩子的性格，反而会给孩子造成更大的压力。父母应该找出其中的原因，从根本上解决问题。

其实，孩子不活泼除了与遗传有一定的关系之外，很大程度上还与孩子后天的成长环境和父母的教育方法有关。

有的父母对孩子期望过高，要求孩子像大人那样自觉地坐着，聚精会神地看书，孩子感到十分好奇的东西不准去摸、去玩，使得孩子习惯于按照父母的意愿去做事；有的父母为了保持室内环境和服装整洁，怕弄脏房间、衣服，对孩子的游戏加以限制，使孩子不敢玩、不敢动，逐渐变得死板；有的父母自己本身就很忧郁、易怒，天长日久，孩子也变得情绪恶劣；有的家庭气氛紧张，父母对孩子态度严肃，孩子经常感到紧张、压抑；有的父母平日里忽视给孩子创造足够的与小朋友交往的机会；有的孩子身体不好会影响做事的态度……

可见原因各式各样，十分复杂。让孩子性格活泼，是为人父母者共同的心愿。活泼的孩子做事积极主动，思维活跃，勇于探索，能够通过自己的活动获得新知识和新信息；活泼的孩子适应性强，对周围的事情能够保持一种乐观的态度，对人非常热情，也乐于与人交往。活泼的性格能使孩子保持愉快的情绪、健康的心理，有利于孩子想象力与创造力的发展；能使孩子更容易得到同伴和社会的欢迎，使孩子的个人生活充满欢乐和情趣；还能使孩子较好地对待挫折和烦恼，有较强的心理承受能力。

那么，父母应怎样做，才能培养孩子活泼的性格呢？

1. 健康的身体是活泼开朗性格的体质基础

如果父母们注意观察，就不难发现，孩子在健康的时候情绪通常是非常好的，而如果生病了，他的情绪和活动就会出现异常。有的父母反映，孩子平时很好，做什么事情都按照规律去做，可是得了一场病之后情况全变了，这是因为生病容易打破他原来已经养成的好习惯。因此父母要重视孩子身体的健康，让孩子有好的营养、充足的睡眠、足够的运动，以此作为培养孩子活泼性格的基础。

2. 良好的家庭氛围是孩子活泼开朗性格形成的土壤

家庭应保持民主、和睦、宽松的气氛，家长不盲目按照自己的意愿去安排孩子的活，保留孩子对合理要求的选择权。孩子在这样的环境中心情轻松愉快，言行无拘无束，有什么想法都敢于、乐于和父母交流，容易养成活泼的性格。

父母要注意把孩子看作是平等的人，尊重孩子的自尊心，关心他们的成功与失败，切勿用粗暴简单的方式对待孩子。建议父母每天抽出 15 ~ 20 分钟时间和孩子聊天，内容可以是孩子喜欢的图书、游戏、活动等等。

另外，父母应注意自己的情绪、性格以及为人处世对孩子潜移默化的影响，做到乐观豁达，不把自己的坏情绪传递给孩子。

3. 及时帮助孩子摆脱不良情绪

孩子往往有时因为一点小事不高兴，或哭或闹或闷在心里，整天情绪低落。这时父母应注意引导孩子，让其在心情不好的时候出去活动，转移注意力，调整自己的情绪。同时，也要多鼓励孩子自己去克服困难。建议如下：

（1）鼓励孩子从事体能运动，如跑步、爬山、跳绳等；

（2）鼓励孩子将心中的不悦或委屈用画画表现出来，并可以在画中做任何处置；

（3）鼓励孩子用唱歌的方式排解心中的不畅。

4. 不要让知识扼杀孩子的天真

过早地对孩子进行知识教育会扼杀孩子活泼的天性。一位童话作家说，一个民族如果小孩说大人话办大人事，那么大人必然说小孩话办小孩事。可惜的是，有的父母虽舍得为孩子花时间，却盲从社会上盛行一时的早期教育风潮，热衷于让幼儿园里的孩子学认字，学算术；有的家长一心想把孩子培养成天才，让孩子在一个又一个的特长班之间奔波……

还有的父母对孩子进行科学教育，他们给孩子证明地球是椭圆的，但孩子生活的大地分明是平坦地向四面八方展开的。而且，孩子们直观地看到，并不是地球围绕着太阳旋转，恰恰相反，分明是太阳从东向西在他们头顶上转。

孩子的确错了，但父母没有必要急于纠正孩子的这种常识性错误，这样做只会在孩子头脑中留下一个解不开的疙瘩。

孩子的世界要比成人的那个所谓客观世界丰富、广阔、有趣得多。在他们看来，星星会眨眼、树叶也会沙啦啦地絮语长谈……他们自由自在地生活在自己的天方夜谭里，而父母向其证明的科学真理，在孩子心目中，恰恰是不着边际的天方夜谭。所以，父母不必急于向孩子灌输那些科学知识，孩子早晚会明白那些道理，给孩子留一个思想的空间不是更好吗？

5. 避免对孩子要求过高

对孩子要求过高，难免会严厉地指责和批评孩子。孩子的本性是很活泼很爱说话的，有的父母嫌孩子唠唠叨叨，就严厉斥责孩子，结果造成孩子不敢说话、死气沉沉。在孩子该练习说话的年龄，如果不让他说话，他怎能学会用语言流利地表达呢？所以，只要顺其自然，不吓唬、压制孩子，他便能养成活泼大方的性格。

6. 帮助孩子扩大生活面

有的家长，特别是孩子的爷爷、奶奶总怕孩子受别人欺负，于是就不让他跟别的小朋友玩；或还没等孩子把话说完，已经按孩子的要求去做了。孩子既不需要动口，也不需要动手，这种过分依赖的孩子是不可能健康活泼的。

父母可以经常带孩子串串门，先从小伙伴开始，逐渐扩大至亲朋好友。举行生日会，与小朋友一起表演节目、画画、做泥塑等；也可以在菜场、商场购物时，大人站在一旁让孩子自己去付款，习惯与生人接触后还可让孩子单独去便利店买一些零星物品；还要经常和孩子一起观看《欢乐蹦蹦跳》之类的儿童电视节目，鼓励孩子一起唱一起跳。

7. 不要让物质代替亲情

物质生活的丰富并不等于童年的快乐，对孩子更为重要的是，父母时间与精力的合理付出。值得警惕的是，一些经济条件很好的成年人，以优越的物质条件代替自己与子女同在的时间，把孩子寄宿在幼儿园里，孩子成了情感生活的贫儿，高兴不起来，自信心也不足。

父母做到了上述几点，时间长了，孩子自然会恢复天真活泼的天性。

孩子性情活泼，当然令人喜欢，但如果活泼得过了头，太放肆了，没有一点儿规矩，同样会令父母们头疼。做父母的都希望，自己的孩子性情活泼又规矩。然而，父母在培养、教育、训练和管理孩子的实践中，要达到预期的目的，实在是一件很不容易的事。

现实生活中，许多父母往往不由自主地走到了两个极端。为了让孩子活泼，就不讲任何纪律，任其为所欲为，一点儿规矩也没有，结果，孩子无法无天，放肆任性；为了让孩子有规矩，就不给孩子一点自由，这不许做、那不许做，结果把孩子弄得缩手缩脚，“未老先衰”，成了父母手中呆板的木偶，牵之则动，息之则止。

要把孩子培养成既活泼又守规矩的孩子，父母一定要掌握分寸，根据自己孩子的实际情况，确定究竟是要对孩子管得严一点还是管得松一点。如此，举一反三，触类旁通，才能培养出既不失天真活泼，又落落大方的孩子。

第3章 有责任，勇于承担的孩子最优秀

让孩子学会对自己的事情负责

生活自理能力是一个人生存于社会的基本条件，是孩子独立性的一种表现。父母应当珍视孩子不同年龄段的生活自理愿望，而不要过多约束，剥夺孩子“独立成长”的机会。这样不仅可以培养孩子的生活自理能力，还可以培养他们的责任心。

现在大多数家庭的孩子都是独生子女，因此在素质教育的探讨中，关于孩子的人格发展特点受到了更多的关注。尽管到目前为止，对于现在的孩子是否有独特的人格发展进程尚有争议，但大量关于独生与非独生子女之间的发展比较研究，至少给我们提供了许多极其有意义的启迪。

很多专家认为，总的来说，独生子女和非独生子女相比较起来，独生子女相对比较自私、任性，不知道尊重长辈。但是在大部分性格特征上，并不是说独生子女比非独生子女差，甚至他们有机会比非独生子女发展得要好，但也更有可能在这方面出现问题。这种向两端分部的情况说明，这种发展特点并不是独生子女生来就有的，而是教育不恰当、不完善造成的，特别是家庭教育。因此培养独生子女的健康人格，关键还在于恰当的教育方式。

对大多数父母来说，感情的分寸往往难以掌握，表达感情的方式也不恰当，常常是盲目的溺爱代替了理智的教育。因为就这么一个孩子，父母就把全部的爱都倾注于这唯一的孩子身上了。当孩子进入学校以后，如果学校又只是片面地看重文化知识

方面的学习，忽视了学生性格方面发展的问题，那么，孩子就又错过了矫正不良性格特征的另一个重要发展时期。

那么，作为独生子女的父母，应该如何选择恰当的教育方式呢？那就是对孩子要“严格要求、不娇不纵”，掌握爱的分寸，不必对其行为过分担心和限制，并为其创造“集体环境”，这些是克服独生子女性格发展中所产生种种弊端的关键。具体地说，父母应该充分认识到孩子在各方面的发展需要，并采取相应的教养行为模式。

俗话说，“习惯成自然”。习惯不是某种行为的偶然表现，而是一个人习惯化了的行为方式。让孩子从小学会独立自主，父母可以通过以下六点来教育孩子：

1. 让孩子认识真正的自己

想让孩子全面正确地认识自己，就要了解孩子在各个年龄阶段所具备的一些能力。要知道什么年龄的孩子应该做一些什么事情，这样，父母就可以放心让孩子自己去做自己的事情，去慢慢地发现真正的自己，而不是依赖父母告诉他是一个什么样的孩子。除此之外，父母还要在日常生活中让孩子去发掘自己的个性、特点、习惯、兴趣和爱好等等。因为选择的过程也就是一个认识自己的过程，只有了解自己的方方面面，才能更好地决定取舍。有些孩子常说自己没有什么特别的兴趣和爱好，或者今天的兴趣是这个，明天又变成另外的了。这都是父母平时很少注意培养孩子的兴趣造成的。

2. 让孩子自己安排和自己负责

很多父母不给孩子自主选择的权利，因为他们对孩子没有信心，怕他们会做出一些错事，这样，也会让孩子对自己失去信心。很多父母对自己的孩子照顾得十分周到，从生活到学习，各个方面都替孩子想到并且帮他们做好，可以说，一切可以包办的父母都一手包办了，孩子只需要吃饭、睡觉和学习。从表面上看，父母对孩子真的是无微不至，但是，正是父母的这些无微不至的行为“培养”了孩子的依赖性。其实，对于孩子来说，他们也希望能够得到父母的信任，把自由选择的权利还给他们。如果父母经常对孩子说，“你可以做好这件事”，“这是你自己的事情，你可以自己选择”，类似这样的话语，这样，孩子就会勇敢地去做尝试，而不是一味地依靠父母。

如果父母对孩子管束太多，或者经常强迫孩子服从自己的意志去做事，就会使孩子的精神负担过重，心情受到压抑，个性发展受到阻碍，从而缺乏独立自主性。所以，有些时候，父母可以让孩子试着对自己的事情做一些安排，并且告诉他，一切事情的后果他要负责。比如，让孩子对他某一天的行动自己做安排，父母不要插手，如果在这天，孩子因为出现了什么错误而发脾气的话，父母千万不能自揽责任，而是要让孩子意识到自己想做的事情应该自己安排好，并且学着负责到底。这样，久而久之，孩子就会养成自立的好习惯。

3. 给孩子充分的空间，让孩子自由发展

让孩子在独立的活动中发展他的独立自主性。想要让孩子独立自主，就要为他提供一些独立思考和独立解决问题的机会。因为孩子还没有足够的生活经验，也许会对一些事情做出错误的判断。但是，这种错误是有必要的，也是可以理解的，因为他们需要从中吸取教训。如果父母不给他们自由发展的空间和机会，他们也就不会有足够的实践来面对将来需要做出自主选择的事情，到时候，他们很可能会束手无策，也可能会茫然以对，毕竟谁也不会一开始就具备自主选择的能力。

当然，这不是说父母对孩子就可以撒手不管了。父母可以对孩子做出选择的依据和动机做一些了解，还可以把自己的经验和想法告诉他们，以供孩子参考。如果孩子的选择确实存在着某些问题，也可以和父母一起来商讨解决。

和每个成年人一样，孩子也想拥有自己的时间。如果时间的安排完全由成人包办，孩子只是去执行，那么孩子的自主性就永远也培养不起来。

4. 与孩子建立亲密的关系，让孩子充分感受到爱

因为独立自主的培养，需要以孩子的信任感和安全感为基础。只有当孩子相信，在他遇到困难时一定会得到帮助，他才有可能放心大胆地去探索和尝试。因此，在孩子活动时，父母应该陪伴在其身边，给予鼓励。

5. 相信孩子能处理好自己的事

自主选择并不是让孩子进行盲目的选择，当孩子在进行某些重大决定的时候，父母可以帮助孩子收集资料，了解和熟悉各选项，这样有助于孩子进行科学、理性的选择。如果孩子没有很强的自主选择能力，父母可以和他一起分析资料，找出各选项的利弊，最后了解孩子做出选择的动机。如果孩子有较强的自主能力，父母则可以让他自主完成选择。只要父母在重大的事情上帮助孩子把好关，防止出现重大的错误即可。当然，不同年龄阶段的孩子具有不同的自主能力，父母这种把关的尺度也应该不一样。

培养孩子用揠苗助长这种违反客观规律的做法，肯定是要失败的，但是消极地完全“顺其自然”，也不利于孩子的成长。遵照客观规律，积极创造条件，让孩子去锻炼，这才是我们应该采取的正确做法。

6. 尊重孩子的选择

孩子的选择往往表现出他的自主性，但由于父母害怕孩子做出的选择是错误的，总是不敢把选择的权力交给孩子。可是，如果从来不让孩子有机会使用选择的权力，那么，他也就永远都学不会自己选择，永远没有自主性。

有的父母在把某些选择权交给孩子的同时，会事前为他提供有关情况，帮他分析各种可能，并且告诉孩子，一旦选错了，必须要负起责任。他们认为，在这种情况下，即使孩子的选择是错的，也是对于孩子的一次教训，是很值得的。比如，有一位妈妈带孩子去少年宫报名，就先让孩子看看小组活动，本来，妈妈的意愿是让孩子学钢琴，可是发现孩子在舞蹈组门前看得出神。于是，妈妈尊重孩子的选择让她报舞蹈班，但要求孩子对自己的选择负责，一定要坚持把舞蹈学好。

父母和孩子做出的选择当然不可能是完全一致的，在这个时候，父母不应该不听取孩子的意见就否决它。如果经常否定孩子的选择，就会让孩子觉得父母不尊重他们的选择，这样就会打击孩子的积极性，更不利于培养孩子的自主能力。

孩子学会道歉，是学会承担责任的一种表现

小洋坐在靠近门边的书桌前写作业，外面风很大，作业本被风吹得“啪啪”直响。于是小洋不得不一次次跑去关门，每次关上没多久，猛烈的风就又把门吹开了。

这时，邻居有事来找妈妈，她没有进门，便和妈妈两人站在大门外闲聊起来。

恰巧此时门又被风吹开了，小洋跑过来用力关门，只听外面传来一声痛苦的叫喊声。

小洋打开门惊恐地看到，门外的妈妈五官痛苦地扭曲在一起，看到小洋出来，妈妈暴怒地冲他扬起了手。原来，刚才妈妈的手放在门框上，小洋突然关门，差点把妈妈的手指夹断。

小洋吓坏了，以为这次免不了一顿暴打。但是妈妈的巴掌一直没有落下来，小洋的脸颊感受到的也仅仅是一阵风而已。

事后，手指受伤的妈妈对小洋说：“当时我实在痛得厉害，原想狠狠地打你一个耳光。但是，转念一想，是我自己把手放在夹缝处的，错的人是我，凭什么打你？”

小洋的妈妈用自己的行动告诉了小洋一件事情，那就是要勇于承担自己的责任，敢于说“对不起”。

有的妈妈认为孩子做错事时道不道歉并不重要，只要孩子下次注意就可以了，但是当错误产生时，妈妈一旦无原则地让步，对孩子姑息迁就，就是变相地提示孩子，自己的错误可以不用承担责任。

“对不起”这三个字虽然看起来很平常，却蕴藏着无穷的力量。

试想，当你在路边散步时，突然被一个骑自行车的人撞倒了，正当你怒发冲冠准备发火的时候，那人轻轻地对你说了声“对不起”，你是不是就生不起气来了。在生活中，当我们和别人发生了什么不愉快的事情时，若能够做到礼貌，时时多讲两句“对不起”，那许多大事就可以化小，小事便可以化无了。

而且，更重要的是，让孩子学会说“对不起”，其实是教育孩子要勇于承担自己的责任。一个做错了事而不敢去承担的人，就是一个没有责任感、没有价值感的人，他无法认识到自己在社会中的地位与重要性，也找不到前进的方向，就会失去创造的动力，最终将一事无成。这样的孩子是可悲的，这样的妈妈也是失败的。

一位哲人曾说，犯错是人的惯常行为之一，错误本身并没有可怕之处，最让人担忧的是，当错误已成事实的时候，我们却选择了逃避，而没能从中学到生活的经验。妈妈作为孩子最亲近的人，应该教孩子学会说“对不起”，让他学会承担起属于自己的责任。

每个人都不是天生就具有责任感的，责任感是在适宜的条件和环境下萌发的，并随着年龄的增长和心智的逐渐成熟而形成。因此，家庭是孩子责任感赖以滋长的土壤，妈妈对待孩子的态度以及教育方法，是孩子的责任感能否形成的重要条件。

为了教育好孩子，妈妈需要注意以下几点：

1. 明确告诉孩子是非对错

孩子不道歉不一定是孩子成心不认错，很多是因为孩子的是非观不明确，不懂对错是非。家长应该耐心地告诉孩子，错在哪儿、怎么做才正确。而且家长要让孩子有足够的安全感，知道他不会因为认错而被家长责骂，这样孩子道歉就会顺理成章，也不会对认错产生畏惧感。

还有的孩子犯了错，总是寻找各种谎言来逃避责任，家长一定要及时纠正这种行为，让孩子明白说谎是一种恶劣的行为，比犯错误更不可原谅。

2. 鼓励孩子承担责任

勇于承担责任的孩子是受欢迎的，当孩子做错事后，家长要让孩子明白是由于孩子自己的过失才造成这样的后果。但错误并不是不可挽救的，可以让孩子提出一些可行的补救办法，以增强孩子的责任感。一味地指责只会加重孩子的逆反心理，父母不仅要注意孩子的言语上的道歉，更要让孩子摆脱自我为中心的想法，让孩子有愿意承担责任的勇气。

3. 做错了一定要说“对不起”

当孩子犯了错时，千万不要偏袒他们，而应该让他们为自己的行为担起责任。逃避责任，只会让孩子留下人生的硬伤，甚至一错再错。比如孩子吃饭的时候打翻了自己的碗，要向妈妈说“对不起”；不小心踩了小朋友的脚，也要马上道歉，说自己不是故意的。

4. 适度的惩罚与表扬

孩子犯错后，家长不可听之任之，除了让孩子明白错误的原因及补救方法外，还应该根据错误的严重程度给予孩子必要的惩罚。让孩子知道做错事后必须承受后果，从而牢记教训。家长可以通过目光注视、远离孩子、拿走孩子的玩具等惩罚措施，让孩子对自己的错误行为产生内疚，从而减少再次犯错的行为。当孩子意识到自己的错误而主动道歉后，家长也应该给予适当的表扬，让孩子明白知错能改的行为是好的。

5. 要给孩子做最好的表率

家长是孩子最好的老师和榜样。当家长做错了，或者错怪了孩子，应该真诚地向孩子道歉，这样不仅不会降低家长的威信，反而会让孩子明白，每个人都会犯错，道歉不是丢脸的事。家长为错误主动道歉的行为反而会让孩子更尊敬家长，孩子也能从中学会主动认错。

比如你发现自己晾在阳台的衣服不翼而飞了，你以为是孩子淘气藏了起来，便不听孩子的解释把他教训了一顿，当你发现衣服其实是被风吹到了楼底下的时候，不能放不下面子就这样算了，相反，你应该马上向孩子道歉，孩子便能感同身受，下次自己遇到这样的事情，才会勇于承担。以身作则，是教育孩子的最好方法。

6. 教孩子做一个宽容、善良的人

当自己受到触犯的时候，要勇于原谅别人的错误，学会换位思考，比如在餐厅吃饭，一个小朋友不小心把饮料泼在了孩子身上，这个时候可以教孩子想一想："如果你是他的话，一定已经非常内疚了，我们就不要再责怪他了。"让孩子做一个大气、宽容的人，才能得到幸福和快乐。

把价值观纳入到责任感教育中来

"妈妈，我要买一盒小彩笔。"

"家里不是还有吗？"

"已经旧了，也不全了。"

"笔有什么旧不旧的呢？只要能用。为什么会不全了呢？是不是没有用心收好？没有收好自己的东西是你的责任。丢了笔，只好凑合着用剩下的了，下回就知道收拾东西了。"

"妈妈你真抠门儿，要是爷爷早就给我买了。"

"我不认为省钱就是抠门儿。省下钱可以买其他有用的东西，而且不浪费东西，也可以节约资源，好处很多，为什么不省着点呢？"

这是一个富裕家庭的妈妈与孩子在收款台前的对话。

随着生活水平的提高，人们都渐渐“大方”起来，尤其是对孩子。更是大有“千金散尽还复来”的味道。曾几何时，花钱“大方”成了“爱”孩子的标志。这里不仅仅是孩子的问题，父母的思想也存在着误区。

过去，我们有“小小针线包，革命传家宝”的优良传统，我们的孩子也都懂得父母所讲的道理，但是，今天我们富裕了，怎样对待孩子的物质要求？怎样培养孩子节省的意识？可以说，节俭是一种美德，无论是贫穷的年代还是富裕的时代，我们都应当崇尚节俭。从小的方面看是为了居家过日子，从大的方面看是为了人类节省资源，无论从哪一个角度都应该理直气壮地崇尚节俭。

过去，孩子从小就受到了这种教育，现在孩子还应当从小就受到这种教育，无论你的家庭是否富有，勤俭持家的传统不能丢。有些父母自己很节俭，对孩子却很大方，这是一种爱，却是一种极不明智的爱。

对孩子来讲，教育他们省钱，主要看重在不浪费东西上。而有社会责任心的父母不妨更进一步，教育孩子为人类节省资源。

一位母亲曾讲了这样一个故事。

她在听了环保讲座后对女儿解释为什么要节约用水：“因为我们城市的地下水位很低，气候又比较干燥，而用过的污水都被排水管道排到了大海，回不到地下水中，这样最终造成水源枯竭。所以我们每个人都要从自己做起，比如在淋浴时不要让水哗哗地流淌，自己去干其他事。”

从那以后，她经常听见7岁的女儿向她喊：“别浪费水啦，不洗就关上。”而当她用浪费水来提醒女儿时，女儿也会马上行动。她忽然觉得自己变得高尚起来。她的女儿也长大了许多。

是的，不只是这位母亲变得高尚起来，孩子更是如此。让孩子从小接受对社会负责的意识，长大才能成为有责任心的人，而有责任心的孩子是最容易接受道理的，他们可以避开许多无益的纷争。

教育孩子节俭的美德，让孩子懂得不能要买什么就买什么。当他们接受了这种观念，就会免除付款台前的尴尬。

美国儿童心理学家詹姆斯·杜布森博士在《孩子管理法则》一书中提出，不要让孩子沉浸于物欲之中。

他指出，孩子对于贵重玩具的需求，是制造商通过上百万美元的电视广告所精心营造出来的。小消费者们在巨大的魔力面前张大嘴坐着，五分钟以后便能挑起一场战争。如果同街区其他三个孩子得到了令人羡慕不已的玩具，对此，妈妈和爸爸开始感到有压力，甚至有负疚感。

问题是爸爸经常能买得起新东西，用他很有“魔力”的信用卡。孩子为什么不能得到？孩子要什么买什么，便成了理所当然的理由。

一些人会问：“为什么不呢，为什么我们不能让孩子享受家庭成果呢？”当然大家并不否认，对男孩们和女孩们所渴望的东西，应该有一个合理的购买量。但是许多孩子被对他们有害的奢侈行为所淹没了。繁荣富足比艰难不幸对人的品格提出了更大的考验。

让孩子感到无论他想要什么、无论什么时候想要，他都有权得到，没有什么比这更能抑制孩子对父母的感激之情了。

观察男孩或女孩在生日晚会或圣诞节打开礼物的情景，是很有启发意义的。

孩子的生日晚会上，孩子对贵重的礼物只看了一眼，就一个接一个地丢到一边去了。孩子的冷淡和不欣赏使母亲很不舒服，于是她说：“噢，孩子！看这是什么？是一台小录音机！你要对奶奶说些什么呢？给奶奶一个紧紧的拥抱吧。你听到我的话了吗，孩子？去给奶奶一个热烈的拥抱和一个吻。”

孩子可能会或者也可能不会对奶奶说几句感激的话。他的冷淡源自于这样的事实，即凡是容易得到的东西都没有多少价值，而无论买主当初花了多少钱购买。

孩子们竟然会对他想要的某些东西不屑一顾，还有一个原因，尽管听起来不可信——但当你给孩子太多东西的时候，实际上是在骗取他的高兴。

当一个强烈的愿望满足时，快乐就产生了。如果没有需求，也就不会有快乐。一杯水对一个快要渴死的人来说，比黄金还宝贵。这一原理显然可以适用于孩子。

不给孩子缺少某种东西的机会，他永远也享受不到获得它的喜悦。如果你在他会走路之前给他买三轮脚踏车，在他会骑车之前给他买自行车，在他会开车之前给他买汽车，在他知道金钱的价值之前给他买钻石戒指，他会带着很少的快乐和更少的感激之情收下它们。这样的孩子是多么不幸啊，他永远没有机会去渴望一些东西，晚上梦到它，白天计划着它。本来他甚至有可能下决心为了得到它而工作。通过渴望而得到的同样的东西，可能成为战利品和宝贝。所以，让孩子品尝暂时失去的感受，这更加能使孩子懂得许多道理。

帮孩子丢掉依赖，是培养孩子责任意识的开始

有一位妈妈领着四岁半的儿子去游玩，遇到一个土坑，儿子非要下去玩。当儿子玩得高兴时，妈妈躲到不远处的地方，不让儿子看见。儿子玩够了，要上来，开始喊妈妈。妈妈却一声不吭，装作没听见。儿子开始直呼其名，她还是不理。于是，儿子连哭带骂：“坏妈妈，大坏蛋！呜呜……”可无论怎样哭喊都不见妈妈露面，儿子只好自己想办法。他发现土坑里有一个小阶梯，便手脚并用地爬出了土坑。当他发现妈妈就在不远处蹲着时，便惊喜地扑上去，高兴地举着小拳头自豪地说：“我是自己爬上来的！没有妈妈，我自己也能

爬上来！”

由于孩子小，家长出于对孩子的关爱，无微不至地照料孩子吃穿住行，安排好孩子的学习生活，让孩子按家长的命令行事。这种做法在孩子很小的时候是可取的，但随着孩子年龄的增长、自立能力的增强，家长就不能拘泥于这种方法了，因为这样容易使孩子产生严重的依赖心理，影响孩子独立自主地成长。家长这时的主要任务就是要锻炼孩子们的自理能力，渐渐帮助他们改掉依赖的习惯。其实改掉依赖的习惯是培养孩子责任意识的开始。

如果孩子什么事都依赖家长，那他自然不会想要自己做自己的事，也就不会有自我责任感，这是人类惰性使然。而家长不可能让孩子依赖一生，真正的爱是要培养其独立自主的能力。帮助孩子改掉依赖的习惯，做家长的就应该从自身做起，严格要求自己，不能什么事情都代替孩子做。因为孩子本身就是一个独立的个体。孩子也有独立的人格、尊严和决定自己未来的权利。

每个孩子都有自身的特性。有的家长不顾孩子的天性和意愿，以过来人自居，越俎代庖地为孩子一生划下明确的路线，让孩子按照自己制订的目标和路线去努力。而有些家长让孩子完全脱离集体这个大环境，在封闭的状态下按自己的方式教育孩子，给孩子的心理造成难以消除的阴影，造成孩子性格扭曲，孩子成了满足自己心理愿望的工具。这样的做法看起来似乎是为了孩子的将来，实际上不利于孩子责任意识的培养和养成，也是家长自私的体现。

鲁迅先生曾说：“子女是即我非我的人，但既已分立，也便是人类中的人。因为即我，所以更应该尽教育的义务，教给他们自立的能力，帮助他们改掉依赖的品行，锻炼他们的责任意识；因为非我，所以也应同时解放，全部为他们自己所有，成为一个独立的人。”鲁迅先生的话正表达了这样一种现代教育观念：子女，是我的孩子，又不完全等同于我，他从母体出来后，已与母体分开，成了人类中的一个独立的人。因为还是我的孩子，作为家长就有教育他的义务，而这种教育主要是教给他自立的能力，而不是任何事情都帮助他们处理，因为他不等同于我，所以要解放孩子，使他们完全成为独立的人。

孩子告别依赖，一个重要的表现是独立地生活。要独立生活，就要做到自己的事情自己负责。孩子在面对生活中的各种事情时，只有明确了自己的责任，并勇于承担自己的责任，才能成为真正独立的人。所以，平常就要让他们养成自己的事情自己做的习惯。从现在开始，让他们自己动手做他们自己力所能及的事情：自己收拾、打扫自己的房间，整理自己的衣服，学习上遇到了困难要自己多想办法解决，不要依赖别人的帮忙，家长工作忙的时候要学会做饭，等等。这些小事，都可以成为锻炼孩子自理能力的机会，不能再事事让孩子依赖家长。

家长除了教会孩子自己的事情自己负责，让孩子生活能自理之外，还要让孩子从思想上做到不依赖成年人，这就要加强对孩子独立思考能力的培养，让孩子做到能独立地提出问题、思考问题、解决问题，养成自觉的好习惯。自觉的培养比起让孩子能生活自理则更进一步了，它是孩子全方位发展的体现，只有做到了自觉，才谈得上尽量不依赖成年人。

另外，家长在教育孩子的时候，要让他们懂得自己未来的道路是靠自己的力量走出来的，要他们学会依靠自己，这样才能使成功的道路越走越远，越走越开阔。

不让孩子为自己的错误找各种借口

现在的孩子找起借口来简直就是“专家”，他们一张嘴就是借口，做什么事情、犯什么错误都有托词。生活中，孩子有时会做出父母不愿意让他们做的事，为了避免父母的责怪，他们便会找出一个个借口。

王成今年初二，他很聪明，也很努力，成绩一直是班里前三名，但是，他也比较顽皮，经常为自己的过错寻找借口。

一天王成上课迟到了，老师问他为什么，他随口就说：“妈妈做早餐的时间晚了，我才会迟到的。”又一天，王成放学以后跟同学去踢足球，忘做家庭作业，第二天早上交作业的时候，他告诉老师说：“我做好了，只是忘在家里，没带来。”诸如此类的事情还有很多。

一次期中考试，王成的英语成绩虽然看起来不差，但跟平时相比，考得很不理想。妈妈问他：“英语不是你的强项吗，怎么考成这个样子？”王成又找了一个借口说：“我们新来英语老师普通话不太好，所以他有些话我都听不懂。”妈妈说：“聪明的孩子从不会为自己的过错找借口，他们会虚心地接受别人的批评，默默改正。其实，考得不好没有关系，积极总结经验，争取下次考得好就是了。”

王成想，老师也批评过自己这个毛病。于是他没有像往常那样跟妈妈争辩，而是决心改正自己的这个缺点。

在日常生活中，如果你的孩子也有常为自己找借口的不良习惯，父母应该反思一下，是否自己也有推卸责任的时候；或者孩子做错事情时，父母以严厉的责怪、打骂的态度来对待孩子。如果真是如此的话，孩子找借口的坏习惯根源在父母。

孩子不小心犯了错误，他们为了逃避成人的责骂和惩罚，就经常会推卸责任，跟撒谎的恶习还是有区别的，但长此以往也会向不好的方向发展。作为父母，应该理解孩子，但必须让孩子知道，他这样做会对别人造成伤害，以后注意就好了，不要过多地指责和惩罚孩子。

如果孩子犯了错误，父母应该心平气和地跟孩子讲道理，沟通彼此的看法和感受，并讨论不同的应付方法与结果。

有时候，孩子爱找借口是家庭和学校教育不当造成的，为了孩子的健康成长，不能允许他总是为自己找借口，必须培养孩子的责任意识。

根据这个问题，专家给父母的建议是：

1. 培养孩子的责任意识，出问题时要让孩子学会对自己负责

要让孩子明白这个问题的责任不在老师、父母，更不在其他人身上，这是一种对自己负责的人生态度。

比如，孩子说英语没考好的原因是英语老师普通话不好，那么就要问他："其他那么多的同学为什么都能听懂？"总之，父母应从这些点点滴滴的事情上，教育孩子不要为自己的过错或失败找借口。防微杜渐，就会慢慢地培养起孩子的责任意识，他们就能坦然面对自己的错误或失败了。

有一个重要的前提是，要允许孩子犯错误，给孩子改正错误的机会。

2. 告诉孩子："不为失败找借口，要为成功找方法"

失败与成功这对"冤家"，既是死敌，又是死党。因为失败是成功之母。谁也不能保证自己是现实生活中的"常胜将军"，所有人都曾尝试过失败的滋味。人在失败时，会沮丧、烦恼甚至堕落，在这个苦闷的时刻，也许给自己找些看似恰当的借口可以使自己更舒服一些。而这些看似恰当的借口，其实是在掩饰过错或者不敢正视自己的失败。父母要将这个道理传达给孩子，失败的时候要积极、勇敢地去分析原因、寻找方法，解决存在的根本问题，取得最终的成功。

十二岁以下幼儿、小学生的心理发展特点是以形象思维为主，因此，对儿童的教育应以行为训练为主，应针对孩子的个性，注重培养其形成良好行为习惯，少用说教、讲大道理的方式。通过对孩子的训练体验，激发他们的兴趣和自觉模仿。当形成自动化的行为习惯之后，就会显现家教对儿童的正面教育成果。

3. 分析造成孩子习惯找借口的原因

一般来说，孩子不知认错可能与以下原因有关：从小被夸奖太多；被过分溺爱；语言表达能力强，伶牙俐齿而学会找借口；家长无奈而办法较少；没有有效的奖惩措施；说教多而行为训练缺乏等等。最好对不同孩子的不同情况做客观的分析，家长从自己的教育方式上注意改进。

4. 用游戏和生活小事引导孩子形成是非观念

可先让孩子学会评价和批评别人，例如，和孩子做游戏时，家长故意犯错，让孩子来纠正。日常生活发生的小事，也让孩子学会评价，例如家长坐公车丢了钱，是不是个错误？怎样吸取教训？家长工作没做好，被领导批评了，是不是错误？应该怎么办？

引导孩子懂得，人人都可能犯错，但自己要承担犯错的后果。启发孩子认识到，有了认错和改错的勇气就好，不认错、不改错才是个胆小鬼。

有了这样的自我意识，孩子才可能改掉他的毛病。

5. 多进行“行为训练”

应尽量引导孩子学会“自我评价”和积极行动，家长如果总是对孩子的错误提出批评，孩子就会不服气，为自己辩解。

家长最好用提问的方式，来帮助孩子认识自己存在的问题或错误。年幼的孩子是非观还不是很明确，但他知道家长对他期望值很高，因此，总是强调自己正确的、有好的表现。家长应避免过多的唠叨说教和严厉批评，让孩子知道不看口头说得多好听，关键看行动，将家教的重点放在多训练孩子的良好行为习惯上。

家长可以帮助孩子制订一个简单的计划，针对孩子的一些毛病，每段时间重点改正其中的一个。可以用这样的方式，逐步克服孩子常出现的错误和毛病。

孩子是在错误和失败中成长的，所以，家长也不能对孩子要求过高，没有十全十美的孩子，出错很正常。注意要让孩子逐渐减少错误，不犯同样的错误。

6. 为孩子建立“成长日记”

对孩子的情况，每天做一些记录，也可适当运用摄像、拍照等方式，对孩子进行有根据的、有针对性的教育，这有利于令孩子心服口服。

家长可以跟孩子约定，孩子多长时间内，能够做到什么，做好了奖励什么；如果在一定阶段没有做到，如何进行惩罚。

这个奖励不是“物质刺激”，只是孩子学习或生活上的必需品，也不应太贵重；惩罚也不是体罚，可以用益于健康的方式，例如爬楼梯、跳绳、做家务、减少零花钱等方式。

父母对孩子做到奖惩分明，有利于帮助孩子学会自我评价和自我约束。

孩子的责任感一定要从小培养

有责任心的孩子，能运用他的智慧、信心和判断力去做出决定，会独立行事、考虑他的行为后果，并且在不影响他人利益的情况下实现自己的需要。

几乎每一个父亲或母亲都希望自己的孩子有责任心，而且相信责任心是一个人立足于复杂社会，能担当重任的重要条件。但是，孩子并不是天生具有责任心的，它是在适宜的条件和精心的培植下，随年龄和心灵的成长而生长起来的。家庭是孩子责任心赖以滋长的土壤，父母对待孩子的态度、教育孩子的方法是孩子能否健康成长的重要条件。在家庭环境中长出责任心的“幼苗”，才能在更复杂的环境中经受考验，得到修正和磨炼，最终成为一个自强、自立的人。

有责任心的孩子明白自己的义务，并且愿意主动履行义务，愿意承担自己行动带来的后果。

家庭责任心主要是指能尊重其他家庭成员的权利，自愿承担家庭义务，为自己的行为承担责任。一个具有家庭责任心的青年，不仅能在现时的家庭生活中扮演好家庭成员的角色，在未来的生活中也有能力支撑，组织好属于自己的家庭，他的一生不仅能享受到家庭生活的充实、快乐，同时，也能创造出温馨、和睦的家庭气氛。

身为父母，可能会抱怨“我的孩子个子比我都高了，可事事都得为他（她）操心，自己的衣服不知道洗，房间乱糟糟，等着我们替他收拾，上学前总嘱咐带好东西”，“十几年来，我们为孩子付出了很多，自己省吃俭用，为孩子创造了优越的条件，希望他成人、成才。好不容易眼看着孩子快要成人了，他却不理解我们的良苦用心，总在埋怨我们管得太多。有时甚至指责我们不是合格的父母”，“孩子每一年都盼望着自己的生日，因为我们会按照他的意愿，送给他喜欢的礼物，精心为他安排一切，只要他高兴，我们就高兴。可是，他却很少记得我们的生日”，“有一次，我有事回家晚了，女儿为我炒了两样菜，虽然忘了放盐，却是我吃过的最好吃的菜”。

这些父母是有理由感叹的。孩子在家庭中享有特殊的权利，成为全家关注的“焦点”，却缺少对其他家庭成员应有的关心、照顾，不愿承担家务劳动，只会抱怨父母不理解自己，却很难理解父母，理直气壮地为自己争取权利，却意识不到自己对父母，对家庭应尽的义务。或者有的孩子在学校是三好学生、优秀干部、好人好事标兵，在家中却事事依靠父母。偶尔为父母做些事，父母就感动不已。

孩子家庭责任感淡化的原因主要是父母的观念、态度和教育方法造成的。父母惯于把孩子看成自己的私有财产，把自己的意愿强加于孩子，很少给孩子应有的尊重和平等参与家庭问题讨论决策的机会。或是父母把孩子的利益、需要一直放在首位，对孩子唯命是从，呵护倍至，唯恐孩子受委屈。再者，有些父母最关心孩子的学习成绩，认为只要学习好其他的问题都是次要的，为了让孩子有更多的精力和时间学习，包揽了所有的事情。

其实，未来生活所必需的观念、态度和技能不可能全在书本和学校中学到的，孩子在家庭生活中也时时处处在学习，这同样是一种学习，而且是很重要的学习。在家庭生活方面给孩子必要的指导，有意识地培养孩子的家庭责任感，是父母的责任。

怎样认识孩子在家庭中的地位呢？来看看这样一个故事。

在美国洛杉矶，有一个醉汉躺在街头，警察把他扶起来，一看是当地的一位富翁。警察说要送他回家，富翁说："家？我没有家。"警察指着远处的别墅说："那是什么？""那是我的房子。"富翁说。

在我们这个世界，许多人都认为，家是一间房子或一个庭院。

然而，当你的亲人一旦从那里搬走，一旦那里失去了温馨和亲情，你还认为那儿是家吗？对名人来说，那儿是故居。对一般的百姓来讲，只能说曾在那儿住过，那儿已不再是家了。

在这个世界上，家是一个充满亲情的地方，它有时在竹篱茅舍，有时在高屋华堂，有时也在无家可归的人群中。没有亲情的人和被爱遗忘的人，才是真正没有家的人。

孩子一出生便成为家庭中的一员，他是一个走向成熟独立的人。父母有责任照顾他、抚养他，有权利引导他、规范他，但无权以自己的观念禁锢他，以自己的意愿强加于他。孩子应受到尊重，孩子也应尊敬、关爱父母及他人，分担家务。

孩子不应是家庭中的核心，也不应是家庭的附属品或私有财产，而是与其他家庭成员一样，是一个独立的人。

随着年龄的增长，生理及心理逐渐成熟，孩子应越来越多地享有独立与自由，以及平等参与家庭问题讨论决策的机会，家庭责任感的增强是孩子心理真正成熟的表现。家长若能意识到孩子与父母之间是平等的，相对独立的，靠亲情相互联系的关系，并有意识地引导孩子明确自己在家庭中的地位，消除特权的、核心的，或附属的、被管制的等不良角色意识，不仅能创造出和谐的家庭气氛，也能促使孩子健康成长，为孩子的未来生活奠定良好的基础。

给孩子一点空间。这"一点空间"有两层含义，一是指生活的空间；二是指心理的空间。

每一个家庭，无论房间大小，也无论贫富，仅从房间的布置上就能看出家庭成员在这个家庭中的位置。整洁、肃穆的布置是家长权威，甚至专制的体现；杂乱无章是家庭人际关系不当的反映；每个房间或同一房间的不同空间风格有异都给人以和谐统一的感觉是人与人之间相互独立，又和睦共处的体现。后一种房间的格局是理想的。

给孩子一点空间，允许孩子按照自己的喜好去布置，但又给孩子限定范围，不要因自己的好恶而干涉、侵占了别人的生活空间。

也许年近中年的父母，并不喜欢某位歌星的特写，也看不惯那些所谓的“前卫”的小摆设，但那不等于孩子不喜欢。我们不欣赏的并不等于不好，我们不赞同的也并非都是错误的，为什么非要以我们的意愿去统治这个家庭呢！年轻人热情、有朝气，他们会用一种形式把他们这个年龄所特有的激情和审美表现出来，以此来表现自己，突出自我。理解了这些，我们应尽可能为孩子在家中留出一点空间，让孩子自己动手布置，家长可以提出建议，但仅仅是建议而已。让孩子在属于自己的生活空间感受到一份轻松。

生活空间是有形的，心理的空间则是无形的。给孩子一点心理空间是指给孩子充分的尊重和适度的自由。每个人都有一块属于自己的精神家园。不千方百计地窥视干涉别人的隐私这是最基本的尊重。也许每个家长都想知道自己的孩子在想些什么、做些什么，孩子自己不愿说，日记本和私人电话就成了许多家长的目标，但那是千万不能碰触的“禁区”。

尊重是相互的，家长一旦侵犯了孩子心理空间，亲子之间关系的恶化就不可避免了。孩子有一定的权利和能力主宰自己的生活了，尽管在校学习期间，经济上不能独立，但心理上却已开始独立了。给孩子更多的自由，意味着对孩子的信任和宽容。有些家长对孩子的一切事情都过问，例如放学后应该几点钟回家、跟谁一起玩、晚了一会儿便一再追问。

也有些家长抱怨在孩子的问题上总是操心费力不讨好，父母为管孩子已是身心疲惫，孩子不仅不领情，反而反感、厌恶。其实彼此多一些信任、宽容，就会多一点自由，也多一份轻松。

有一位心理学家说过："一个孩子最初是从别人对待他的方式中学习怎么对待别人的。孩子对父母及他人的尊重、理解、信任和宽容是从父母及他人对孩子的态度中学习到的。因此家长在抱怨孩子不尊敬自己、不理解自己的同时，是否应该反思一下自己是怎么对待孩子的呢？"

给孩子多一点平等参与决策的机会。

家庭生活总免不了风风雨雨、坎坎坷坷，每个人的承受能力都是有限的，当风雨欲来时，你会希望至亲至爱的人与你相依相伴。父母希望为孩子支撑起一片蓝天或一把保护伞，让孩子生活得比自己更幸福快乐。但让孩子一起经受风雨，就更能磨炼他们坚强的意志和处理问题的技能技巧，同时也能让孩子体验到为人父母的良苦用心和辛劳，这种体验能加深亲子之间的相互理解和关爱。

上高中的孩子无论是生理还是心理的发展都已具备了作为成人与父母分担家庭问题的条件。家庭中的重大问题不应有意回避孩子，而是承认孩子有资格平等参与讨论，允许孩子的观点有些偏激，对他们来说，这是很好的学习机会。孩子的意见应受到充分的重视，或许孩子比我们的信息来源更快捷，头脑更灵活，也更富有创新精神，对父母来说，这也是向孩子学习的机会。

比如家庭问题，鼓励孩子参与讨论可以用这样的语气"我们很想听听你的意见""我想你有必要知道这些情况""你说得很有道理，但是我是这样想的"……经常用这种方式与孩子对话，并重视孩子的意见，会让孩子感到自己受到重视，享有一定的地位，同时也会意识到自己应该与父母共同担负起责任。

家是每一个成员共同的、相互的分享与承担，这不仅会使原本沉重的家庭负担减轻，还会使各成员之间关系更加亲密，孩子就是在这种被重视中成熟起来的。

有些孩子常抱怨："我好像是一根松紧带，做不好事情，父母说：'这么大了，怎么还不会！'发表自己的意见，父母又说：'你还小，不懂这些事！'一会儿被拉长，一会儿又变短，不知道自己是大还是小。”说大不大、说小不小的孩子常常使父母很为难，只要相信把属于他们自己的事情让他们自己去做，让他们学会理解，学会尊重，学会分享与分担才是对的。

培养孩子的家庭责任感的根源在于家长是否具有家庭责任感，还在于家长是否给孩子练习的机会。如果不是一个尽职尽责的父亲或母亲，怎能对孩子进行责任心的教育呢？父亲与朋友玩麻将通宵达旦，不顾及对家人的干扰；母亲忙于在外应酬，家里一团糟，父母有什么理由和资格去埋怨孩子不愿回家呢？

在一个专制的大人王国里，也难以培养出有家庭责任感的孩子，因为家长对孩子控制得太死，管制得太多，使孩子没有机会就某件事做出负责的行为，孩子做事只是服从，听命于大人的意见。而我们强调的责任感并不是指你的孩子按照你告诉他的方式去行事，而是一旦家里需要额外帮助时，他能主动发现并自主地做出反应。

只有民主的家庭，才是家庭责任感生长的最佳环境。在这样的家庭，人与人相互独立（并非各行其是，漠不关心），彼此尊重又相互关照，孩子受到重视，家长具有威信。

因此，在讨论家庭中的责任与分工之前，首先需要每一位家庭反思一下，自己是否是一个有家庭责任感的人？自己惯用的教养态度和方式是否有利于责任心的培养？在抱怨自己的孩子缺乏责任感之前，先对自己说一句：“家长是孩子模仿的对象。”然后就有可能从抱怨孩子，转而反思自己。要想改变孩子，也应从改变自己开始。

在家庭生活中如何创造或抓住机会培养孩子的责任感？关键是，你必须赋予孩子一定的责任，以便有针对性地进行教育。空洞地说教是不能培养孩子的责任心的。通过赋予孩子责任，通过让孩子收获责任心行为的报偿，或忍受他们行为的不良后果，才能让孩子建立责任心。

第4章

要“狠”心，让孩子学会独立自主

放手，让孩子打理自己的生活

21世纪，科技发展更加迅猛，一个缺乏独立性的孩子是无法适应现代社会需要的。因此，家长要想树立适应社会发展的教育观，应该尊重孩子及培养孩子的独立个性，这样孩子才可能会获得自己想要的独立意愿。

孩子从出生那天开始，就是一个独立的个体了，就已经有了自己独立的思想和意识。无论是父母还是老师，都没有特权去支配和限制孩子的行为，尤其是妈妈，她们总是想要为孩子创造好的生活环境，不舍得孩子去做任何事情，希望用自己的双手来包办孩子所有的事情，觉得这样才是对孩子好。其实不然，这样往往不能让孩子感受到快乐，也不会给孩子带来任何的成就感。

在教育孩子的过程中，妈妈们要学会换位思考。孩子希望自己能够在思想上获得独立，妈妈们没有必要总是对孩子的事情指手画脚，要懂得放手，让孩子做他们想要做的事情。对于孩子日常的生活，妈妈们不要多加干涉，只要是孩子能够做的事情就让孩子自己去完成，千万不要让孩子感觉自己没事可做，这样在孩子长大之后会严重缺乏独立性，遇到事情第一时间想到的也是父母。所以，培养孩子的独立性，关键就是要鼓励孩子去做他们力所能及的事情。

可是，很多妈妈却把孩子当成是自己的珍贵的私有财产，百般宠爱自己的孩子，但从来不去尊重孩子，这样的例子太多了。在生活上，家长总是想包办代替所有的事情，总是想为孩子安排好一切；甚至在孩子的学习上，也替他们做好安排，比如说安排孩子怎样去学习、学什么。无疑，妈妈们在不知不觉中剥夺了孩子独立成长的机会。

刘美玲已经十岁了，她一直在爸爸妈妈的细心呵护下长大。平日里不管做什么事情，爸爸和妈妈都会把一切事情都给刘美玲准备得妥妥当当的。刘美玲对这一点是非常反感的，随着年龄的增大，刘美玲觉得妈妈还将自己当小孩儿看待，她想要独立。

刘美玲决定先从上学这件事情上做起，她觉得自己从小事上做起，总能够独立起来的。以前刘美玲上放学都是爸爸来接送的，但是现在她想自己马上就要升小学五年级了，她想要自己独立，不再让爸爸接送。再说从家到学校的路她已经很熟悉了，她想要自己一个人去上学，而不想再让爸爸接送。

在新学期开始的第一天，刘美玲将自己的想法告诉了爸爸："爸爸，我不想让你送我上学了。我已经长大了，自己能够上放学了，你在家休息吧，我自己上学去了，别的小朋友也都是自己上放学的，你再接送我，万一被同学们看到了，肯定会笑话我的。"

但是刘美玲的想法却没有得到家人的支持，爸爸说："学校这么远，你一个女孩子，还这么瘦小，怎么能够一个人去上学呢？万一路上遇到坏人怎么办。"妈妈也在一旁帮腔，说："车那么多，如果出点意外那可怎么办？没有大人跟着怎么能行呢？还是让你爸爸去送你上学吧！"

最终没办法，胳膊拧不过大腿。刘美玲还是在爸爸的"保护"下上学。

渴望独立是孩子的天性，不要以为孩子希望妈妈们包办他们所有的事情。如果限制孩子和束缚孩子必须去做某件事情，其实就是画地为牢。而让孩子自己探索着去打理自己的生活，他会不断地发现生活中的乐趣，也会有很多机会锻炼自己。但是现在很多家庭都是独生子女，妈妈们都舍不得孩子做事情，可以说孩子是家里的小太阳，全家人都围着他一个转。对孩子过分宠爱或者过度保护，甚至是过多照顾，都会让孩子觉得自己的存在没有价值，根本满足不了孩子成长中所有的欲望。孩子成长过程中，他们是需要成就感的，所有，妈妈们要想满足孩子的成就感，不妨让孩子在生活上自己照顾自己，妈妈们大胆地放开手，让孩子做一个小管家，管理自己的事情，尊重孩子的独立性。

有的妈妈担心孩子在做事情的过程中出现错误或者是失败，那么，妈妈们不妨去告诉孩子该怎么做，提醒孩子，但是千万不要一切都包办。在孩子尝试着自己做主的时候，千万不要对孩子说“你还小”、“你不懂”、“你不行”这样的话，这会让孩子失去自信。意大利著名的儿童教育学家蒙台梭利曾经这样说过：“教育首先需要正确地引导儿童沿着独立的道路前进。”当孩子慢慢长大之后，他就会希望像大人那样承担一定的义务，并且也希望能够像大人那样拥有属于自己的空间。所以说，作为妈妈，不要太压抑孩子独立性活动的意向，应该去解放孩子的手脚，多给孩子一定的锻炼机会，然后让他们做一些力所能及的事情，多多培养他们的独立自主性和自主思维。如果真的这样去做，你会发现，孩子的成长速度是十分惊人的，他们潜力远远超出我们大人的想象。

妈妈应该尽量多给孩子锻炼自我独立性的机会和勇气，这样孩子便能够在自我服务中增强责任心。那么，妈妈们要如何来保护和尊重孩子渴望独立的意愿呢？

1. 注意保护孩子的自尊心

心理学家认为，自尊心是一种精神上的需要，是人格的内核。当然，人都会去维护自己的自尊，这种行为是人的本能与天性，并且，孩子的自尊心是他们成长中的动力。在生活中，我们要保护好孩子的自尊心，同时，增强他们的自信心，这当然是合格妈妈的责任。妈妈应懂得孩子的自尊心是他们一生做人的资本，不要随意伤害与践踏它。

2. 让孩子自主选择、自由探索

妈妈们有责任去引导孩子的行为变得更加合理，孩子在成长的每一个年龄阶段都会有其特有的身心发展特点以及生活发展内容，家长应该把原本属于他们的独立和自由还给孩子。只有这样，才能够发掘孩子身心发展的巨大潜能。

3. 为孩子创造一个思考的氛围

这对孩子形成独特的个性是十分有帮助的，在孩子发展的过程中，有创新意识的思维、举动也是很重要的。父母不能因为孩子的年龄还小，需要成人的照顾而把他看成是成人的思想附属品，要受大人们的支配。孩子也是一个完整的个体，妈妈们一定要为孩子营造一个独立思考的空间和氛围，这样才有利于孩子培养独立的思维形式。

4. 对孩子的独立成果应做出及时的反馈

积极的反馈能够让孩子意识到自己内心潜在的力量，对于家长来讲，他们的意见只能是参考，而不能是指导，当然更不应该是命令。在必要的时候，妈妈们应该尽可能地为孩子的独立活动创造一个安全的环境。当孩子在独立完成了一件事情之后，妈妈们应多给予鼓励，鼓励孩子更好地去实现自己的成功。

总而言之，随着孩子的不断长大，他们的自我意识是有所增强的，思维能力也是在不断提高的，对于大人的说教行为，他们不再是“照单全收”，而是会学着发表自己的看法和想法了。所以，妈妈们不妨去培养孩子的这种独立的思维，让孩子感受到快乐的同时，也感受到自己存在的价值。

多给孩子一些信任与理解

自信心是孩子立足于社会的重要能力之一。但是自信力绝非是与生俱来的，关键在于妈妈们对孩子后天的细心培养。要想保证孩子有充足的自信，那么妈妈们首先要做的就是相信孩子，妈妈们往往习惯性帮孩子做很多事，出发点自然是爱孩子的，但这种行为往往会导致孩子丧失学会照顾自己的动力，甚至丧失与人交往的机会，并造就孩子以自我为中心、缺乏独立人格的性情。

在日常的生活中，妈妈们要善于发现孩子长处，并多多赞扬，从而来帮助孩子树立自信心和自尊心。通过这种方式来表现对孩子的信心以及信任，妈妈们可以对孩子说："宝贝，妈妈相信你能做到。"当指出孩子优点的时候，妈妈们可以说"宝贝，妈妈觉得你的英语成绩很好"等。妈妈们应该用各种方法来让孩子感受到自信和来自妈妈的理解。

对于孩子来讲，他们需要妈妈们的信任，如果妈妈们对孩子不信任，他们会觉得很无助，同时也会觉得自己没有值得信任的地方。所以说不管在什么时候，妈妈都要让孩子了解到，妈妈是他最值得信任的人，而妈妈也是最信任孩子的。

一个懂得理解孩子的妈妈往往是一个知心的妈妈，对孩子来讲能够得到妈妈的理解将是幸运的事情。孩子希望最理解自己的是自己的妈妈，在他们眼中，只要妈妈们能够真正地理解自己，妈妈就是最值得信任的人。孩子也就会十分依赖妈妈，这种依赖不是缺少独立性，而是信任的一种表现。

刘漠漠的儿子今年已经七岁了。一次，儿子在学校和同学打架，刘漠漠就被老师叫到了学校，老师说希望刘漠漠回家管管儿子。刘漠漠知道自己的儿子虽然调皮，但是很少与别人打架，她想儿子和别的小朋友发生冲突，肯定是有原因的，于是便找到儿子，问儿子怎么回事。儿子说那个叫小山的男孩儿骂自己是私生子，骂自己没有爸爸，所以他才打那个小朋友的。

刘漠漠听完儿子的话，心里很不是滋味，因为刘漠漠的丈夫是一名军人，很少有时间回家照顾他们，一年也就能见一次面。刘漠漠对儿子说："儿子，你的爸爸是一名光荣的解放军战士，你不是私生子，妈妈理解儿子这次打架行为，以后儿子不要再和小朋友们打架，只要告诉他们真相就行。如果他们还这样说，你就告诉老师，或者是回家告诉妈妈。要知道打架是不对的。"

儿子本以为回家之后妈妈会狠狠地骂自己一顿，没想到妈妈这么理解自己，于是，他从那次之后再也没打过架。

妈妈们不仅要表达自己对孩子的理解和信任，同时也要通过自己的行为表达出来。当孩子感觉到自己的妈妈很理解自己的时候，他们会十分开心，不管是做什么事情，要想让孩子听话，那就一定要让孩子信任自己。那么在生活中，妈妈们怎么做到让孩子信任呢？

1. 答应孩子的事情就不要轻易反悔

对于孩子来讲，他们希望妈妈们能够对自己做到诚信，尤其是答应了自己的事情。对于妈妈来讲，很多时候会不由自主地答应孩子做什么，一旦答应孩子就不要轻易改变。如果妈妈们总是轻易改变自己承诺，那么孩子会觉得妈妈不可依靠，自然不会对妈妈产生信任。给孩子一些信任的前提是让孩子能够去信任自己，如果孩子不信任妈妈，自然妈妈也更是理解不了孩子。

丝雨作为一位妈妈说道："有的时候我不知道怎么样才算是理解孩子或者是信任孩子，认为孩子还小，自己做了那么多的事情，只要是对孩子好不就行了。所以有的时候答应过孩子的事情，心想也没有必要去完成。但是我发现，这样的行为造成了孩子不理解我，可能是榜样作用吧，后来发现很多事情孩子不信任我，而我也开始不信任孩子了，这对孩子的成长是十分没有好处的。所以说，要想多理解孩子，首先要让孩子信任妈妈、理解妈妈。"

2. 理解孩子的过失，站在孩子的角度去思考问题

孩子会犯错这是很正常的，妈妈们不要急于批评孩子，也许孩子犯错是有原因的，对于孩子来讲，他们内心也是不希望自己会犯错的。所以，这个时候一定要站在孩子的角度去思考问题，千万不要误会了孩子或者是错怪了孩子，一定要考虑到孩子的感受。

王萍说："一次，我的女儿在幼儿园和小朋友闹矛盾，还动手打了对方，回家之后，我知道了这个事情，很生气，便去责备她。当时女儿感觉很委屈，还哭个不停。后来我才知道，女儿和小朋友闹矛盾是因为对方抢了她的玩具，并且给她弄丢了，这还不是关键，关键是还不跟女儿道歉。知道经过之后，我真的很后悔，后悔开始的时候怎么不多理解孩子一下。要知道我的女儿以前都一直很乖，从来没有跟小朋友打过架，我应该相信女儿，不该说她'越来越不学好'。"

从那次之后，王萍开始理解孩子，不管自己的女儿做错什么事情，她首先会站在孩子的角度去思考问题，并用孩子的思维去跟孩子讲道理，她的女儿也深深感受到了妈妈的关怀和理解。

鼓励并充分尊重孩子发表自己的见解

曾经有位外国人评价她的中国邻居说："很大一部分物质生活能够得到满足的孩子，不过是外表时尚的'提线木偶'而已。"当然，这也是一句令很多妈妈都感觉触目惊心的论断！但是妈妈们应该想一想，先撇去其中的偏激语气不谈，请妈妈们环顾自己生活的四周，应该可以发现很多已经被剥夺了话语权和选择权的

孩子，他们没有权利去选择自己想做的事情，没有权利去挑选自己喜欢的朋友和玩具，没有权利发表自己的见解和认识，甚至没有权利去选择自己的人生。虽然妈妈们总是口上说着“宝贝，妈妈这么做是为了你好”，但是孩子的思想并没有得到尊重，妈妈们总是在做一些不尊重孩子的行为，根本不尊重孩子的观点和见解。

然而，妈妈们错了，很多时候，妈妈们真的是忽略了孩子的真实内心，如果站在我们成人的角度，会以为孩子什么也不懂，而却完全没有和孩子做好必要的沟通，以至于孩子会渐渐地不愿意和妈妈交流，或者会想到以其他的方式来进行反抗，比如当孩子哭闹或者是生病的时候。而妈妈们呢，却只会一味地埋怨自己的孩子“不懂事”。没错，他们的年龄还小，生活经验也是有限的，当然，判断力也会出现不足的情况，但是，这并不等于说，他们对自己的生活没有发言权。

曾有一项调查显示，在生活中有 70% 以上妈妈会承认自己没有耐心听孩子说他们自己的思想和观点。其实，造成这种现状出现的原因并非是单方面的，可能是社会节奏太快，妈妈们没时间，另一方面是因为妈妈们自我观念太强，以至于无法容忍孩子的“胡说八道”，或者说没有想过孩子也是需要有话语权的，也应该得到应有的尊重。

孩子有自己想事情的方法，孩子希望能够通过自己的思想来实现自己的愿望，所以说妈妈们应该鼓励孩子多思考。孩子需要养成独立思考的习惯，不管是在以后的生活中还是在童年时期，独立思考是孩子必备的素质。妈妈们鼓励孩子去思考、去表达自己的思想，其实就是在培养孩子的独立思考能力。当然，这就要让孩子发表自己的观点。

在妈妈们尊重孩子话语权和自己思想的过程中，还有一点是非常值得注意的，那就是不要轻易打断孩子的话。不管是因为没有时间来听孩子细说，还是觉得孩子的话根本没有道理，当妈妈们和孩子进行交流或者聆听孩子说话时，都不能够轻易去打断孩子的话。

如果妈妈们尊重孩子的思想，这对孩子来讲是好的榜样，以后，孩子也就不会做出轻易打断他人的话的行为，因为他们知道这是不礼貌的行为，从而也就帮助了孩子养成认真去倾听的习惯。这样做还可以让孩子充分地表达自己的感受和想法，即便孩子心中有什么不愉快的事情，都能够大胆地表达出来，这样有助于孩子去发泄自己内心的负面情绪，也有助于孩子做得更好。有时孩子与妈妈们倾诉，并不是为了让妈妈帮助自己解决问题，而仅仅是想要妈妈们了解自己的感受，产生思想上的共鸣而已。

妈妈们通过鼓励孩子发表自己见解，可以保持孩子思维发展的连续性、紧密性和一定的逻辑性。孩子的思维相对来讲是有一定的局限性的，妈妈们可以通过聆听孩子的观点和见解，了解孩子思维中存在的问题，帮助孩子扩展思维。所以，当孩子说话时，妈妈们的注意力一定要保持高度集中，认真地去聆听，这不仅是为了表现你对孩子的尊重，也是为了帮助孩子发展完整的思维方式。如果孩子的思维经常被打断，那么他就很难建立一个良好的思维习惯，以及发展思维能力。

当然，要强调的是，让孩子说出自己的见解之后，千万不要一味地去批评孩子观点，一定要记得鼓励孩子和赞扬孩子，毕竟这是孩子动脑筋想事情的表现。如果妈妈们总是一味地去打击孩子，那么孩子会失去前进的动力，最终也是无法实现自己的成功的。所以说对于妈妈们来讲，要想让孩子变得自信，那么还是尊重孩子的发言权吧。

总而言之，孩子也和妈妈们是一样的，他们也是一个独立的个体，也有着自己的思想和理解方式，他们也希望能够有机会去表达自己的真情实感和真实的想法，而且在对待每一件事的时候，孩子也有自己的看法。因此，做妈妈的，就应该做孩子最忠实的听众，鼓励孩子动脑筋去思考问题，让孩子有表达自己见解的机会。当孩子有需要时，就应该尊重孩子的话语权，让孩子能够充分表达自己的个性。

在孩子成长的过程中，如果不懂得去尊重孩子表达自己的观点和见解，这样做的消极影响是显而易见的，主要表现在以下几个方面：

1. 会影响妈妈对孩子的了解

孩子在表达自己见解的时候，妈妈们能够通过孩子的话语来了解孩子的思想，如果孩子说话得不到妈妈的重视，他们只能将秘密埋藏在心里，做妈妈的也就很难知道孩子的所思所想，这样对孩子的教育就会变得盲目。

2. 导致亲子之间沟通变得困难

孩子的说话如果得不到妈妈们的认可，这样久而久之，孩子与妈妈的沟通会出现困难。经过调查显示，有 70% ~ 80% 的儿童心理问题都和妈妈的教育有关，特别是与妈妈对孩子的教养和交流沟通方式不当有关。所以，妈妈们应该鼓励孩子说出自己的心事，这样孩子就能够更好地去锻炼自己。

3. 导致孩子自卑情绪的产生

妈妈不让孩子把话说完，这不利于孩子表达能力的提高，易使孩子变得自卑，如果孩子感觉妈妈不尊重自己的见解和观点，以后的日子里孩子很可能就会懒得去思考。孩子对妈妈诉说内心感受的过程其实就是在提高自己的表达能力、增强社会交往能力，这是极好的机会，如果妈妈们将孩子的这一机会剥夺了，孩子的表达能力就得不到提高，孩子以后在社会交往的过程中就会出现表达困难的现象，进而会产生自卑的情绪。

鼓励孩子积极与困难做斗争

孩子的年龄比较小，他们的承受能力自然也是比较小的。如果不积极地鼓励孩子前进，那么遇到困难之后，孩子很可能会退缩。成功的过程中会遇到许多艰难、挫折、失败，战胜它们最有效的方法就是坚持。妈妈要培养孩子敏锐目光，让他们看清成功背后的景象，还要培养孩子持续的毅力，坚持到最后。

在困难中坚持下去，已经成为所有卓越人物的共同点，也已经成为他们生活中的一个基调。妈妈要让孩子知道，每一个成功的人，在确定了自己的正确道路之后，都在不屈不挠地坚持着、忍耐着，直到胜利。波斯作家萨迪在《蔷薇园》中写道："事业常成于坚持，毁于急躁。我在沙漠中曾亲眼看见，匆忙的旅人落在从容者的后面；疾驰的骏马落后，缓步的骆驼却不断前进。"

在遇到困难的时候，一定要教会孩子去坚持，在困难面前一定要积极进取，千万不要让孩子感受到无助。坚持对于一个人成就事业是相当重要的，一个人克服一点儿困难也许并不难，难的是能够持之以恒地做下去，直到最后成功。

其实，在很多时候，成功和失败只有一步之遥。妈妈们要告诉孩子，只要能够咬紧牙关，坚持下去，便会得到胜利。很多成功人士在开始奋斗的时候受到了困难的阻挠，他们咬紧牙关突破了困境，才实现了成功。

因此妈妈们要避免孩子的性格变得胆怯。事实上，对于孩子来说，胆怯是一种普遍存在的现象。美国斯坦福大学的心理学家菲利普·津巴多经过调查发现，大约有将近40%的人会认为自己存在胆怯、腼腆的缺点。

那么在生活中，妈妈们要怎么样培养孩子做事有始有终、在困难面前坚持不懈呢？妈妈可以通过以下两点来教育孩子：

1. 让孩子做事有目标

妈妈可以为孩子设定一个目标，然后促使孩子针对目标来采取行动，并在其身边推动这种行动的进行。妈妈可以在孩子完成目标的过程中鼓励他，但是不可以帮助他完成，要让他独立完成；当孩子想半途而废的时候，妈妈要制止他的行为，一定要让他把这件事做下去，实现既定的目标，即便是在追求的过程中会遇到困难，那么也要告诉孩子不要放弃，要有积极的心态，只有积极地去面对，才能够克服困难，实现自己的目标。

2.“磨难”是培养毅力的沃土

随着生活水平的日益提高，“磨难”对于孩子们来说是一个较陌生的词语。但是许多事实证明“自古雄才多磨难，梅花香自苦寒来”。张海迪自幼截瘫，无法上学，但为了获得文化知识，她长期不顾一切地顽强学习，终于成为作家，便是很好的一个例子。能不能坚持下去，其关键在于能否以不屈的意志、顽强的精神与噩运抗争，创造出奇迹，做出常人无法做到的事。在顺境中成长的孩子，磨难可能成为他们的致命伤；而在逆境中长大的孩子，磨难却成了他们人生道路上一笔可观的财富。因此，妈妈们应该在日常生活中给自己的孩子设置一些障碍，让其独立克服障碍、跨越障碍，妈妈可以在旁边关注，必要时要给予适当帮助，以此锻炼孩子面对困难而坚持不懈的毅力。

把孩子当强者看，他就是强者

有的妈妈会问：如果自己认为孩子是强者，孩子就能成为强者的话，那不是人人都是强者了？是啊，在生活中，人人都是强者有什么不好呢？其实，对于孩子来讲，他们需要来自妈妈的信任和鼓励，即使你的孩子在长大后没有成为一个强者，妈妈们如果能够把他当作强者来培养，至少也会让孩子成为一个聪明人或者是自信的人，不至于让孩子因为自卑而堕落。所谓“取法其上，得乎其中，取法其中，得乎其下”说的就是这个道理。

妈妈们或许认为这样的说话方式看上去，有点像是调侃，但是事实上这是有一定的科学依据的。在教育学中有一条十分重要的原则：学生的信心是来自于老师的信心的。这也就是说，作为孩子早期的教育者的妈妈，她们信心对孩子自信心的树立是十分重要的，如果孩子对自己做事情没有信心，那么在以后的生活中，他怎么可能会成为强者呢？

我们先来看这样一个故事：

古希腊神话里有一位叫皮格马利翁的塞浦路斯国王，一天，他自己雕了一个少女像，渐渐地竟然爱上了这个少女像，并且十分真诚地期望自己的爱能在雕像上获得感应，这种真挚的爱情和真切的期望感动了爱神阿芙狄罗忒，她就给了雕像以生命，雕像幻化成了一位少女。

虽然这只是一个神话传说，但是，妈妈们对待孩子也是这样的，妈妈们爱自己的孩子，希望自己的期望能够在孩子身上实现。在生活中，妈妈们的期望使“雕像”变成“美少女”的例子也屡见不鲜。

美国心理学家曾做过一个实验，让研究人员主动给学校一些学生的名单，并很坚定地告诉校方，说他们通过测试发现，这些名单上的学生就是天才学生，只不过是尚未在学习中表现出来而已。其实，这些学生只是研究人员随机抽取的。然而，实验中却发生了一件不可思议的事情，就在学年末的测试中，这些学生的学习成绩的确偏高，比其他的学生要好很多。

这一实验就是教育史上著名的“皮格马利翁效应”实验。为什么会出现这样的现象呢？研究者认为，这主要是由于教师期望的影响。由于教师认为这个学生是一名天才，因而寄予他更大的期望，在上课的时候给予他更多的关注，通过各种方式，向他传达“你很优秀”的信息，学生也能够感受到教师的关注，因而便会感受到一种激励的力量，学习时加倍努力，因而才会取得好的成绩。

相反，有专家专门对犯罪儿童进行了研究，发现许多孩子会成为少年犯的原因之一，就在于妈妈们不良期望的影响。他们因为在小时候偶尔犯错，或者是在小时候经常顽皮，便被贴上了“不良少年”的标签，这种消极的期望会引导孩子们，使他们也越来越相信自己就是那个“不良少年”，最终走向犯罪的深渊。

从心理学角度来看，积极的期望能够促使孩子向好的方向发展，而消极的期望则会使孩子向坏的方向发展，所以说妈妈们应该经常对孩子讲一些积极的话语，比如说“说你行，你就行”。

管仲在做齐国的宰相之前，曾经做过负责押送犯人的差事，但是在做这个差事的时候，与别的押解官不同的是，管仲并没有亲自押送过犯人，而是让他们按自己的喜好安排自己的行程，只要是在预定日期赶到就可以了。犯人们感到这是管仲对他们的信任和尊重，因此，没有一个人中途逃走或者是不按期到达预期地点，由此可见，积极期望会对人的行为产生巨大的影响。

其实，对孩子的教育也是同样的道理，只要你相信孩子，孩子就会给你带来惊喜！但可惜的是，由于“望子成龙，望女成凤”的浮躁心态一直在作祟，有很多父母往往喜欢拿自己子女和别人的孩子来做对比，总会认为自己的孩子不行，总认为自己的孩子很笨、自己的孩子很差。而且，常常得出“自己的孩子不如别人的孩子”的悖论。其实，这样往往会让孩子更加不自信，从而更加技不如人。

有教育专家这样说过：“生命之海是不可比的，父母应该深信自己的孩子是最好的。抱着一颗阳光之心，并且要保持阳光的心态，才能培养出一个具有阳光般性格与阳光般心灵的孩子。因此，即使孩子没有超人的本领或者是特长，只要他学会用灿烂的微笑来迎接自己将来的生活，用乐观积极的态度去面对自己的未来，他照样能够活出一片属于自己的天地来。”是啊，妈妈们用阳光的心态来对待自己的孩子，就能够使自己的孩子拥有自信，孩子也就有了动力，从最初的平庸走向辉煌。

母亲节的时候妈妈都会感到很幸福，在 1975 年母亲节的时候，在哈佛大学就读的比尔·盖茨就给自己的妈妈寄了一张祝福贺卡，他在贺卡上写道：“您总是在我干的事情里寻找那些值得赞扬的地方，我十分怀念和您在一起的幸福时光。”当人们问起这段话的意思的时候，比尔·盖茨笑着自豪地说：“我现在一切的成功都是源于我母亲对我的信任。”

正是因为比尔·盖茨有了这样一位善于欣赏和赞扬儿子的

伟大母亲，才会有比尔·盖茨今天的卓越成就。在现实生活中，在妈妈眼里孩子是永远长不大的，其实孩子在慢慢地成长，作为妈妈，不仅要给孩子自由的空间，也要教会孩子在自由的空间中自信地翱翔。因此，为人母亲，千万不要对自己的孩子泄气，一定要用最有力量的语言来鼓励孩子，让他有一百分的自信，他会用自己卓越的成功来回报你。只要你相信他，他就会成为你眼里的天才！

1. 在孩子遇到困难之后，对孩子说“你是最棒的”

孩子需要鼓励，但是这并不表示在孩子的世界里没有挫折。当孩子面对挫折的时候，妈妈们要鼓励孩子，告诉孩子：“你是最棒的，妈妈相信你。”因为对于孩子来讲，妈妈的话是最有动力的，所以说，这些话往往能够让孩子感受到快乐。

2. 在孩子做事情之前，告诉孩子“你一定能行”

孩子希望自己能够成功，但是有的时候往往会因为胆怯而不敢迈出大胆的脚步，这个时候妈妈们不妨去“推”孩子一把，告诉孩子“你能行”，这样孩子也会觉得自己能行，自然做事情也就变得更加自信了。

教孩子勇敢并不等于让他去冒险

妈妈们应该明白，勇敢不等于让孩子去冒险。在生活中，孩子因为第一次做某件事情，或是第一次接触某件东西，很可能会产生畏惧感，妈妈们应该鼓励孩子大胆做事情，千万不要吝啬自己鼓励的语言。可是，妈妈们也必须明白，鼓励孩子勇敢并不等于是让他去冒险。比如说自己的孩子跟别的小孩子闹了矛盾，严重的时候会厮打起来，作为妈妈你不去劝架，反而鼓励他说：“别怕，勇敢一点，你打得过他的。”这就完全混淆了勇敢的概念，当然，这也是在怂恿孩子变得更加暴力，自然是万万不可取的。勇敢必须是正当的行为。做妈妈的不能给孩子做坏事的勇气，否则迟早是要害了孩子的，这并不叫勇敢。

而对于一些冒险的尝试，比如说游泳，在鼓励孩子去学习之前，也要先告诉孩子一些相关的知识和应该注意的事项，并且大人们应该从旁指导，千万不要盲目去鼓励孩子冒险。作为妈妈，不要让孩子有无意义的冒险行为，比如孩子说他想要爬到一棵大树的树顶上去，这样的勇敢其实不是真正意义上的勇敢，而是逞能了。这一点是必须让孩子明白的。除了行为上的勇敢，还有心理上的勇敢。当孩子想要表达自己观点的时候，妈妈们要鼓励孩子勇敢一些，千万不要害怕说错，只要孩子能够说出来就是一种成功。

作为妈妈的你是否给了孩子很大的勇气？你是否在孩子跌倒的时候，让孩子学会了自己站起来？你是否在孩子有新想法时给了他机会去“冒险”？你是否常常对孩子说“勇敢一点，你能行”？

妈妈们都不希望自己的孩子胆小怕事，可是，孩子的胆量是需要慢慢锻炼出来的。而作为妈妈，正是培养孩子的好老师。

有的孩子会很胆小，还怕黑，也怕自己一个人待在家里或者独处。这种孩子就需要妈妈的鼓励和勇敢教育，比如说恰好妈妈有什么事要出去，必须留孩子一个人在家，孩子肯定会哭闹着不肯一个人在家待着。这个时候有的妈妈可能会说：“宝贝，你这么害怕呀，那还是算了，你跟着妈妈出去吧！”要知道，孩子的胆量是需要妈妈们去训练的，一些孩子到了十几岁还是很害怕黑暗，这是和勇敢教育有关系的，妈妈们不妨让孩子勇敢地去面对黑暗，而不是逃避。

而有的时候，孩子是有一些新想法的。妈妈刘涛说：“本来一直是我送他上学的，但是有一天儿子突然说以后不要家长送了，想要自己一个人去上学。”刘涛说开始的时候，她还有点不习惯，但是发现这很可能是因为孩子觉得自己长大了，再让妈妈送自己上学了，这样会让同学们笑话。刘涛接着说：“也可能是因为他体谅我吧，怕我太辛苦，总之这个想法对孩子来说，是个不错的改变，我很支持孩子的这种改变。”

可是其他的妈妈们能够理解吗？她们也许立即便会表示反对：“不行！你一个人很不安全！”孩子自己已经有胆量去尝试他自己能做的事情了，为什么妈妈不对他的勇气给予应有的鼓励呢？

妈妈们可以支持孩子做事情，但是勇敢并不是冒险。

那么妈妈们要怎么培养孩子大胆而非冒险的行为呢？

1. 妈妈们要从小培养孩子胆大心细的习惯

让孩子从小懂得胆大并不是一定要做什么冒险的事，而是做事情一定要在有把握的基础上再采取行动。给孩子安排一些小事情去做，千万不要让孩子感觉到只要是自己想做的事情，不管多危险就能够去做。

2. 让孩子感受到勇敢去做事情的成就感

妈妈们要让孩子偶尔获得成就感，只有当孩子感受到自己有一些成就之后，才会有一种成功的感觉，才会愿意去主动地做事情。所以说妈妈们应时不时地满足一下孩子的成就感，让孩子感受到自身取得的成就。

让孩子做一些力所能及的事

任何一个孩子，都需要在父母的教育和环境的影响下发展自己的特点，这样才能够形成不同的人格品质和能力。儿童心理学研究表明，幼儿期心理活动的主动性是很大的，在这个时期，孩子喜欢自己去尝试和体验。家长可以因势利导，并且把握孩子这个时期的心理特点，在保证孩子安全的前提下，放手让孩子去做力所能及的事情。

妈妈们应该本着“大人放手，孩子动手”的原则，多去培养幼儿的自理能力。有一些家长害怕累着自己的孩子，也害怕孩子做得不够好，自己重新再做会太麻烦和太浪费时间，因而不让孩子做一些力所能及的事；还有一些家长认为，吃饭、穿脱衣服等生活技能是不用训练的，因为孩子在长大后，自然就会了。其实这些观念都是不正确的。

对于妈妈来讲，应该让孩子具备自我服务意识，这种意识也是幼儿发自内心的需要。对孩子进行自我服务能力的培养，通常是为了让孩子长大后能够更加适应未来社会的需要。妈妈对孩子的培养，一定要眼光长远，不要因为怕孩子受苦而什么也不让孩子去做，这样只会影响孩子的成长和发展。

在孩子的成长时期对他们进行自我服务能力的培养，正是为他们对未来的劳动心理奠定基础，同时也是培养孩子完善自我行为的关键所在。在我们日常的生活中，需要妈妈们用心去教育孩子自立，让孩子做他们力所能及的事情，这样他们会感觉到生活的快乐，也会因为自己的进步而更加的快乐。

小丽的儿子肖蒙已经六岁了，孩子长这么大还从来没有自己吃过饭，每次吃饭都要妈妈来喂。穿衣服也不会自己穿。小丽并没有觉得这有什么不好，但是偏偏问题就发生了。

肖蒙刚到幼儿园的时候，他竟然自己不会吃饭，他看到其他的小朋友都在吃饭，他却不知道要怎么吃。幼儿园的老师看到了，很好奇，问肖蒙为什么不吃饭，他说："在家都是妈妈喂我饭的，我自己不会吃饭。"在一旁的小朋友们听了都笑了起来，课下那些小朋友还在嘲笑肖蒙这么大了还要妈妈喂，肖蒙自然很不开心。

等到放学的时候，小丽来接孩子回家，看到孩子不开心，眼圈都红了，好像是哭过了，她连忙问孩子是怎么回事。肖蒙将事情的经过告诉了小丽，小丽听了自然很惊讶，她没想到自己对孩子的宠爱竟然害了孩子，让孩子没有了独立的能力。从那之后，小丽开始教孩子怎么拿勺子、怎么夹菜，后来她又教孩子怎么去洗脸刷牙，她终于明白了，让孩子做他们力所能及的事情是对孩子的爱，也是对孩子独立性的锻炼。

妈妈们应该提供给孩子锻炼自己的机会，如果不给孩子机会，那么就等于剥夺了孩子发展自理能力的机会，久而久之，孩子也就会丧失独立能力。所以说我们要本着“大人放手，孩子动手”的原则，让幼儿做一些力所能及的事情，这样对孩子是一种锻炼，也促进了孩子智力的发展。在家里，家长可以根据孩子的兴趣和自己的能力，因势利导地去做事情，随后通过自己具体、细致的示范，找到适合的方式来培养孩子的自理能力。那么在生活中，妈妈们要注意些什么呢？

1. 从身边的小事开始培养孩子

要从孩子身边的小事情开始做起，要注意做事情的先后顺序，由易到难，教给幼儿一些自我服务的技能，比如让孩子学习擦嘴、擦鼻涕、洗手、刷牙等简单的事情。这些看上去虽是很小的事情，但实际上是给幼儿创造了很好的锻炼机会，是在无形中培养幼儿独立生活的能力。当孩子能够完成一项工作后，妈妈一定要夸赞和给予孩子肯定，只有这样才能够增加孩子的自信心。

2. 当孩子做错的时候，不要打击孩子

在孩子开始做的时候，难免会出现错误，在这个时候，妈妈们千万不要去打击孩子的自信心，要鼓励孩子去完成自己的行为，即便是孩子错得很不像话，也要先夸奖孩子的勇敢。孩子会因为妈妈的鼓励勇敢地去完成自己的事，只有这样孩子才能够在以后的生活中变得更加主动。

3. 当孩子遇到困难的时候，妈妈要及时出现

孩子的年龄毕竟还小，在做事情的时候，可能会遇到一些困难。当妈妈发现孩子无法单独完成的时候，一定要主动提供帮助，要帮助孩子去完成，千万不要让孩子感受到很无助，只有这样孩子才会重新充满动力做下去。

让孩子学会自己解决问题

孩子将来的一切都离不开自身的奋斗，独立生活能力是一个人生存与发展的基本能力。让孩子学会自己的事情自己解决，学会独立是帮助他成长的一大关键，让孩子从解决自己身边的问题做起。

每个孩子从出生到长大成人，是一个从依赖走向独立的过程。如果孩子过于依赖，成年后的他就将面临更多的困难，这对他的未来是极为不利的。很多家长为孩子承担了过多的东西，除了学习，其他事都由家长理所应当地代办，这样非常不利于孩子的独立精神的培养。

也许有的孩子会说：爸爸妈妈愿意去做，还不让我做，我也没有办法。的确，很多父母在无意识中剥夺了孩子们体验的权利。

的确，有些家长常常过分呵护孩子，不放手让孩子大胆尝试，过分宠爱孩子。但孩子总要长大，迟早要独立面对社会和人生，迟早要自己去解决面临的问题。所以有必要让孩子从小去尝试一些力所能及的事情，为孩子创造一些条件和必要的机会，让孩子从小学习自己去解决问题、适应社会。

小善妈这个家庭主妇当得可真不轻松，每天下了班回家，要服侍年迈的公婆，打理一家人的衣食住行，还要照顾刚读小学的儿子小善。每天下来，她都只有一个字来形容：累。特别是那宝贝儿子小善，已经 7 岁了还什么都不会做，事无巨细都必定要她亲力亲为。小善妈尽力事先替孩子做好一切，但偶有疏忽，就会被弄得手忙脚乱。头一天她加班回来已经很晚，忘了把小善第二天要穿的衣服准备好，第二天一早小善醒来后就冲着正在厨房忙碌的妈妈喊：“妈妈，今天穿哪件衣服？”“妈妈，穿哪条裤子？”“穿哪双鞋？”“过来帮我系鞋带。”……满头大汗的小善妈不禁感叹：“唉，这孩子，怎么这么依赖大人，一点都长不大！”

但是，在抱怨的时候，这位妈妈有没有想过：这一切是谁造成的呢？因此，为了孩子的未来，家长们，放手吧，让孩子自己来！要知道，让孩子从小养成独立生活的习惯是父母的首要任务，因为独立是孩子真正成长为一个大人所必须具备的素质。

美国权威儿科博士詹姆斯曾告诫家长：“依赖本身就滋生懒惰、精神松懈、懒于独立思考、易为他人左右等弱点。”爱子之心人皆有之，但如果我们只是超负荷地物质供给，无限度地娇宠溺爱，能说是尽到了教育下一代的责任吗？

美国的教子观，很注意培养孩子的自立意识。具有独立性，极少依赖性，这是孩子成才的自我保证。据说美国许多跨国财团、亿万富翁，一般经过数十年，至多一二百年后，其家族就衰落了。但有个叫洛克菲勒的家族却几个世纪经久不衰，亿万巨富还是亿万巨富。这是什么原因呢？研究他们的家族史发现，他们特别注意培养孩子的独立意识和独立能力，要求孩子自立、自主、自强，不当败家子，一代代都是如此。

人的独立精神是立业的根基。孩子的独立性格应表现在从小自己会睡、会坐、会玩，不处处依靠大人；会走以后，能够独自串门；自己的事情自己做；在保证安全的前提下，还会自己上幼儿园、走亲戚、与陌生人交朋友等。那些胸前挂钥匙的孩子，独立精神往往是比较强的。

家长关心、爱护孩子不是错，满足孩子生理和心理正常发育的需求，也是家长的天职。但是，如果家长都像小善妈一样，对孩子的任何事情都大包大揽，不仅家长累得心烦，也束缚了孩子的手脚和头脑，久而久之，就会使孩子形成不良的依赖心理。很多家长觉得孩子依赖性太强，什么都不会做，可没想到孩子长不大的最根本原因往往就在家长自己身上。孩子的成长是身体和心理成长的组合，大多孩子吃得好长得壮，心理的“营养”却被忽视，自立能力和生存能力得不到锻炼，这样的孩子或许在学习上是优等生，可一旦离开家长走向社会，就会成为寸步难行、困难重重的“劣等生”，甚至被淘汰。

所以，让孩子学会独立是帮助他成长的一大关键。家长们都要清楚地意识到孩子们将来的一切都离不开自身的奋斗，独立生活能力是一个人生存与发展的基本能力，而这种能力不是天生的，是从小培养起来的，而首先要培养孩子的就是自己照顾自己的好习惯，不能让他依赖大人。

既然已经了解了孩子的独立性发展的过程以及培养孩子独立性的重要性，那么家长应该从哪些方面来进行独立性的培养呢?

1. 家长要有意识地树立孩子的自信心，让他相信自己不依赖大人也能做好很多事

孩子自信心的建立，应着重从“参与”入手。从孩子懂事开始，家长可以在适当场合多征求孩子的意见，让孩子参与一些事情。如买什么玩具、购什么图书，都要适时地放手，让孩子自己选择。这样既遵循了孩子的意愿，也让他在参与中无形地增强了自信心。

2. 家长要战胜自己

在培养孩子独立做事时，最关键的是家长自己要战胜自我。有的家长一见孩子碰到困难，不是鼓励他去克服困难，而是立即代劳。还有的家长明知应要求孩子克服困难，坚持自己去做事，但只要孩子一哭一闹，立刻心软而妥协，依顺孩子，从而前功尽弃。因此，为了孩子的未来，家长应下决心甚至下狠心，培养孩子克服困难的精神和毅力。

3. 让孩子自己的事情自己做

在日常生活中，尽量做到自己的事情自己做。如自己的衣服自己洗，自己的房间自己收拾，自己做错了事情要勇于承认过错。家长在生活当中注意适时让孩子做力所能及的事，多承担一些能承担的责任。随着孩子年龄的增长，让他承担责任的范围也要相应加大。如4岁时可让孩子学洗自己的手帕；5岁时收拾自己的床、抽屉；7岁时可教他做些简单的饭菜……

4. 给予孩子充分的自由

孩子的独立自主性是在独立活动中产生和发展的，要培养独立自主的孩子，就应该为他提供独立思考和独立解决问题的机会。在孩子“独立自主”时，家长不要干涉过多。如果一方面要求他自立，另一方面对他这也限制那也约束，会让孩子感到左右为难，产生怠慢情绪。

5. 给孩子一个独立自主的好榜样

榜样的力量是无穷的。如果你自己就是一个处处依赖他人，对什么事都拿不定主意、动不动就寻求帮助，那你不要指望你的孩子能够独立自主。你的一举一动，还有你的品质，都是孩子模仿和学习的榜样。所以，先从你自己独立自主做起吧！

6. 循序渐进，不要随便批评

独立自主性的培养是一个长期的过程，需要循序渐进地进行。切不可急于求成，对孩子的发展做出过高的、不合理的要求，也不能因为孩子一时没有达到你的要求，就加以批评和指责。

7. 鼓励孩子独立解决问题

成长是一个循序渐进的过程，矫正孩子的依赖心理，家长不要怕麻烦，嫌孩子添乱、费时，也不要嫌他做得不好，只要他有“参与”，就应以鼓励为主，对进步做出充分肯定，勉励他下次做得更好，让孩子慢慢进步。这样既减轻了家长的压力，也为孩子日后独立进入社会奠定了基础。

孩子成长要靠自己，未来的生活要靠他们自己去创造。深爱孩子的父母们，为了孩子，就让他们学着自己走路吧！

第5章
让孩子天赋自由发展，体会学习的快乐

抓住孩子智能开发的关键期

对于正常的孩子来讲，适度丰富的环境，是十分有助于智力开发的，当然，也是有利于神经系统之间建立起多样的联系的，这会让孩子的反应变得更加灵活。但是智力开发并非那么简单，也是有最佳时期的，这个时期就叫作智力开发关键期。因此，要想让孩子的智力有所发展，最好的办法就是让孩子主动地运动，而不是用被动的方式，被动地去接受信息。

而从大脑重量的增长角度来说，在孩子三岁以前增长的速度是比较快的，到了三岁以后相对会缓慢一些。因此，很多人认为三岁以前是孩子智力开发的非常关键时期。在孩子三岁以前，由于孩子的大脑，还处于一个极速增长的状态中，因此对于那些有一定出生缺陷的孩子来说，妈妈们则可以利用这个时期，有针对性地对其进行训练，这样可以帮助孩子在大脑功能定型之前建立起新的链接。

对于大多数的孩子来说，丰富的环境会让孩子在神经系统之间建立更多的联系，这也是一种提高孩子反应速度的方法。若想要孩子有更多的运动可以参与，最好的方法就是让孩子避免被动地接受运动而是主动地去运动。在孩子主动地运动或者参与活动的过程中，会被动地接收到一系列的信息，这时候孩子就会主动地将信息整合，并将这些消息与自己的运动相结合，然而若是被动地去接受则不会对信息进行联系。

对于三岁以后的孩子来讲，学习能力会有所增强，因为其理解力在逐步地增强，孩子会迅速从环境中获取更多的知识，也会迅速地从各项运动中获得一定的体能和技能，这些都会增强孩子今后的生存能力。但是我们要做的是让孩子作为一个积极的、主动的知识探寻者，并实现自己的理想，而不是把他培养成一个只懂得接受被动信息的人。虽然这需要长时间的训练，但是妈妈们应该加强对孩子这方面的培养。

豆豆在三岁左右的时候，他的妈妈观察到孩子已经开始理解事情了，一次，豆豆的妈妈因为在单位里受到了同事的欺负，并且回家的时候在公交上将自己的手机丢了，自然很是不开心。没想到这个情况被豆豆看到了眼里。

小豆豆不声不响地走到妈妈跟前，摸着妈妈的脸说道：“妈妈，你今天怎么不笑啊？是不是豆豆惹你生气了？”豆豆的妈妈很惊讶，她根本没想到孩子会说出这样的话，于是回答道：“不是豆豆惹妈妈生气了，妈妈很开心，因为豆豆表现得很乖。”

这件事情之后，豆豆的妈妈觉得孩子开始明白事情了，于是，便更加关注孩子的思想和变化，不断地从各个方面来增强孩子的智力开发。比如，和孩子一起做智力游戏，给孩子讲故事，等等。

孩子的智力发展是需要一个过程的，那么作为妈妈要想很好地开发孩子的智力就需要找到孩子智力开发的最佳时机，那么作为妈妈的你，该怎么样来抓住孩子智力发展的最佳时机呢？

1. 学习育子经验

很多妈妈在教育孩子方面缺少经验，并且只花费很少的时间去学习育子经验，因为妈妈们一般都会在孩子稍微大一点的时候参加工作。妈妈们总是按照自己的意愿来教育孩子，却不知道这样往往会让孩子感觉不舒服。因此，妈妈们应该学习一些教子经验，这样就能够很好地去教育孩子。

2. 仔细观察孩子的举动，设定适合自己孩子的智力开发计划

每个孩子的成长都有每个孩子的特点，因此，在教育孩子的时候一定要遵从自己孩子的特点，这就需要妈妈们仔细观察自己孩子的举动。当妈妈们发现自己的孩子适合怎么样的智力开发特点的时候，不妨选择适当的手段和方法，对孩子进行开发和教育，这样就能够很好地实现孩子的智力开发。

怎样尽早发现孩子的天赋

现在很多家长都会盲目地培养孩子的特长，却忘记了特长本身除了努力之外还需要有一定的天赋。最好的办法莫过于发掘孩子的天赋和兴趣，并加以培养。每一个孩子都会在不同的方面表现出独特的天赋，有的孩子会擅长绘画，有的孩子则擅长写字。但天赋并不一定是孩子感兴趣的，家长切记不要逼迫孩子学习不感兴趣的东西。有调查表明，当孩子在某个特殊时期表现出对某一方面格外的敏感和好奇时，若父母抓住并且培养的话，则会有意外的收获。

肖邦被称为“钢琴诗人”，他之所以有那样辉煌的成就，这也与他的天赋有着密不可分的关系。起初肖邦的父母并不希望孩子学习音乐，但肖邦从小就对音乐表现出格外的热爱，刚满 4 岁的时候就要学习钢琴，父母这才意识到肖邦对钢琴有着独特的热爱和敏感，这才让肖邦从师学琴。有着与生俱来的天赋和父母的支持，小肖邦学习得很快，并且很快成了音乐界的神童。19 岁的时候他创作的《钢琴协奏曲》就已经为众多人所知了。

如果说每一个做父母的都能像肖邦的父母那样，在孩子年幼的时候迅速、准确地捕捉到孩子的天赋，并且顺势引导，就能为孩子的成才打开通道。因此，身为父母不仅要养育子

女还要对孩子平时的言语、行为等进行观察，以便帮助孩子找到成才之路。但每个孩子的天赋总是会有不同的类型，常见的类型为：

第一种是音乐天赋。当父母发现孩子的歌声音阶准确、音色甜美的时候，或者发现孩子会专注于聆听各项乐器的演奏时，无疑孩子对音乐是有着极大的兴趣的。甚至有的孩子还能够通过演奏辨别乐器，这无疑都是在告诉家长孩子在音乐上有着极高的天赋。

第二种是逻辑天赋。当孩子能够经常提出逻辑性很强的问题时，又或是将人、事、物的种类以及先后顺序表达得异常清楚的时候，这都是在告诉家长孩子在逻辑上有天赋。这时候父母就可以注意着重去培养孩子的天赋了。

第三种是认识自我的天赋。有的孩子很擅长将自己的言行举止与情感相联系，并且能够对别人做出的事情做出正确的评议，并且对自己所做的事有准确的评判，这也是孩子的一种天赋，人们通常称之为“认识自我的天赋”。

第四种是认识他人的天赋。有的孩子总是异常的敏感，能第一时间察觉出父母抑或是周围其他人的情感变化。这就说明孩子在认识他人这方面有着天赋。

每个家长都注意观察一下自己的孩子具体是具有哪一种天赋，若是发觉到了，就可以按照这种天赋进行引导，并且对孩子的天赋进行培养。但是对天赋的培养还需要注意以下几点：

1. 忌强迫孩子

虽然孩子在某些方面有着异于常人的天赋，但是这并不意味着孩子对这种天赋就是有兴趣的。比如说有的家长发现孩子在舞蹈上有天赋，便将孩子送去舞蹈学习班。于是每个周末孩子都必须去上舞蹈课，每天晚上还要在家里进行练习。这会将孩子的兴趣逐渐磨灭，渐渐地对天赋产生反感的情绪。所以作为家长不要强迫孩子去学习，要让孩子的天赋成为爱好而不是一项技能。

2. 忌三心二意

有些父母自己做事情都没有常性，没有计划。在对待孩子的事情上面也是如此。今天看钢琴好，就让孩子学钢琴，明天看笛子盛行，就让孩子改吹笛子，后天看到人家的小孩子拉小提琴很有风度，就让孩子去拉小提琴，结果孩子最后什么都没学会。

3. 忌拔苗助长

有耐心的爸爸妈妈现在越来越少，而心急的爸爸妈妈却有很多。许多父母总是希望孩子在一天内就变得懂事，在两个星期内就会做很多的事情，在对待孩子特长的培养上面，也经常有这样的个案。

怎样对孩子进行早期智力开发

做妈妈的都希望自己的孩子聪明，希望自己的孩子智力超群，甚至想把孩子培养成一个小“神童”。这就需要妈妈从各个方面来加强对孩子智力的开发，让孩子从小就接受训练。虽然说一个人的智力有遗传的因素，但是，后天的教育更为重要。

早期智力开发是需要选择正确的方法的，这个任务完全就落在了妈妈们的身上，所以说在孩子成长的这个问题上，妈妈们必须要付出心血。对于孩子智力的开发，如果方法不当的话会对孩子的成长产生不利的影响。

小董的儿子东东是一个很聪明的孩子，在幼儿园总是第一个回答问题，就连老师都夸赞东东聪明，很多家长也都很羡慕小董，有这么可爱和聪明的儿子。但是别人却不知道小董是怎么样教导孩子的。

“在我儿子小的时候，我就开始注意他智力的发展情况了，每次和孩子出去玩儿，回来我都会问孩子出去玩儿的感受和孩子有没有好奇的事情，当孩子有不懂的方面时，我会鼓励他去提问，这个时候我再帮他解答，解答完他的问题，我自然也会问他另外一些问题，这样久而久之，孩子也养成了提问和回答的习惯，并且成为别人眼中的聪明宝宝。”

孩子的智力需要开发，这是一个毋庸置疑的问题。现在的妈妈都希望自己的孩子是一个高智商的人，就算不是一个高智商的人，也要想尽各种方法来培养孩子，开发孩子的智商。其实，孩子的智力是可以开发的，妈妈可以从以下几个方面着手：

1. 通过音乐教育开发孩子的智力

音乐对于孩子来说具有一种强烈的感染力，它可以非常容易就引起孩子在感情上的共鸣，孩子最早所接受的教育大多就是从感受音乐开始的。通过音乐，可以把孩子那份很可能被埋没的才智挖掘出来。

（1）感知觉的发展是智力发展的基础。

当妈妈在对孩子进行音乐教育的时候一定要重视对孩子的感官训练。妈妈可以让孩子闭上眼睛听周围所发出的声音，让孩子辨别声音的长短和高低。还可以让孩子模仿他所熟悉的东西所发出的声音，比如，小鸭子的叫声、青蛙的叫声、火车和汽车的鸣笛声。妈妈还要鼓励孩子把他对节奏的感受和反映用一些简单的动作表达出来。比如让孩子拍拍手、跺跺脚、说说、敲敲，这样可以培养孩子眼睛、嘴巴、耳朵和手脚的协调性。

（2）语言能力是智力发展的重要条件。

对于培养孩子智力的发展，语言能力是起着非常重要的作用的。在日常生活中，妈妈可以选择一些优秀的儿童歌曲让孩子听，因为歌曲对孩子有着非常强烈的感染力，可以让孩子在听听唱唱中不知不觉地丰富词汇，还可以让孩子凭借自己对音乐的感觉和理解，结合自己生活实际，编出自己喜欢的、生动活泼的小故事讲给别人听，从而促进语言的发展。

（3）思维能力是智力的核心。

孩子的思维是随着语言的掌握发展起来的。当妈妈在教孩子唱歌的时候，可以让孩子在熟练地掌握歌曲旋律的情况下自己编旋律，自己填上想唱的歌词，还可以让他编几个和歌词相对应的动作。这样对孩子思维能力的发展是有所帮助的。妈妈还可以为孩子选择不同的音乐以启发孩子根据不同的音乐来表达自己不同的感受。

2. 在游览中开发孩子智力

怎样利用参观游览来促进孩子身心健康和智力发展，同时还可以达到让孩子获得知识和开阔眼界的目的呢?

首先，妈妈带着孩子去参观和游览时，应该一边走一边和孩子谈话，在游览的过程中看到什么就要给孩子讲什么。如果发现孩子对一些事情感兴趣，就可以针对这些事物对孩子进行一些有关的知识教育，在讲解的时候一定要注意知识的准确性。

其次，如果是去一些定好的地方参观和游览，妈妈应该对要参观的地方事先做一些了解，也可以找一些资料，做好知识方面的准备。如果有一些资料找不到或是解说得不是很详细的话，可以根据里面的说明牌给孩子讲解。

再次，妈妈必须明确自己的目的，要知道除了游玩之外，最重要的是让孩子获得一些知识，让孩子从中学会观察，得到锻炼。所以，当观察动物时，要让孩子去注意动物之间的不同和相同之处；观看植物时，让孩子注意看不同的花和不同的树之间有什么区分，这样可能培养并提高孩子的比较和鉴别能力；当参观一些名胜古迹、古代建筑的时候，要让孩子注意建筑物的形体特征、比例和色彩等方面的问题。并且要让孩子懂得，今天之所以可以看到这些壮观的建筑和秀丽的风景，都是人们用智慧和辛勤的劳动创造出来的，这样可以培养孩子的爱国主义思想以及对创造活动的向往。

想要做到这些，妈妈必须要有渊博的知识，以及对一些旅游胜地的了解，才能正确地回答孩子所提出的问题，从而满足孩子的好奇心，并且扩大他的知识面，相对地，孩子的智力也就会有所提高。

3. 在劳动中开发孩子智力

很多家庭在周末清扫卫生的时候，往往是一个人在打扫卫生，而另一个人在照顾孩子。其实这并不是最佳的模式，妈妈完全可以让孩子试着参加家庭劳动，不久就会发现，孩子在劳动的时候是快乐的，并且通过劳动还可以提升孩子的智商和情商。

劳动是中华民族的传统美德。让孩子参与劳动不仅可以增长孩子的知识、锻炼孩子的意志力、增强孩子的责任心，而且还可以培养孩子做事有始有终、尊重他人劳动的良好品质。

通过研究发现，就算是一些年龄小的孩子，比如三四岁的孩子，他们的身心发展水平也都已经具备了参加一些简单劳动的基本条件。他们的体力随着年龄的增长而加强，身体的活动也比较自如，手的动作也比较灵活。当他们有一些简单的知识经验后，再加上孩子都有着超强的好奇心，并且是好动、好模仿的，如果在正确的教育影响下，他们是会很乐意去参加各种力所能及的劳动的，而且他们还可以从劳动中获得知识、找到快乐。所以，妈妈不要把所有的家务劳动都自己做，可以带着孩子一同劳动，并且一同分享劳动所带来的快乐。

打破思维定式容易成功

孩子正处于一个身体心智发展的成长时期，如果养成定势思维的不良习惯，就会对孩子思考能力的发展、智力水平的提高产生巨大的阻力，还会限制孩子想象的空间。这些对孩子的学业进步以及身心健康是有百害而无一利的。

阻碍人思维的并非是智力的高低，而是人的常规思维模式。当人形成了一个常规性的思维模式，就会理所当然地按照模式来思考问题。这对一个心智尚在发育阶段的孩子来说是一个不良的习惯。这不仅会让孩子的思考能力下降还会限制孩子的想象力，不论是对孩子的学业还是身心健康无疑都是没有帮助的。

当人的思维模式固定化之后就会困住人的思维，让很多其他的可能性被忽略。往往同样的问题换一个角度就会得到不一样的答案。比如有这样一则故事：有两个女孩子长得一模一样，个人的基本信息以及家庭信息也都是一模一样的，当她们第一次在学校出现的时候就会被问是不是双胞胎。然而当“双胞胎”的答案被女孩子否认的时候就会引起大家极大的关注，不住地有人在思考她们到底是什么样的关系。当女孩子回答的时候让周围的人都有一些诧异，原来她们是三胞胎中的两个。很多人的思维形成定式当看见两个一模一样的人的时候就会觉得是双胞胎，其实忘了世界上还有其他多胞胎存在的现象。

但是，怎么样才能打破孩子的定势思维呢?

1. 培养孩子善于思维的兴趣

每一个孩子在面对未知事物的时候都有问不完的“为什么”。其实这些“为什么”归根结底就是孩子的好奇心，也是孩子语言与思维的突破口。当孩子对未知事物表现得越好奇，孩子的思维也就越活跃。由此可见激发孩子的好奇心，也是有利于培养孩子独立思维的。

好奇心是孩子的专利，妈妈要通过正确的引导来保护孩子的好奇心，培养孩子打破砂锅问到底的习惯，对于孩子所提出的问题一定要表现出兴趣，并和孩子一起寻找答案，这样可以开发孩子独立思维的能力。

2. 培养孩子思维的丰富性

讲故事、猜谜语是激发孩子想象力的重要途径。孩子酷爱听故事，尤其是童话和神话故事，最能激发孩子的想象力。童话是通过幻想创造的情境和形象来曲折地反映生活的，家长可以在娱乐中对孩子进行启发和教育。

小娟的妈妈常常给她讲一些童话故事，常用一些童话式的语言，比如“月亮婆婆”“太阳公公”等，或者用童话情节将生活中的道理给孩子讲述出来，或者在孩子的小房间里摆放一些玩具，在墙壁上张贴一些童话故事，家具样式小巧、别致、颜色丰富等，给孩子营造一个具有童话特色的小空间，让孩子在“童话世界”中遨游。也就是说让孩子的想象力在听童话、看童话、讲童话中得到启发。

实践证明，长期感受“童话氛围”的孩子，思维能力、想象能力、创造能力等各方面都会超过很少接触“童话氛围”的同龄孩子。

3. 培养孩子思维的细腻性

不论是培养孩子的观察力、还是培养他的想象力，在这些过程中，都无法忽略孩子在其中的存在和作用。观察是一种有目的、有计划、有组织的知觉，是一个主动的知觉过程。观察力就是指一个人对事物的观察能力，所以有人将观察称为“思维着的知觉”。所以妈妈应该从培养孩子的观察兴趣开始，向他们提供大量的观察环境与观察的感性题材，在此基础上来发展他们的思维能力。

丽丽经常会带着孩子走进大自然，和他一起观察花草树木的变化、虫鱼鸟兽的习性。孩子会提出一些“为什么天一下雨蚂蚁就搬家？”“天为什么是蓝的？云为什么是白的？”“鸟为什么会飞？虫为什么会爬？”等问题。丽丽总是耐心地回答他。大自然里会有无数的“为什么”从孩子的思想中迸射出来，荒诞的、奇怪的、值得成人深思的，甚至是现代科学仍无法解答的问题。无论其对与错，这些都是孩子思维运动的结果，他们的思维一旦飞起来就是神奇的，有时也是相当深奥的。如果同时，家长有意识地引导孩子去想象、比拟，这些事物就会在孩子头脑中变成无数美好而奇异的童话。在孩子想象的同时，家长可进一步引导孩子把自己的想象用语言描述出来，或用图画将其表达出来。

4. 培养孩子思维的灵活性

引导孩子对已经熟悉的事物变换一个角度或多个角度去认识，从而培养孩子灵活的思维能力，这样就会使孩子遇到问题时总是从多方面去发现事物的多面性、多样性、多变性，以形成考虑事情全面的好习惯。

当孩子在解答出一道数学题后，妈妈可以对孩子进行表扬，也要经常鼓励孩子："如果你能用另一种方法再将其解答出来，那样会比别人掌握得更好。"凭借孩子好胜的心理，他就会努力去找出另一种解题方法。然后妈妈可以用更动容的表情或语言让孩子明白他很聪明。当孩子的兴趣被激活时，妈妈还可以再次鼓励孩子分析这道题是否还有更简洁的解题方法。如此这样，一方面让孩子对数学产生一种"剖析"兴趣，另一方面使他明白事物具有的变通性。

一个人思维的发展，不仅与其智力因素有关，而且和一系列非智力因素的个性特征也是相关的。善于思维的好习惯可能是由众多特征构成，其中包括孩子的种种才能和其不同于他人的人格特征。

5. 让孩子走进自然，接触社会

现在的孩子生活面并不很宽，见识也比较少，再加上受传统的定势思维习惯的影响，思维水平自然就受到了许多限制。家长要利用一切有利时机让孩子走出家门，走入社会，到公园、博物馆、动物园、科技中心等地，了解社会生活，接触更多的人，开阔眼界，增加知识积累，扩大思维范围。孩子一旦具备了一定的见识，他思考问题的方向就会灵活得多，就不会被旧思维老办法限制。比如，孩子要写河流的作文，就到河岸上走一走，看看鱼虾飞鸟、山花野草，收集关于河流的传说、神话、历史等，激发写作灵感，增加知识，扩大思维的范围。

6. 营造宽松、自由的创新氛围

克服定势思维，其实就是打破传统，创造求新。创新思维只有在自由、宽松的环境中才能孕育、诞生。家长不要给孩子过多的限制和压力，应留给他们足够的自由思考的空间和放松的心情，以便孩子能深刻、全面地掌握知识，提高学习成绩。

怎样提高孩子的判断能力

每个人都有一定的分析判断能力，孩子也是一样的。妈妈们应该鼓励孩子去尝试做事情，孩子在每一次的尝试过程中都会或多或少有所感想。这个时候，妈妈们应该帮助孩子学会在实践中去分析问题，从而使孩子不断地完善自己。而每一次的尝试都会是一次很重要的提升，如此往复，孩子的能力就会得到提高。

现在的孩子大多都是独生子女，不仅在生活中风吹不着、雨淋不着，而且总有人哄着、疼爱着，似乎他们生活中根本不需要去尝试，也失去了尝试失败的机会。然而，尝试失败，然后分析原因，再去解决问题，这是一种自我完善。它能够让孩子在不断的尝试中，循序渐进地提升自己的能力，最终成长为社会的栋梁之材。

在生活中，个别妈妈的做法实在是令人担忧。妈妈们会在陪孩子玩游戏或者下棋的过程中，故意输给孩子，她们觉得这样会让孩子感受到快乐，而不愿让孩子去体会任何失败。一直在生活中为孩子伪造顺境，而等到孩子走上社会后，往往不能正确地去应对突如其来的各种挫折和失败。不去应对并不表明没有挫折和失败，一旦挫折和失败来袭，他们往往会比其他的孩子表现得更为沮丧、懊恼甚至是丧失信心，一蹶不振。所以说，妈妈应该让孩子从小就充分地去体会失败的滋味，然后帮助他们学会从失败中查找原因，然后分析原因，不断地完善自己。只有这样，将来孩子才能在学校里、社会上经得起各种考验和挑战。

实践是检验真理的唯一标准。妈妈们要通过实践来培养孩子的判断能力，让孩子能够更好地去判断自己的生活。当孩子能做出合理的判断时，他们长大后便能够在人生路上找准方向，只有经过尝试，才知道自己想要做的到底是否合理或者可行，也只有经过尝试，才能让人成长。

一个久居海外的人带着他七岁的孩子回到中国后，到北京的朋友家去做客。小孩一直在国外长大，从来没有见过馄饨，到厨房看到生的馄饨，便觉得很新鲜，于是抓起一个就往嘴里塞。女主人本来想制止这个孩子，但是被孩子的母亲拉住了。她微笑着平静地对女主人说："没事的，不要去管他，这样他才会体会到生的是不能吃的。"之后，女主人看到那个小孩吃了一口，果然皱着眉头，咧着嘴吐了出来。

这个孩子通过自己亲自大胆的尝试得知生馄饨是不好吃的，也是不能吃的，而在以后的生活中，他肯定不会再去吃生的了。这是他通过自己的亲身实践得到的，这也将成为他的个人经验。

每一件事情都要靠孩子自己的努力才能够实现，让孩子适当地去体验失败，可以让他们在失败中学会很多的本领，从而提高自己，也只有这样，他们将来才能够自食其力，实现自己的愿望。国外的很多妈妈都是用这种方法来对孩子进行教育的，这种方式既能够很好地锻炼孩子的判断能力，又能增强孩子的正视失败的信念。

许多事实都证明了一个道理：安逸不仅不能让孩子一直感受到生活的幸福，还会给孩子以后的生活带来许多挫折。所以说妈妈们一定要学着去培养孩子的判断能力，让孩子自己掌握分辨事物的能力。即便是孩子做错了，或者是出现了错误，起码孩子能够通过错误进行分析，避免以后犯同样的错误。妈妈们千万不要因为怕孩子失败，就不让其尝试，小时候的失败经验能让孩子明白很多，让孩子知道失败不是什么大不了的事情，同时，让孩子知道怎么样去判断事物的对与错。

当孩子在不断的尝试中遇到了挫折和失败的时候，妈妈应该根据孩子的现状来分析孩子的优势和劣势，让孩子明白今后应该如何提高自己。在锻炼孩子竞争意识的同时，培养孩子的心理承受能力。

1. 给孩子制造选项

每个孩子的生活都不可能全部在妈妈的预料之中，所以，为了避免孩子出现措手不及的情况，妈妈们不妨给孩子制造选项。这个时候的选项是为了培养孩子判断能力，让孩子知道自己存在的价值，而不是一味地依赖妈妈。给孩子制造选项，让孩子自己去判断，并且做出选择。

2. 妈妈要帮助孩子正确对待失败

孩子在选择的过程中难免会遇到失败，这个时候妈妈们就应该帮助孩子正确地对待失败，这也是培养孩子判断能力的关键一步。妈妈们可以给孩子分析失败的原因，帮孩子从中完善自己。因为，在以后的人生历程中，孩子会面对许多挑战，考试、升学等等，有成功的喜悦，更有失败的困扰，这就需要妈妈教会孩子在失败中成长。

教孩子学会自学，提高孩子的学习效率

很多孩子每天都在为大堆大堆的作业而头痛。如果学习效率不高，那就更糟了。整天都在应付作业，玩的时间被挤掉了，生活和学习就会变得劳累无趣。所以，在提倡给孩子“减负”的同时，父母也应注意培养孩子高效率学习的习惯。

孩子们学习成绩的好坏，差别并不在于学习时间的长短，而在于学习效率的高低。作业拖沓，学习效率不高，反映的不仅是一个孩子的性格问题，更重要的是孩子对学习的态度问题。没有积极主动的学习态度，是不可能有高效率的学习效果的。

洋洋最不喜欢过的时间就是妈妈每天接自己放学的路上这段时间，因为每天妈妈来接他，问的第一件事情就是“学习如何”。

洋洋已经上二年级了，洋洋妈妈对每天的学习都要了解，而对于其他的事情，从来不问。洋洋每天见到妈妈的时候，很想把这一天发生的事情都告诉妈妈。比如说今天玩了什么游戏、今天老师夸奖谁了、今天班里的小明和蕾蕾吵架了，等等。

今天妈妈照常来接洋洋，问的问题，跟每天都差不多，又是学习！“洋洋，今天考试了吗？”洋洋没好气地说道：“没有。”妈妈又问道：“那今天老师留作业了吗？”洋洋懒得回答。妈妈又问了一遍，洋洋点了点头。妈妈似乎看出了洋洋不开心，然后就没有再问。

这一次考试洋洋没考好，平时第三名的他，这次只考了第六名。因为这件事情，妈妈很着急也很生气，并且对洋洋的学习更加上心了，每天都会仔细询问洋洋，并且还会给洋洋增加作业，洋洋更加厌倦学习了。于是，在上课的时候，总觉得听不进去，平时也不怎么爱说话了。渐渐地，洋洋妈妈发现自己的儿子更是不好好学习了。

妈妈关心孩子成绩原本正常，但如果家长只盯着孩子的成绩，让孩子觉得学习成了一个负担，再也没有乐趣可言，孩子的学习反而会更不好。要想孩子学习得好，就要培养孩子自主学习的能力，让孩子对学习产生兴趣，这样就算家长不盯着孩子的学习，孩子也能自觉学习，而且学得很好。如果洋洋的妈妈意识到这个问题，就不会让洋洋产生厌学情绪了。

学习的目的是掌握和熟练运用知识，一切学习方法都是为这个目的服务的。从这个角度衡量，现有的课堂教学方式并不是效率最高的做法。

其中很明显的一点原因是，孩子和老师的感情联系，通常不像和父母那样强烈。孩子在课堂上的注意力，也不会像在家里那么集中。这就说明，由父母进行亲子教学，在效率上要比孩子上课听讲更高。

学习的另一个目的，是让孩子掌握自学的能力。从自学的角度衡量，以大多数孩子的理解能力和智力水平，完全可以自行阅读教科书和参考书。而且这是一个连贯的思维过程，是一种智力上的探索，不会被外界因素所干扰。与课堂教学相比，效果只会更好，效率只会更高。

琳琳的暑假作业中，出现了正方体和长方体方面的题目，这是六年级的内容，妈妈为了激发她的学习兴趣，先卖了个关子，对她说："等六年级再说吧，其实20分钟就能学会。"孩子一听，兴趣来了，说："妈妈，你不是说笨鸟先飞吗？就让我当一回笨鸟吧。"

就这样，妈妈和琳琳一起分析长方体的表面积，琳琳自己很快就总结出了定理。妈妈再把参考书翻开，上面明确说这一段需要5个课时，而她们只花了几分钟，而且琳琳总结出的东西，与书中仅有个别文字上的差异。这使琳琳大受鼓舞。

能像这位妈妈那样，引导孩子在轻松、愉快的氛围中学习，只要能长期坚持下去，奇迹终究会出现。这个例子恰恰证实了自学和亲子教育在提高孩子学习效率方面有着怎样强大的威力。

父母在明确孩子学习效率之后，应认真分析造成孩子学习效率不高的原因在哪里。通常情况下，造成孩子学习效率不高的原因大致有以下几种：一是性子慢，做什么都快不起来；二是学习时精力不集中，边写边玩；三是对学习缺乏兴趣，做作业的积极性不高。

第一种情况很复杂，且不好解决，必要时需找心理医生给予治疗。

后面两种情况，父母则完全可以通过以下这些方法对孩子进行教育和帮助，让孩子改掉坏习惯。

1. 从生活中的事情入手

一般来说，做作业慢、学习效率不高的孩子，其他活动也较慢。因此，应该从各方面来提高速度。首先可从穿衣吃饭做起。晚上睡觉前，将衣服按次序放在顺手的地方，早晨起床穿衣时可节省时间，还能使穿衣服的速度加快。吃饭时不要过多说话，也不要边吃边看电视。平时做事情时，不断对自己说："再快一点，好吗？"长期坚持，就能养成良好的习惯。

2. 教孩子做作业要定时定量

如果以前孩子做五道数学题要用20分钟。那么，教孩子从现在起，努力做到完成同样的作业量只用18分钟。开始时，不要把目标定得太高，循序渐进，慢慢提高。这样做也可以培养学习兴趣，提高做作业的积极性。

3. 教孩子养成专心致志的习惯

教孩子开始做作业前，要把书桌整理好，把没用的东西放好，把有用的书本和文具放在伸手拿得到的地方。一旦开始做作业，就要平心静气，专心致志，尽力排除一切干扰和杂念。

4. 亲自给孩子讲解

对于那些孩子不易掌握、容易错的内容，父母可以先自学一遍，再给孩子讲解。这既可以加深孩子的理解，又能帮助父母掌握孩子的情况，还能在双方的讨论中，促使新知识和老知识融会贯通在一起。

5. 与孩子并肩作战

一次"卡壳"，不仅会耽误孩子的时间，也会降低孩子的信心和学习效率。当孩子挠头的时候，父母应该立刻过去，陪他一起分析和解决问题。这能增强孩子战胜困难的信心，提高学习效率。

6. 培养孩子的自学能力

父母应该鼓励孩子自学，对于难以理解的知识，通过工具书和网络来查找相关资料。自学能使孩子越学越爱学，而且效率更高，知识掌握得更全面，并且相关知识都能连成一个有机整体。

7. 帮孩子树立远大目标

父母可以经常和孩子谈论未来，帮孩子制订自己的长远目标，这就能让孩子真正懂得今天的学习是为了什么，从而增强上进心，提高学习效率。

8. 效率是为了轻松

父母应该跟孩子说明，提高效率会让学习变得更轻松，效果会更好。这能改变孩子的习惯想法，不再认为学习是苦差事，从而消除抵触情绪，提高学习效率。

9. 从学习中寻找乐趣

乐趣会让学习的效率更高，所以，可以让孩子从学习中寻找乐趣。这样，孩子就会注意到原来没有发现的有趣之处，对知识会记得更牢。

10. 给孩子精神奖励

每次做作业，孩子速度有所提高，就要表扬孩子。让孩子清楚地看到自己的进步，起到自我鼓励的作用。

鼓励孩子多动脑筋，学会独立思考

许多年轻的爸爸妈妈都“望子成龙”，很重视对孩子的智力开发，但却忽视了一种既经济又有效的开发智力的方法：让孩子独立思考。要知道，不会独立思考的孩子，就没有独立性。美国的教育之所以如此成功，就是因为特别推崇孩子的独立思考。

美国人非常喜欢看黑人笑星比尔考斯彼主持的电视节目《孩子说的出人意料的东西》。这个节目在让你捧腹的同时，也让你深思。

有一次，比尔问一个七八岁的女孩：“你长大以后想当什么？”

女孩很自信地答道：“总统。”全场观众哗然。

比尔做了一个滑稽的吃惊状，然后问：“那你说说看，为什么美国至今没有女总统？”

女孩想都没想就回答：“因为男人不投她的票。”全场一片笑声。

比尔：“你肯定是因为男人不投她的票吗？”

女孩不屑地：“当然肯定。”

比尔意味深长地笑笑，对全场观众说：“请投她票的男人举手。”伴随着笑声，有不少男人举手。

比尔得意地说：“你看，有不少男人投你的票呀。”

女孩不为所动，淡淡地说：“还不到三分之一。”

比尔做出不相信又不高兴的样子，对观众说道：“请在场的所有男人把手举起来。”言下之意，不举手的就不是男人，哪个男人“敢”不举手。

在哄堂大笑中，男人们的手一片林立。

比尔故作严肃地说：“请投她的票的男人仍然举手，不投的放下手。”

比尔这一招厉害：在众目睽睽之下，要大男人们把已经举起的手，再放下来，确实不太容易。这样一来，虽然仍有人放手下来，但“投”她的票的男人多了许多。

比尔得意扬扬地说道：“怎么样？‘总统女士’，这回可是有三分之二的男人投你的票啦。”

沸腾的场面突然静了下来，人们要看这个女孩还能说什么。

女孩露出了一丝与童稚不太相称的轻蔑的笑意：“他们不诚实，他们心里并不愿投我的票。”

许多人目瞪口呆。然后是一片掌声，一片惊叹……

这就是典型的美式独立思考。即使是在众目睽睽之下，女孩仍然能保持自己的个性，坚持自己的想法。西方的教育也许不是最好的，但却能充分开发孩子们的大脑，激发孩子的天赋，让孩子能走上最适合自己的一条路。

思考好比播种，行动好比果实，播种愈勤，收获也愈丰。一个善于独立思考的孩子，才能品尝到金秋的琼浆玉液，享受到大地赐予的丰收喜悦。所以，父母要培养孩子独立思考的习惯，给孩子创造一个思考的空间。

伟大的科学家爱因斯坦说：“学会独立思考和独立判断比获得知识更重要。不下决心培养思考习惯的人，便失去了生活的最大乐趣。思考、思考，我就是靠这个学习方法成为科学家的。”有的父母把一切事物都安排得十分妥善周到，从来就不让孩子自己去考虑，长此以往，会扼杀孩子的思考能力，更谈不上解决问题的能力了。

家长们往往听到孩子这样的声音：“老师，我妈妈说……”、“妈妈，我们老师讲……”其实这些声音无不折射出当今孩子独立意识的淡薄，没有自己的主见，也不去思考应该怎么做，仿佛回到了“只要听大人的话就是好孩子”的年代。这不由得让我们反思：是什么让我们的孩子变得如此依赖？究其原因不言而喻：正是家长过度的包办、过度的操心剥夺了孩子思考的能力。

让孩子学会思考应该是父母的责任。那么，如何让孩子学会独立思考呢？在机械的记忆和死板的活动中，孩子是不能学会思考的，只有在思考中玩耍，在思考中学习，才能学会思考。

1. 创造一个思考的氛围

环境和氛围，对培养孩子的思考能力非常重要，也是孩子思考的基本前提。有句话说：“什么样的父母，教出什么样的子女。”因此，在父母努力启发孩子的创造力时，要给孩子一个平和温馨的环境，要让孩子有单独玩耍的时间和空间，不要给孩子太大的压力。聪明的父母会与孩子一起学习、一起成长，像挚友般地倾听孩子的心声，了解孩子的举止，知道何时给他掌声，何时扶持他一把，从来不嘲笑他……

2. 多问孩子几个为什么

父母在与孩子相处与交谈中，要经常以商量的口气，进行讨论式的协商，留给孩子自己思考的余地，要给孩子提出自己想法的机会。比如，孩子在玩电动汽车的时候，车突然不动了。这正是让宝宝思考的好机会，你可以这么问："汽车怎么不动了呢？宝宝自己想想是什么原因呀。"

对于已上学的孩子，可采用启发式诱导孩子逐步展开思考。当孩子在想问题时，父母不要太热心、太性急，而应该留给孩子足够的思考时间。尤其不要轻易直接地把答案告诉他们，孩子答错了，可用提高性的问题帮助他们思考，启发他们自己去发现和纠正错误。

如果家长能让孩子经常在问号中思考，则孩子通过自己的思考和妈妈的启发，就能在思考中学会思考，自小养成爱思考的良好的行为习惯。

3. 鼓励孩子凡事多问个为什么

父母要不厌其烦地给予正确回答。对孩子的提问努力表现出兴趣，与孩子一起去思考，去寻求未知的答案，孩子提出问题的欲望就会不断增强。

4. 让孩子自己的事情自己做

众所周知，独生子女普遍存在着一个不良的性格特征，其中之一就是懒惰。由于成人过分的包办代替，长此以往，孩子懒于动手动脑，不愿独立思考。所以，成人要培养孩子的独立性，教育他们要自己的事情自己做，遇到困难要想办法自己去解决，学会独立思考。只有这样，孩子在独立的基础上创造能力才会不断发展。

5. 要肯定赞赏孩子的独立思考能力

好孩子是夸出来，所以你要多鼓励和肯定孩子。比如"你是个有能力的孩子，妈妈知道你会有办法的"。孩子对自己思考出来的方法，有一种成就感，感到自己很有价值，孩子自信就是这样形成的。所以，没有难教育的孩子，只有不懂方法的父母。好父母不是天生的，是通过学习而来的。

6. 理解和尊重孩子的好奇心

独立思考能力强的孩子，往往具有较强的好奇心。家长应该尊重孩子的好奇心，千万不要因为孩子提的问题过于幼稚而加以嘲笑，以免伤害孩子的自尊心。如孩子为了看个究竟，拆卸了玩具和物品，大人不要生气、谴责，不应予以惩罚和打骂，而应该引导孩子弄清楚这些器具的机械原理，想方设法创造条件满足孩子的好奇心。这样，孩子不仅学到了新知识，也学到了获得知识的方法。

让孩子学会独立思考，其实是家长对子女的一种特别的关怀、一种成长的播种。给予孩子思考，才会让我们日后看到有创新、有个性的人才。因此，为了孩子的成长，让孩子去大胆地想、勇敢地说、果断地做……

找到最适合孩子的黄金学习法

孩子掌握了正确而合适的学习方法，学习才会有效率，并从中受益一生。

21 世纪的文盲，不是不识字的人，而是不会学习的人。学习，不仅仅是为了学会某些知识，更重要的是学会如何学，也就是掌握获取知识的方法和能力。

伟大的科学家爱因斯坦在总结自己的探索生涯后，写出了一个成功的方程式：成功 = 艰苦的劳动 + 正确的方法 + 少说空话。学习方法即学生在学习时所采用的方式、手段、途径和技巧。因此，正确的学习方法在学生的学习过程中起着相当重要的作用。它可以使学生少走弯路，有利于发展学生的能力、提高学习效率。正因为如此，笛卡尔说：“没有正确的方法，即使有眼睛的博学者也会像瞎子一样盲目摸索。”

孩子有没有正确的学习方法，直接影响他们获得知识的质量。因此，家长对孩子学习的辅导，着重应在学习方法的指导，教会孩子如何学习。

龙龙读五年级后，为了让他能上重点初中，家长一点也不敢大意，给他“装备”了最好的学习条件，从钢琴到电脑，还有大学生家教，其他的吃穿住用就更不用说了。龙龙也蛮用功的，常常到深夜还在看书，但成绩却没什么进步，甚至还有退步的迹象。龙龙爸妈很郁闷，不知道问题出在哪里。通过和班主任交流，了解了孩子的学习情况后，龙龙爸妈得到班主任的肯定答复：“问题就在学习方法上。许多情况下，方法比钢琴、电脑和家教还要重要。”

后来龙龙妈妈刘欣去朋友家玩，朋友的儿子是班里的尖子生，刘欣想知道为什么朋友的儿子学习成绩这么好，朋友说：“我儿子找到了适合他的学习方法。他每天早上起来会读一遍英语和语文课文，他说这个时候大脑清醒，容易记住。然后在课堂上很认真地听讲，至于课后作业呢，他都是回来之后立刻完成的，最多不超过半个小时，然后就出去玩。”

刘欣明白了，原来自己的儿子是在死学，没找到适合自己的学习方法。回到家，刘欣帮儿子制订了一个简单易行的小计划，要求龙龙将每天老师讲的所有内容都弄懂。刘欣向儿子保证，只要儿子能够很好地完成当天的作业，就可以跟其他的小朋友一起出去玩。

龙龙按照计划去做了，学习不带情绪了，写作业的效率也提高了。在期末考试的时候，龙龙竟然考进班级前十名，各科成绩都提高了。

法国著名心理学家贝尔纳说过：“良好的方法可使我们发挥天赋和才能，而拙劣的方法可能阻碍才能的发挥。”孩子在学习过程中，要找到最适合自己的学习方法，它不仅依赖于孩子自身的探索和教师的辅导，也需要家长的参与。因为家长比任何人都了解孩子的兴趣与个性，更有可能参与到孩子的学习过程中来，通过培养孩子良好的学习习惯来提高孩子的学习成绩，应成为家庭教育的重要一环。

那么，学习方法较差的孩子在学习和生活中有些什么表现呢?

（1）学习无计划。

（2）不会科学利用时间。

（3）不求甚解，死记硬背。

（4）不能形成知识结构。

（5）不会听课。课前不预习，听课时开小差不记笔记，课后不及时复习等等。

（6）不会正确有效地阅读。

（7）学习时抓不住重点和难点。

（8）理论与实际脱离。动手能力差，不喜欢上实验课和操作课，不关心现实生活。

（9）不善于科学用脑。不注意劳逸结合，大脑终日昏昏沉沉，学习效率不高。

上述表现是中小学生中最常见的情况。一个学习方法不当的学生，总会有其中的一种或几种表现。认识到这些表现，进而弄清其背后的原因，家长才能够有的放矢，有针对性地对孩子进行指导。

数学家张广厚说过：学习方法有共同的规律，但因人而异。这和每个人的条件和特点有关系，要摸索创造自己的有效学习方法。作为家长，应该怎么针对孩子的特点，引导其掌握科学的学习方法呢?可以从以下几个方面入手：

1. 家长应该帮孩子找到适合他自己的学习方法

让孩子用自己的方式学习。家长千万不要从哪里看了一本书，或者听什么人讲一种学习方法特别灵，就拿回来强迫孩子照着办，这属于瞎指挥。家长也不要逼着孩子亦步亦趋地照老师说的办法学习，家长更不要撒手不管。比较好的办法是经常向孩子推荐一些学习方法，让孩子自己试用，最后自主决定弃取。如果孩子的学习状况家长看着不顺眼，不要轻易干涉，先看看效果再说。给孩子一个宽松的环境，给孩子自主权，给孩子提供足够的信息，他才能逐渐找到适合自己的学习方法。

2. 注意劳逸结合，不要强迫学习

孩子白天在学校的时间较长，大脑已经疲劳。根据对黑猩猩的实验，黑猩猩学习一小时便会很不耐烦，小孩更是如此。所以孩子回家后，不要立刻逼他做功课，让他先玩一会儿，这样可恢复脑力，从而提高效率。

3. 帮助孩子制订计划

家长可以帮助孩子做计划，让孩子养成独立学习的习惯。制订时间表，告诉孩子必须踏实地实践，建立责任感。学习计划是指一定阶段的一种全面的学习安排。它可以使孩子对学习做到心中有数，学习起来有条不紊。学习计划的制订首先是要确定学习重点，学习重点可以是阶段学习的中心学科，也可以是自己的薄弱学科。其次是确定每门学科的奋斗目标并提出达到目标的得力措施。如此的学习计划才能对学生起到指导作用。当然，目标要切合实际，不要希望一步登天。

4. 培养孩子的兴趣

除了学校的功课，父母可根据孩子的喜好，培养他对事物的兴趣，使他的生活变得更加丰富，这样不但可以培养孩子的良好个性，还会增强他的学习欲望。

5. 把握亲子时间，关心孩子

父母在忙碌的工作之余，对有限的亲子时间更要善加把握。孩子的作业，父母绝不可代做。孩子很容易在同样的地方出错，所以在他做功课时，家长可从旁指导，告诉他正确的方法，态度必须亲切、耐心，切忌急躁、不耐烦。

6. 以肯定任何大小成绩的方法来建立孩子的自信心

让孩子体会到，无论成功或失败，只要他尽了自己的努力，父母都一样爱他。为孩子买参考书，请家教补习，不见得就能提高孩子的成绩。建立孩子的成就感及正确的学习动机，才能让他产生学习欲望，发挥本身具有的潜能。

7. 让孩子养成有规律的生活习惯

按时作息，准时上学，按时完成家庭作业，有充分的睡眠、运动、营养，纠正他的不良习惯。健康状况良好自然会拥有较高的学习能力。

8. 扩展孩子的视野，增加孩子的见识

孩子对世界知道得愈多，就愈想多知道一些相关的知识。知识并不是全都来自书本，在家庭中，讲故事、猜谜语、讲笑话、闲聊，都可增加孩子的自信和语言能力，同时也是培养感情、亲子沟通的良好渠道。

9. 对学习进行总结

在学习过程中，不断进行总结，能强化对知识的记忆和理解，使知识系统化。家长要教育孩子对每一个学习阶段都进行总结。教育孩子每天晚自习时要像放电影一样把老师这一天所讲的课程全部回顾一遍，看自己是否全部弄懂了。如不懂就看书，或问家长、问同学，然后再独立完成老师布置的作业。在完成一个单元或一个章节的学习任务之后，要对知识进行归纳分类，使知识系统化、条理化。同时，家长还要教育孩子做好学习内容方面的总结。

总之，学习是一种复杂的心智活动，需要掌握一定的学习方法，才能使学习变得更轻松、更愉快、更有效果。

用远大的理想激发孩子的学习热情

俄国文豪列夫·托尔斯泰说过：“理想是指路明灯。没有理想，就没有坚定的方向；没有方向就没有生活。”理想就是一个人的奋斗目标，是一个人的精神支柱和前进动力，它指引着我们前进的方向。

理想有崇高与庸俗之分，崇高理想的出发点是为了崇高的追求，对社会、对人生有着巨大的推动和促进作用。古人云“志当存高远”。一个人只有树立远大的理想，才能激发出火一般的热情，充分发挥自己的主观能动性，冲破重重阻力和障碍，使自己梦想成真，从而成就辉煌的人生。

古往今来，崇高的理想激励了一代又一代的热血青年奋发向上。相反，没有远大理想的人，不仅容易迷失前进的方向，还会缺乏内在动力。他们一旦遭遇大的困难或挫折就难以承受，从而变得心灰意冷、不思进取。这种人生没有多大价值。有志者事竟成，所以要培养孩子成才就必须进行理想教育。为了实现理想，孩子的意志会磨炼得更加坚强。

每个人心中都有自己的理想，从一岁到一百岁，每个人都可以为自己绘制一张未来的蓝图，因此理想并不只属于青年人，但对青年人来说，尤为重要。因为青年人对追求真理、探索人生，有着强烈的需求和愿望；青年时代树立了崇高的、远大的理想，就会使自己的人生更有意义、更有价值。所以，作为家长，要帮助孩子树立远大理想。

首先，家长应引导孩子确立适合自己的长期目标。人各有志，不可强求。否则，实施起来孩子就会因缺乏自觉性而导致目标难以实现。

其次，家长要指导孩子确定合适的短期目标。目标过高，难以实现，孩子就会逐渐丧失信心。目标过低，难以起到激励作用。合适的目标应该是“跳一跳，就可以够得着”。

最后，家长要指导孩子在长期目标下确立一个个阶段性的短期目标。长期目标要靠短期目标的完成来落实。父母要让孩子认真完成每一个短期目标，只有这样，孩子才能一步一步向着理想靠近。

对于涉世不深的孩子，树立起远大理想并不难，难的是如何坚持并努力去实现。理想的实现不可能一帆风顺，前进道路上会遇到各种艰难险阻和挫折磨难，只有以坚韧不拔的精神去面对，才能冲破重重难关，到达理想的彼岸。所以在实现理想的过程中，有些孩子不免动摇。此时，父母应根据情况热情鼓励引导，努力使孩子的理想更加科学、更加坚定。

理想的力量伟大而神奇，只要有科学坚定的理想引领、激励和鼓舞，孩子就一定能攻坚克难创造出一个个让父母老师为之骄傲的奇迹。

为了帮助孩子树立远大理想并最终将其实现，家长可以从以下几方面着手：

1. 要帮孩子树立小目标

一个人的发展，最重要的往往不在于终极的理想有多么高远，而在于眼前拥有一个什么样的起点。我们往往不缺乏宏图大志，而缺少一步一步积累起来、最终通向目标的切实的道路。理想的实现要靠一个个小目标的积累，如果一开始就目空一切，把目标定得很高，那么理想就很难达到了。在现实生活中，许多人都曾经有过伟大的抱负和梦想，可是，那些太遥远的未来，只能给他们带来短暂的满足和快乐。他们自己也意识到，那个目标太远太大，难以实现，所以，他们最后放弃了目标和信仰，放弃了努力和方向，浑浑噩噩、碌碌一生。

少年时代是一个人价值观形成的重要时期，此时确立人生目标的人，往往能激发创造的热情，更容易获得成功。确立正确目标，分解目标把它变为一系列任务，坚持不懈努力就会逐步走向成功。

2. 扬长避短实现理想

有这样一个家庭，本来一家人很和睦，父母千方百计把女儿送进重点中学，但孩子却无法适应那里的教学，学习很吃力，心情长期压抑。她提出转学，想去职业高中。母亲同意，但父亲不同意，认为“别人的孩子可以好好读下去，我的女儿为什么不能”，不答应转学，并训斥女儿没有志气。孩子最后不堪压力自杀了，母亲认为是丈夫害了孩子，于是杀了丈夫，去自首了。一个家庭就这样毁灭了。

别人的孩子能做到的事情，自己的孩子不一定能做到；自己的孩子能做到的，别人的孩子也不一定能做到。

给孩子一些权利、机会、条件，让他们自己去选择、体验、锻炼；给孩子足够的空间，让他们自己向前走。

世界上没有完全相同的两片叶子，同样，也没有完全相同的两个孩子。每个孩子都是独一无二的，要了解孩子的潜能需要长期的观察研究。只有在了解孩子的情况下家长才可以做出明智的决定。试想，假如爱迪生的母亲不了解自己的儿子，将儿子痛骂一顿后送回学校，人类历史上不就会少了一位大发明家吗？

人的智力是由许多复杂的因素组合而成的，而性格、兴趣、意志、情绪更是各不相同。作为父母，必须努力了解孩子的特点，发现其优势与弱点，这是成功教育的基础。如果父母看不到自己孩子的优势，甚至对他们失去信心，容易伤害孩子的自信心，这是许多父母容易犯的错。确认自己的优势是人的“精神生长点”，是自信的基础。父母必须独具慧眼，帮助孩子把握这一最重要的“精神生长点”。

3. 防止志大才疏

人是渴望被肯定的。有着强烈自尊心的孩子也渴求得到肯定，这是孩子的心理特点所决定的。表扬的作用是让孩子认识到自身的优点和长处，乐于不断保持并发扬下去。适时、适度的表扬能激励孩子，不当的表扬将会引起强烈的副作用。

夸大事实的表扬，人为拔高的表扬，会使孩子不知所云。重复表扬，会使孩子产生厌烦，从而失去表扬的效果。有的家长随意地表扬自己的孩子聪明，而不是赞扬他刻苦努力。那些被称为聪明的孩子往往一遇挫折就彻底灰心丧气，把失败原因归咎于自己不够聪明。孩子听了“你真棒”，不一定就真棒；只有他克服困难，取得成绩，觉得“我能行”才会增添前进的动力。

美国哥伦比亚大学博士罗尔德韦科说：“夸奖孩子的智力，而不是赞扬他们自尊自强的精神容易使他们产生自我失败感。而那些被夸奖努力和刻苦的孩子，当其遇到失败时，会认为是自己努力不够造成的，因而这些孩子克服困难的能力更强。”

成功者全都按照一个铁的原则行事：为实现理想不懈努力。

4. 怎样实现理想

如果有一个不可能实现的理想，那你应该做的不是做一个现实主义者，而是找一个有可能实现的理想，或把这个理想逐步转换为可行动的、更短期的，而不只是遥遥无期的梦。

（1）不要怕失败。

帮孩子在必要的时候调整心态接受失败。

（2）不能太急功近利。

有人认为当一件事接近 100% 可以成了，才去做它，这样的人能有什么理想呢？

（3）行动起来。

要让孩子知道，没有行动的梦想永远是空想，是不会实现的。如果不行动，那么理想也就失去了树立和存在的价值。

变孩子的“要我学习”为“我要学习”

有的妈妈总是抱怨自己的孩子不知道学习，或者学习总是很被动，只有当老师或者是家长逼着他学习的时候，他才会去学习，并且表现得很不情愿。

如果你仔细观察用餐时的状况，便会发现成人和孩子间有一个很大的差异，那就是成人一般都会将自己喜欢的菜肴留待最后再吃，而孩子却往往由自己喜欢吃的菜开始吃。孩子的学习也存在这种心理，每当遇到自己不喜欢的科目时，便会在课堂上打瞌睡，所以总是挨老师的训斥。孩子做功课总是先做自己喜欢的科目，而留下不喜欢的科目，这样他不喜欢的科目自然一直没有起色。遇到这种情况，不妨让孩子先做自己不喜欢的科目，再做自己喜欢的科目，这样才能较好地克服避免不喜欢科目的心理。因为孩子若不先把不喜欢的科目做完，便不能做自己喜欢的科目，于是只有硬着头皮向讨厌的科目挑战。一般来说，孩子从自己讨厌的科目做起，做完之后再做喜欢的科目，这样更能提高孩子的学习欲望。

有时，孩子不想用功做事，不想用功读书，不想帮父母做家务，这时，最好利用“同步心理”让孩子去做原本不想做的事。举例来说，当迷你裙流行时，许多女性不管自己的腿部曲线是否修长，都纷纷赶时髦。这种和其他同伴一样心态的想法就是一种“同步心理”。人都有“同步心理”，喜欢和他人有相同之处，以免受到朋友的排斥。

孩子的生活领域比起成人的世界，“同步心理”的影响更大，对孩子来说，没有一件事会比离群的感觉更可怕。例如，孩子央求父母买某种东西，而父母不答应时，他便会理直气壮地问道：“人家隔壁的小明都有，为什么我没有！”这是孩子最常使用的“理论”。做父母的不妨用这种孩子唯恐离群的不安心理，激励孩子用功，可以说是以子之矛攻子之盾，这样能迅速击中孩子的心理弱点，使其主动学习上劲。此外，这种方法也可以用在其他方面。比如说，孩子不愿帮忙做家事时，可以对他说：“隔壁的小明都会帮忙做家事呢！”相信大部分的孩子在听了这句话后，都会很乐意协助母亲的。

王帅从小就不喜欢学习，每次老师留作业他都懒得做，不管妈妈怎么逼迫他，他宁可被骂也不想去做作业，对于孩子的这种心理和行为，作为妈妈的王娅十分生气，但是终究也没办法，为这件事情她很苦恼。

一次，王娅看到自己的同事教育她的孩子，突然灵机一动。这天下班回家，她看到儿子在看电视，然后坐在儿子旁边对儿子说：“儿子，看什么电视呢？”

儿子边看电视边回答：“变形金刚。”王娅接着问儿子晚上想吃什么，然后王娅便去做饭了，这次她没有逼着儿子去写作业。在吃饭的时候，儿子显得很开心，似乎是因为妈妈没有逼迫自己去学习的缘故。此时王娅说道："儿子，今天我跟李阿姨、周阿姨做了一个计划。"儿子好奇地问什么计划，王娅说道："我们打算这个暑假去旅游。"儿子嚷嚷着也要去，王娅说道："我们商量好了，每个人都要带上孩子，所以儿子你肯定也能去，但是有一点我要给你说好，两位阿姨要求他们的孩子在玩儿的时候掌握一些知识，所以说去旅游的时候肯定会做一些小游戏，这些游戏是关于学习的知识的。儿子，你要做好准备，不然到时候让她们两个人的孩子领先了，那妈妈就太没面子了。"儿子似乎要说什么，王娅继续说道："我们还商量好了，谁的表现最好，我们三位大人会分别送给他一个礼物。"儿子立刻回答说道："我一定要得到礼物。"

从那之后，王帅回家第一件事情就是做作业，并且比平时认真多了，就连老师也夸奖王帅这段时间表现得很好，功课也有长进。

不要为孩子安排过于舒适的环境。有位小学四年级的小男生，他是家中的独生子，生性活泼，经过智力测验发现，他的智力比同年龄的孩子高出甚多，他的父母和祖父母都深深地以他为傲，决定要给他一个最好的读书环境。这位男孩子幸运地诞生在一个经济环境很好的家庭中，与学习有关的生活条件一样不缺。但是意外地，他却慢慢开始改变了，读书虽然仍旧认真，但总是少了那么一点干劲，不再有向功课挑战的决心了，成绩也逐渐退步了。后来经过专家分析，认为主要是由于物质环境太好的缘故。如果对一切都很满足，就不会产生打破现状、努力突破的前进欲望。

"我的孩子凡事都提不起劲""都要考高中了，孩子还不懂得自动自觉地读书""孩子的成绩不好，我为此请了家庭教师，可是他自己却不用功，补习费等于白花了"。这是一般妈妈们经常面临的烦恼。面对孩子的成绩没有长进，妈妈们总是在想尽办法让孩子去学习，似乎只有报了一些补习班，孩子的成绩才会提高，孩子才会花费更多的时间在学习上，但是妈妈们却不知道，这种被动的学习方法只会让孩子对学习更加抵触。那么作为妈妈，要怎么样让孩子的学习变得主动，由“要我学习”变成“我要学习”呢?

1. 用话语时常鼓励孩子

孩子并不总是有很大的干劲时，父母却强求他能干劲十足地去面对功课的挑战，孩子就会显得没有干劲。无论如何，一定要让孩子自己能产生目的意识，认为这件事努力去做很有必要。这才是支持干劲存在的主要原因。

2. 激发孩子对学习的兴趣

报酬并不单指具体的物质或金钱，还包括此种行为能被肯定的精神性报酬。同时，当孩子产生这件事自己办不到，或是这件事太困难等先入为主的想法时，也会失去干劲。不管任何事，只要能产生自己去做便能完成的达成感，这感觉就会成为支持孩子干劲十足的一个重要原因，这就是“达成原则”。一件事并不困难，完成之后也可得到报酬，可是有些孩子因为对此不感兴趣，所以不愿去做。反过来说，一件工作完成之后没有报酬，还加上有一点困难度，但若是孩子对它感兴趣的话，仍然会干劲十足。

3. 对孩子的学习进行奖励

一件事就算拥有强烈的目的意识，完成后可得到报酬，也能享受到成就感，然而工作者已对它产生厌烦之心，也无法持续干劲。认为自己已没有再做下去的必要，这种心态也是干劲的大敌。此外，太容易的功课或是要求的水平太低，也会使孩子无法产生干劲。

第6章

教孩子为人处世，做一个人见人爱的“小大人”

让孩子拥有健康的性格

婴幼儿时期的孩子如果得到较好的照料，内心就会产生安全感，就会形成自信开朗的性格。5岁之前，孩子会有喜欢自己动手和探索周围一切事物的兴趣，父母应该保护孩子的这种兴趣，更好地发展孩子主动和自主的性格。

有位哲人说过这样一句话，一个人的命运就在他的性格中。一个人一生是否有作为、是否成功、是否幸福，起决定作用的因素往往是性格，而不是智力。

美国一项长期追踪研究证明了这一点：从25万儿童中选出1500名智力较好的儿童，对他们进行跟踪调查，30年后这些孩子有的成了社会名流、专家、学者，而有的则穷困潦倒、乞讨街头。

在“性格决定一生”“性格造就成败”等观念盛行的今天，父母们都很关注这样的问题：孩子的性格是在哪个年龄阶段形成的？为什么有的孩子性格“很好”，而有的孩子性格却“很坏”？这些性格又是怎样形成的？这些关于人自身的问题也是心理学家们孜孜不倦研究的课题。

实际上，我们生活中一般意义上所讲的性格，就是心理学概念中的人格，指的是一个人对人、对事、对物所表现出的较稳定的态度。

美国心理学家埃里克森把人格的发展划分为八个阶段，前五个阶段是孩子逐步成长的阶段，对父母培养孩子健康的性格会有一定的帮助。

第一阶段：婴儿期（0～1岁）

这个阶段的孩子最为柔弱，非常需要成人的照顾，对成人依赖最大。如果父母能够爱抚婴儿，并且有规律地照料婴儿，以满足他们的基本生理需要，婴儿就能对周围的人产生一种基本的信任感，并从生理需要的满足中得到安全感；相反，如果婴儿的基本需要没有得到满足，他们就会对周围的人产生一种不信任感，并从生理需要混乱的满足中产生最初的不安全感

如果这一阶段的危机得到积极解决，孩子就会形成“希望”的品质，长大后性格多倾向于乐观、信任、活跃等积极的人格特征；反之，孩子就会形成惧怕感，长大后性格往往倾向于悲观、多疑、抑郁、烦躁等消极的人格特征。

这一阶段婴儿所产生的基本信任感是形成健康人格的基础，也是以后各个阶段人格顺利发展的起点。所以父母在抚养孩子的过程中，应适当地满足孩子的生理需要，不宜过分满足和过分剥夺；同时，在满足程度和方式上要尽可能保持一致性、一贯性，不能随意转变，即使变化也要渐进地、有规律地进行，以便婴儿能够适应。

第二阶段：幼儿期（1～3岁）

这个时期的孩子学会了说话、走动、推拉、把握、放开、排便等基本行为，开始产生自主意愿。当他们的自主意愿和父母的意愿产生冲突时，如果父母对孩子的行为限制适当，给予孩子一定的自主权，孩子就会由此建立起自我控制的意识；相反，如果父母对孩子限制、批评甚至惩罚过多，孩子就会感到羞怯，并对自己的能力产生疑虑。

如果这一阶段的危机得到了积极的解决，孩子就会形成意志的品质，成年后性格倾向于坚强、独立、克制、自律等；反之，孩子就会形成羞怯感，成年后性格倾向于意志薄弱、依附、随意、敷衍等消极的特征。太过纵容，孩子成年易形成肮脏、浪

费、无秩序等生活习惯；限制太严，孩子则易形成清洁、吝啬、忍耐等强迫性特点。

儿童自主性和自控性的形成，使其性格中自我意识、自我调控能力、适应社会化要求的能力增强，对于个人今后对社会组织和个人理想之间关系的态度及处理产生重要影响，对个体的社会化及未来的秩序和法制生活做好了准备。

所以，父母对孩子的行为必须理智而耐心，适度控制的同时给予一定的自由，并施以科学的训练，及时矫正不良行为。

第三阶段：学前期（4 ~ 6 岁）

这个阶段孩子的行动更加灵活，语言表达更加准确，思维能力也大为提高，想象力极为生动丰富，已开始了创造性的思维，开始了对未来的规划。因此，他们比过去更喜欢拟人化的游戏及活动，更喜欢自己去想象周围的世界。

如果父母肯定和鼓励孩子的主动行为和想象力，孩子的自主性、想象力、创造性就会有较大的提高，成年后性格就会倾向于自动自发、计划性、目的性、果断等积极的人格特质；否则，如果父母经常限制孩子的主动行为，讥笑孩子不切实际的幻想，孩子就会丧失主动性，变得无所适从，并且对自己的能力感到怀疑和内疚，成年后就会倾向于不思进取、无计划性、优柔寡断等消极的人格特质。

埃里克森认为，一个人未来在社会中所能取得的工作上、经济上的成就，都与儿童在本阶段主动性发展的程度有关。因此，父母要鼓励和肯定孩子主动性和想象力的充分发挥。

游戏是适合此时期儿童性格发展的最好形式，应该成为儿童的主导活动。

通过各种游戏，不但孩子的运动器官能得到发展，而且其认知和社会交往的能力也能有效增强；同时，游戏还能帮助孩子学会表达和控制情绪，学会处理焦虑和内心冲突，对培养孩子良好的性格品质有重要的作用。所以，父母应积极组织并引导孩子开展多种多样的游戏，让孩子在游戏中学习，在游戏中成长。

另外，这一阶段也是孩子产生恋母（恋父）情结的特殊时期。因此父母一定要正确对待亲子关系，母亲要有意削弱自己在孩子生活中的重要性，父母要注意自己性别角色的正确扮演，给孩子树立榜样，同时要鼓励和引导孩子与异性同伴交往，建立完整的性别概念。

第四阶段：学龄期（7～12岁）

这一阶段的孩子大都在上小学，其主要社会生活环境由家庭转移到了学校，活动范围扩大了许多。学习成为孩子的主要活动，并不断促使孩子勤奋努力。如果不能发展这种勤奋，孩子就会对自己能否成为一个对社会有用的人缺乏信心，从而产生自卑感。

如果这一阶段的危机得到了积极的解决，孩子就会形成“能力”的品质；反之，就会形成无能。勤奋感的形成，对孩子成年后的社会工作和生活影响很大，将来孩子对学习、工作和生活的态度和习惯，都可追溯到本阶段的勤奋感。

这一阶段孩子性格的发展相对平静，父母应教育孩子勤奋读书，参加社会活动，尝试在各个感兴趣的领域中培养和发展自己的才能，同时培养孩子的生活自理能力，积极参加各种社会公益活动，做一个对社会有用的人。

第五阶段：青年期（13～18岁）

这个阶段的孩子学会独立思考，把他掌握的信息加以利用，为自己确定生活的基本原则和策略，建立“自我同一性”；否则会产生角色混乱的“消极同一性”，不能正确适应他自己的社会角色，与社会要求相背离。

如果这一阶段的危机得到积极解决，孩子就会形成“忠诚”的品质；反之，孩子就会形成不确定性。同一性的形成标志着儿童期的结束和成年期的开始，标志着个体人格的成熟，只有建立了积极的同一性，才能顺利地度过青春期，也才能顺利地完成成年后三个阶段（结婚、立业、晚年）的性格发展任务。

孩子从一出生，就开始了性格的塑造过程，并且对成人后的性格及心理都会产生举足轻重的影响。这也为父母敲响了警钟，必须从一出生就注意孩子性格的塑造问题，并积极建立起正常的亲子关系，满足孩子身心发展的各项需要。每一位开明的父母都会明白，良好的性格及心理素质的发展，将比单纯的让孩子多认几个字、多背一些英语单词重要得多！

懂得分享让孩子拥有好人缘

分享中包含着宝贵的平等与博爱的思想。让孩子学会分享，对于培养孩子的合作能力是至关重要的，而合作能力恰恰是孩子社会化过程的重要一步。

现实生活中，我们都越来越深刻地意识到，现在的孩子什么也不缺，可是却越来越小气、越来越“独”、越来越自私了。他们不愿和别人一起分享，不会有福同享，别人的就是自己的，而自己的绝不给别人。

这种“小气”虽不是什么大毛病，但如果父母不及时加以纠正，孩子将会成为一个不愿与人分享、独占意识很强的人，那么将来他就很难拥有良好的人际关系。而不善于和别人合作，就注定要在激烈的社会竞争中被淘汰。所以，培养孩子从小与他人分享的意识很重要。

可是，小孩子能理解分享的含义吗？当然可以，孩子并非没有理解力。只不过，孩子理解事物的方式与大人不同。通过口头解释大人就能明白的事情，你对孩子讲半天，可能他都似懂非懂。要让孩子理解，需要给他亲身体验、感受的机会。孩子体验到了，才能理解。

所以，要让孩子理解分享，根本的解决方法不是去说教，而是让孩子与身边的环境互动，去体验，去感受，做到真正的理解。

父母很有必要为孩子创设充满“分享”的家庭环境。孩子身边所有的人、物、事件、情绪，共同构成他成长的环境。当环境中充满了分享的意识、情绪、行为，孩子的分享也会从心底发生。如果说学会分享有一个终极目标，那就是孩子自发地分享，而不是被动遵守成人制订的“分享规则”。

分享不仅仅是简单的行为，其中凝聚着宝贵的美德。它不像汉字、算术，我们可以直接教给孩子。让孩子学会分享，关键在于体验。

生活中有太多不懂得分享的孩子。也难怪，如今的孩子大多是家中的独苗，被人捧着护着。属于他的东西从不需要分给别人，不属于他的东西父母长辈也会千方百计为他弄来。尽管开始只是一只苹果、一个梨，但滴水可以穿石，成长在这样环境中的孩子，渐渐凡事都以自我为中心，自私自利、斤斤计较，难以与人友好相处，更谈不上与人分享、合作。

孩子表现出不合群、自私等“反分享”行为，大都是由不当的家庭教育方式造成的。

父母对孩子的功利性的“伪分享”教育，也会造就自私、功利的孩子。

与谁分享？孩子当然会出于个人好恶，选择自己喜欢亲近的人，但父母会干涉。有的父母常跟孩子讲：“你干吗把巧克力分给小明吃，他又从来不给你吃的。”父母把分享看成交换，从而抹杀了分享的本意——分享是为了让别人和“我”一样快乐，而不是用“我”的来换“你”的。

还有些父母特别排斥“有特殊需要的人”。这里所说的“有特殊需要的人”，是指那些身体、智力有缺陷的残障人士。在有些父母看来，如果孩子经常和这样的人在一起，就会模仿他们。或者有些父母会认为，这些人将来都在社会底层，跟他们分享以后也得不到什么回报。同样是功利心在作祟。

“独乐乐不如众乐乐”，“分享”的精髓就在于平等与博爱。人人平等，所以要“均分”；人人相爱，所以要“共享”。

与人分享不是自发的，必须教给孩子怎样去做。为了给孩子营造“分享”的家庭氛围，在教育孩子时，父母们还应具体做到以下几点：

1. 给孩子创设分享的机会

父母要鼓励孩子多参加活动，让他在与同伴共同活动时共同分享快乐。同时，也要经常提供孩子为父母服务的机会，比如吃水果时，让孩子进行分配，若他分配得合理，应及时表扬强化。

2. 让孩子明白分享不是失去

孩子之所以不愿与人分享，是因为他觉得分享就是失去。父母应该理解孩子这种难以割舍的“痛苦”，让他明白自己对别人关心帮助后，别人也会回报自己同样的关心与帮助，这样彼此关心、爱护，大家都会觉得温暖和快乐。

3. 不能让孩子搞特殊化

在家庭生活中要形成一定的“公平”环境，不让孩子吃独食，防止滋长“独享”意识。父母要教育孩子既看到自己也要想到别人，知道自己与其他成员是平等关系，要求孩子做到好东西大家分享。

4. 父母要为孩子树立榜样

父母要做与人分享的模范，经常主动地去关心帮助他人，使孩子从小受到良好家庭风范的影响，耳濡目染，就会养成同他人分享与合作的良好品质。小孩子不肯与人分享是很自然的，而且很小的孩子常常认为凡是他能够得到的东西都是属于他的。但是他们也喜欢讨大人的欢心，如果教给他们分享，当他们五六岁时，一般能在大多数时间里和伙伴一起好好玩。

5. 让孩子学习合作

让孩子看到一起工作和分担任务的好处。或者告诉两个孩子，他们可以得到一份好吃的东西，但必须两个人分享。

6. 告诉孩子必须分享

很多孩子愿意在别人家玩人家的玩具，但是让他拿出自己的玩具，他就不乐意了。如果是这种情况，你在客人到来之前，让孩子挑选几样他愿意让别人玩的玩具，告诉他不要担心玩具被弄坏。这样当他无条件地与别人分享东西时，他能感到自己对这些东西仍有控制力，它们还是属于他的。

7. 不要期望太多

虽然孩子能够学会分享，但它对孩子来说仍是个很难理解的观念。在要求孩子把玩具拿出来让别人玩时，一定要使他有足够的时间玩自己的玩具。承认孩子的所有权会使他感到分享是在他控制之下的。

另外，父母对孩子的每个慷慨举动都要及时表扬。

做到了这些，你就不用担心自己的孩子太过自私了。

宽容豁达让孩子拥有更广阔的天地

宽容体现了一个人的素养与气度，表现了一个人的思想水平。教孩子学会善待他人的短处，这样孩子才可以与他人和睦相处；教孩子学会宽容对待他人的长处，可以使孩子不妒忌，从而不断地取得进步。

宽容是一种美德，它像催化剂一样，能够化解矛盾，使人和睦相处。诸如“退一步天高地阔，让三分心平气和”、“大肚能容，容天容地，容天下难容之事；开口便笑，笑古笑今，笑古今可笑之人”，这种不注重表面形式的输赢，而注重思想境界和做人水准的高低的行为是高尚的。正如有位哲人所说：“宽容是需要智慧的。”

现在的孩子大都以自我为中心，不管发生什么事情，很多人首先想到的是自己，而不是别人。如果别人做错了事，根本没有一点宽容之心，往往会逮住他人的缺点不放。

某青少年研究中心，曾经对中小学生做了一次抽样问卷调查。其中，有一个问题是这样的：“当你讨厌的同学需要你的帮助时，而且你能帮助他，你会帮他吗？”对于这个问题的回答，表示愿意的小学生、初中生和高中生分别是59.8%、41.7%和

37%。由此可见，虽然不少孩子对于他人的主动求助表示愿意帮助，但是，从小学阶段到高中阶段，表示愿意帮助他人的人数是递减的。在调查中，还有一个问题是这样的："对于过去欺负过你或严重伤害过你的人，你会怎么办？"对于这个问题，只有29.9%的学生表示会原谅他，有近24%的学生表示很难原谅或绝不原谅，其余的学生则表示原谅但不忘记。从中我们也可以看出，能够主动宽容别人的孩子实在太少了，而事实上，宽容是一种重要的美德。

作为父母，应该充分认识到宽容对于孩子来说不仅是一种待人准则，而且能够保护心理健康。现代科学揭示，宽容有利于一个人的健康长寿。美国密歇根州立大学的研究人员进行的一项研究发现，当人们想要报复他人时，血压会明显上升；而在宽容他人时，血压则显著下降。因此，父母一定要培养孩子宽容的心态。

那么，怎样让孩子学会宽容呢？

1. 不要把世俗的毛病传染给孩子

父母最好不要在孩子面前以自己的眼光议论其他小朋友的缺点，这样容易让孩子对其他小朋友过于挑剔。相反，父母要尽可能表扬其他小朋友的优点，让孩子明白每个人都是有优点的，不要使自己的孩子产生一种以自己为中心的思想，这非常不利于培养孩子宽容的心态。

父母尤其不要对某些人和事物有偏见，更不要把这些偏见在孩子面前表露出来，从而让孩子在潜意识里也受到这种偏见的影响，而对这些人和事物有偏激的看法。

当孩子的小伙伴来自己家里时，父母对其他小朋友的态度不要过分冷落，也不要过分热情，尤其要教育孩子尊重小伙伴，让孩子平等地与人交往。

2. 教孩子换个角度看问题

不管什么时候，父母都可以教孩子学会从别人的角度来看待问题，让孩子把自己置于别人的位置，设身处地地站在别人的角度来思考问题。

在日常生活中，父母要鼓励孩子参与多元化的活动。无论孩子年纪多么小，都要鼓励他接触不同种族、宗教、文化、性别、能力和信仰的人，这有利于孩子与不同的人坦诚相待，遵从规则，平等竞争。

3. 教孩子善待他人

“要想公道，打个颠倒。”宽容是一种美德，在生活中，即使别人错了、无礼了，你若能容忍他人、宽容他人，同样能获得信任和支持，同样能得到别人的友善相待。

在教孩子善待他人的时候，父母可以通过角色互换的方法让孩子摆脱以自我为中心的不良想法，学会心中有他人，宽容他人。父母应该教孩子对其他小朋友多一点忍让，多一份关心，这样别人也会遇事宽容自己，体谅自己，为自己着想。事实上，只要孩子学会了宽容，他就会赢得朋友，就会真正体会生活的快乐。

4. 父母要起表率作用

父母本身具备的品德，一般在孩子身上都可能找得到。因此，父母首先要为孩子创造一个良好的家庭环境。一个整天吵闹不休的家庭，是很难造就出一个具有和蔼品质的孩子的。父母对他人的热情、平等、谦虚等处世原则和行为，是孩子最好的直观而生动的教材，会在潜移默化中培养出孩子尊重别人、爱护别人和谐相处的良好品行。

5. 创造一个和谐的家庭环境

让孩子生活在一个宽容友爱、温馨和谐的家庭环境中，用父母的言行影响孩子，这样，孩子就会逐步形成一种持久的宽容忍让的善良品质。

孩子的宽容心是一种非常珍贵的品质，它主要表现在对别人过错的原谅。这种感情对于孩子个性的健康发展，尤其是感情的健康发展以及对良好关系的建立有着非常重要的意义。宽容的人，时时刻刻都会受到人的爱戴。因此，他们更加容易处理好各种人际关系，能够很快地适应各种不同的环境，能够融洽地与人合作，充分挖掘自己的潜能。富有宽容心的孩子往往心地善良，性情温和，惹人喜爱，受人拥护。

然而，在现实生活中，总有那么一些人，心胸狭隘，小肚鸡肠，处事总是持“宁可我负人，不可人负我”的态度。对别人的不是，甚至并非不是之处也斤斤计较，往往使一丁点矛盾进一步恶化，最终酿成祸患。轻则使人受伤，重者致人命亡。作为父母，这些道理要对孩子讲清楚。

穿梭于茫茫人海中，面对一个小小的过失，一个淡淡的微笑、一句轻轻的歉语，就会带来包涵谅解，这就是宽容。不要苛求任何人，要以律人之心律己，以恕己之心恕人，这也是宽容。宽容地待人，待事，待自己，善待一切。让孩子知道，因为宽容，我们知道了幸福的真正意义，因为只有宽容，世界才会越来越多姿多彩。

让孩子融入集体，收获来自群体的快乐

津津本来是一个活泼外向的小女孩儿，但是上小学以后，她却慢慢地变得内向起来。这是因为妈妈对她管得太严，每天放学都来接她回家，不让她在学校逗留，也不让她和小朋友们一起玩儿。

津津对妈妈抱怨过很多次：“妈妈，为什么其他同学可以在学校玩一会儿跳皮筋、踢毽子，我就不能呢？我想和他们玩一会儿，就一小会儿都不行吗？我现在都没有朋友了，大家都知道我不能跟他们一起玩，所以都不和我玩了……”

无论津津怎么抱怨，妈妈都雷打不动。“放学就是让你回家的时间，在学校有什么玩的？再说了，这多浪费时间啊，而且玩多了就贪玩了，就不喜欢学习了，你愿意做他们那样贪玩的坏孩子吗？”所以，就这样，津津远离了同学们的课外活动，也疏远了同学，她慢慢地变得内向起来，跟同学老

师的沟通也慢慢地困难起来。

心理学家说："一个人的幸福快乐80%来自于与他相处的人，20%来自于自己的心灵。"

所以，家长应该鼓励孩子多参加校内外的课外活动、运动会、公益活动等各种社会活动，让孩子在活动中培养团队意识、社会责任、服务精神和领导才能，同时在团队中收获更多的友情，增加孩子幸福快乐的感觉，也使得孩子的个性品质更加趋于完美。

在团体活动中孩子容易寻找到热情和快乐。一个正面、积极的团队是孩子热情的源泉，家长可以召集孩子一些思想积极的朋友、同学，每个月聚会一次，一起讨论达到目标的方法，彼此激发脑力。

团体活动能为孩子提供更多与人交流的机会，许多性格和能力要在集体生活和游戏中才能养成，如团结、大方、礼貌、遵纪、自尊自爱、竞争意识、牺牲精神、合作意识、组织协调能力、集体观念和服从精神等。这些品质和能力是集体之外的活动所不能够培养的。

美国学校的做法值得中国学校和家长借鉴。

为了鼓励学生身心的全面发展，美国的学校通常都会组织各种活动，鼓励学生多多参加，即便像表演舞蹈这样要求条件比较高的表演项目，只要本人愿意参加，学校一定欢迎，绝对不挑不拣，以维护学生的积极性和自尊心。平时老师除了教文化课之外，还会与同学们一起打球、练操、做游戏；万圣节，老师也会扮鬼脸与学生一起参加晚会；圣诞节，老师与学生互相赠送自己制作的贺卡，写上真挚的祝福；学年末要放假了，大家会在一起共进午餐，每个学生带一份具有本国特色的食品共同品尝，一边用餐一边娱乐，其乐融融，像一个大家庭。学生们在这样的气氛中学习和生活，没有压力，既有利于培养他们的团队精神和参与意识，又有利于丰富他们的情感体验，让他们感受到与人相处的乐趣和快乐。

集体是成长的动力，会渐渐培养孩子的组织协调能力、语言表达能力、团结合作能力，并磨炼出坚强的意志和良好的为人处世技巧，而这些恰恰是以后的人生道路上所需要的。

也许这些不像好成绩能让人们看到立竿见影的效果，但是从长远来看，在集体中磨炼出来的高情商，会成为孩子今后人生道路上最有力的保障。

所以，如果想让孩子有良好高尚的品质、优秀的人格魅力、高超的情感智商等，家长就要积极鼓励孩子融入集体中，参与到集体的课外活动中。家长可以教育孩子从为集体做好事开始。例如，在学校主动打扫卫生、为朋友打开水、帮老师擦黑板等；要让孩子知道自己是集体中的一员，应该为集体争光。遵守集体规则，维护集体荣誉。

如果轮到自己的孩子做值日生，家长不要认为会累到孩子，一定要让孩子早点到学校去，不要迟到；家长也不要阻拦孩子参加班级活动。集体因为每一个人的存在才成为了一个有机整体。集体活动中缺少了谁，都是不完整的。你的孩子参加一次班级篮球赛，在赛场上会学到团结与合作；参加一次班级春游，会发现因为有了同伴的陪伴而觉得春天更加灿烂；参加一次班级合唱团，能知道他所在的那个音阶对整首曲子来说是多么的重要。而这些，都是孩子一个人玩球、一个人爬山、一个唱歌时体会不到的，是从集体活动中获得的。看似是简单的参与，实则体现了教育中“培养完整的人”的思想。

人，都是离不开群体的，孩子也不例外。所以，让孩子融入他的集体吧！他有权在集体中收获他本该拥有的快乐。

让孩子拥有良好的人际关系

人是社会的动物，必须拥有别人的信赖才能取得成功，因此，建立稳定的人际关系显得尤为重要。有些妈妈认为孩子不能和其他人愉快相处没什么关系，只要自己的孩子学习好，人聪明就可以了。可是社会上谁都不能脱离集体独自生活，一个再聪明的孩子，如果不懂得如何与人交往，也只能是一个“孤家寡人”式的神童。

当今世界越来越需要人与人之间的合作与互助。那些善于在自己的生活中组织各种人际关系、做人比较成功的孩子，一般将来在事业上也会比较成功；而那些以自我为中心，不懂得社会交往规则，无法创造出稳定的人际关系，甚至与人在相处过程中出现障碍的孩子，一般将来在事业上也会比较失败。

因为一个人只限于自己的知识，而不懂得与人相处，那么他的潜能也根本无法施展出来。即使他是个所谓的神童，也不会做出什么惊天动地的事。

众所周知，美国前总统克林顿成功竞选正是由于他拥有众多高知名度的朋友，而这些朋友在他竞选中扮演了举足轻重的角色，发挥了不可估量的作用。这些朋友包括他小时候在热泉市的玩伴，年轻时在乔治城大学与耶鲁法学院的同学，以及当学者时的旧识等。

与人相处的能力是一种综合能力，它包含很多因素，对孩子来说也很重要。比如说话，不光是说什么，更重要的是怎么说，才更能让别人接受，才不会令人生厌，所以家长不能忽视孩子的人际交往能力的培养。

为了孩子能够与别人和睦相处，为了让他成为有很多朋友的人，我们应该要求孩子做到最基本的人际交往要求：友爱、协作、大方、开朗、公道、礼貌、自尊、责任心、组织能力等，目的是让他以这些作为他与他人相处的准则，让他能够与别人以适当的方式交往。那么妈妈们怎样才能有效地培养孩子与人交往的能力呢？妈妈们可以从以下几个方面入手：

1. 不要限制孩子的交往

有些妈妈只希望孩子学习好，其他的人际交往都不让孩子参加。家里来了客人，孩子刚跑过来，妈妈马上训斥：“去去去！小孩子不要多事，做功课去。”如果孩子有其他活动要和伙伴们外出，妈妈就横加干涉：“有什么好玩的，待在家里看书。”在限制交往中成长起来的孩子，在与陌生人交际时，就会显得畏首畏尾，甚至连一句话都说不出来。

2. 教孩子学会关心他人，为他人着想

人际关系很大程度上是人际彼此相互作用的结果。若希望得到别人的关心，首先就应关心别人。妈妈平常应该多教育孩子关心身边的人，同学生病了，可以去看望一下；邻居需要帮助的时候，教育孩子给予邻居必要的帮助；自己有的东西，也可以让他和小朋友们一起分享。学会关心他人，是人际交往的基础。

3. 鼓励孩子多参加团体活动或团体游戏

孩子在和小朋友一起玩游戏的时候，往往能体现出与人相处的能力，以及对人际关系局面的控制能力。多让孩子和其他小朋友一起玩，不但能够在游戏中锻炼孩子的团体合作意识，还能够训练孩子对人际关系的协调处理能力，孩子的性格也会变得开朗活泼，更容易与人相处。

4. 提高孩子自身素质

注意加强对孩子能力的培养，如运动能力、歌唱能力、知识面的扩张等，只有提高多方面的能力，才能产生信心和勇气，在与人交往的时候就能底气十足。

总之，一个人的成长、发展、成功，都是在人际交往中完成的，甚至一个人的喜怒哀乐也都与他的人际关系息息相关。妈妈只有让孩子拥有了交际的能力，孩子将来才能在人生的舞台上自如地起舞。

孩子的社交恐惧症病源在妈妈，药方也在妈妈

每个孩子对这个世界都要经历一个从陌生到熟悉的过程。

父母一定要相信孩子的能力，给孩子一定的任务，让他们做自己能做的事情，而不要强迫孩子，否则只会使孩子变得更腼腆。

每当看到别的孩子在众人面前大大方方地唱歌、跳舞、与人交谈时，腼腆孩子的父母总不免流露出羡慕的眼神。羡慕之余，还打心眼里为自己孩子不爱在别人面前表现的性格而着急，替孩子将来的交往能力担忧。可光着急没有用，作为父母，必须试着改变这一切，让孩子变得落落大方，并帮孩子养成积极发言、大胆说话的习惯。

1. 培养孩子的口语表达能力

父母可以利用有趣的故事激发孩子的学习兴趣，每天抽时间给孩子讲故事。讲故事时，孩子提出疑问，要对孩子不懂就问的好习惯及时进行表扬。

有意识地培养孩子写日记的习惯。父母可以先启发孩子回顾当天或前一天的生活，选取自己感受最深的一件事，说一句或几句话，想怎么说就怎么说，表达自己的喜怒哀乐。由孩子说，父母执笔记录。在孩子说的过程中，父母随机进行点拨引导，纠正错误，丰富孩子的词汇。积累的词汇多了，孩子说话时语言也就变得丰富起来了。

2. 主动创造锻炼孩子的机会

有一年中秋节，龙龙和妈妈是在外婆家度过的。一大家子人团聚在一起，甚是热闹。晚饭后，妈妈提议搞个“中秋家庭文艺演出”，得到了大家的赞同。

“谁来当主持人呢？”妈妈说。

“我！”龙龙的表姐大声地喊着。龙龙看看表姐又看看大家，没作声。他的神情充满了期待但勇气却不怎么足。

妈妈觉得这么好的机会可不能让龙龙错过了。妈妈知道龙龙很崇拜少儿节目主持人董浩，便故意说：“嗯，姐姐挺像著名节目主持人鞠萍姐姐的。谁愿意做她的老搭档董浩叔叔呢？”

“我！”一提董浩龙龙就来劲了。

于是，姐弟俩开始了他们的节目主持“工作”。

“首先请弟弟乐乐为我们讲一个故事。”龙龙神气地说。

小弟弟大大方方地用稚嫩的嗓音给大家讲了《三只小猪》的故事。大家都拍手鼓掌。

“下面请姐姐为我们表演舞蹈。”龙龙继续了他的主持。

“现在请龙龙为大家唱歌。”在大家的提议下，龙龙又做起了演员。

于是，孩子的外公拉二胡，舅舅唱《老鼠爱大米》，三个孩子也跟着唱：“我爱你，爱着你，就像老鼠爱大米……”屋子里充满了欢声笑语。

从这以后，龙龙的胆子大了不少，当着众人面说话也大方多了。

腼腆的孩子，在人多的时候总不愿意开口说话。如果是这样，父母就要主动为孩子创造锻炼机会。

3. 给孩子以奖励

茜茜很喜欢看书，五岁时就能独自看儿童读物了。幼儿园的老师都反映她十分聪明，什么东西一学就会。可是，茜茜不够大方，不敢主动表现。比如老师让她上台领操，她摇头不肯，而这是很多小朋友都争着做的事。再如她的故事讲得很好，妈妈让她给姥姥姥爷讲个故事，她也不干，即使讲了，也是有头无尾，还不停地做鬼脸。

专家表示，每个孩子都有自己的优缺点，对于孩子的缺点，父母不要老挂在嘴上，这样无意中会强化孩子的缺点。父母可以很轻松的语气对孩子说，如果他能够表现得非常大方，例如领操、很完整地给别人讲故事等，一次可以得到一枚他喜欢的贴纸；如果不能按要求去做，就要扣掉一枚贴纸，并且不能为贴纸讨价还价，否则也要扣掉一枚贴纸。等孩子有了一定数量的贴纸后，就可以带他去游乐场或开展其他喜欢的活动。等他的大方行为巩固以后，可以撤销贴纸，辅以口头表扬，直到他的大方行为变得自动化。

4. 抓住生活中锻炼孩子的机会

有些孩子在家里能说会道，可是到了外面，见了生人就不敢说话了。

为了培养孩子的交往能力，父母每天应尽量抽空带孩子走向社会，走向群体，让孩子在与小朋友玩儿的过程中克服胆怯的心理。因为玩儿是孩子的天性，他们会在玩儿中不知不觉交往起来，同时，孩子会因为玩儿得开心而喜欢上与人交往。

父母一定要相信孩子的能力，给孩子一定的任务，让他们做自己能做的事情。如，特意创设机会，让孩子向邻居或周围的人借东西、送物品。在与邻居、生人来来往往的过程中，孩子表现自我的锻炼机会多了，语言表达也会逐渐完整，交往的态度也将不断自然、大方。

父母还可以有意识地带孩子逛商场、购物，让孩子自己挑选要买的东西。有位妈妈很聪明，她会故意装作找不到要买的东西，让儿子去问营业员，因为是儿子想买的东西，所以儿子很乐意去问。刚开始时，儿子总要妈妈教他怎么说。妈妈也总是耐心地教他，并及时鼓励他。到后来，儿子就会很大方地去向营业员请教了。如果买的东西少，这位妈妈还会给儿子钱，让他自己进去购买。这不仅培养了孩子的社交能力，而且培养了其生活自理能力，可谓一举两得。

为了使孩子在学校里也能表现得出色，父母应和孩子的老师多沟通，向老师反映孩子的性格特点，以及点滴变化。在学校老师的关心、帮助下，孩子在课堂上就会积极大方地发言、表演。

5. 积极给孩子创设“做客”的氛围

父母应多利用时间，把孩子带到朋友家做客。在做客之前，父母要让孩子明确去谁家，对方家里有什么人等情况，让孩子有个心理准备，并以一定的语言来消除孩子的怕生心理，激发孩子想去做客的欲望，如：“我们今天要去的阿姨家里，有个姐姐，她有很多的玩具，姐姐和阿姨都知道宝宝很能干，而且有礼貌，都特别想和你玩儿。”从而提高孩子与外人交往的信心。另外，经常将客人请进家里，让孩子体会小主人的自豪感。父母请来的客人，可从孩子熟悉的孩子到没接触过的陌生人逐渐变化，逐渐扩大孩子交往的范围、交流的对象。在鼓励孩子接待客人的过程中，父母不要急于求成，要给孩子一个锻炼、提高的机会，让孩子循序渐进。

比如，让孩子向客人问好说再见，与客人一起分享自己的玩具，分享自己的作品，进而让孩子给客人端茶、送水、拿椅子，再鼓励孩子与客人交流、给客人表演节目，等等。

同时，在来往做客的基础上，父母要学会及时表扬、鼓励孩子。在孩子与生人接触的过程中，父母要关注孩子的表现，并对孩子每一个进步行为给予及时的肯定、表扬。

如，运用亲切的语言表扬：“你今天的表现真棒！你会和叔叔阿姨问好说再见，叔叔阿姨都夸你真棒。爸爸妈妈也真为你高兴。”有时，甚至可以给予适当的贴纸、图书、食物及小玩具作为奖励，让孩子体会到进步的快乐。

总之，只要父母能积极地给孩子创设锻炼机会，用心培养，并持之以恒，相信孩子进步带给你的惊喜将代替你原有的抱怨。

微笑是给孩子最好的礼物

微笑是世界上最灿烂的表情，是世界上最美的言语。微笑是人类最美好的交流方式，人们通过微笑传达爱和善意。没有什么能比一个微笑更打动人了。

微笑是成功者的自信，是失败者的刚强；微笑是人际关系的黏合剂，也是化敌为友的一剂良方；微笑是对他人的尊敬，也是对爱心和诚恳的一种礼赞。

小惠现在读高二，她很聪明，从小学到初中学习成绩都很好。可是升入高中后，学习成绩由原来班里的前五名逐渐降到第二十名。每次家长会回来，妈妈对她都是一顿数落和责骂，弄得母女关系紧张。

后来，妈妈参加了一次家长培训活动，认识到自己以前的家庭教育方法有严重的失误。根本的失误就是自己不理解孩子，没有站在孩子的角度考虑问题，强行把孩子塑造成自己期望的人，她觉得自己是一个十分失败的家长。

妈妈认识到，女儿学习成绩下降和身上存在的某些不足，确实是自己的原因造成的，她平时不知道关心理解小惠的需求，只知道催促女儿学习，整天数落、训斥，伤了小惠的自尊心，损伤了女儿学习的积极性和学习的兴趣，所以才导致女儿学习成绩下降。

妈妈想到，家长要想使孩子成为一个成功、健康、自在的人，首先要树立起家长的新形象，彻底改变自己以前溺爱加专制的粗暴教育方式。要用微笑面对孩子，要和蔼、平等、理解、尊重，要站在孩子的角度考虑问题。试想，如果自己的长辈整天一脸严肃地对待自己，不是催促就是数落，自己还有做事的积极性和兴趣吗?

想想自己平时对待他人，还可以心平气和，面带微笑。那为什么不能面带微笑地去对待女儿呢?

妈妈这样做了一个星期以后，小惠对妈妈说："我觉得现在很有自信心了，感觉特别的放松。"

快要期末考试了，妈妈没像以前一样要求小惠各科平均成绩必须达到85分、班里排在前10名以内。这次妈妈对小惠说："你不要有什么压力，要放松，不要考虑结果如何，你只要尽力了，考多少分我都不会怪你。"

第一科考完小惠说没有考好，妈妈也没有责备她，反而鼓励她后面还有很多门课程，一定会考好的。最终这次小惠的总成绩由原来的第20名提高到12名。

通过这次考试，小惠的自信心更强了。每天放学回家后，她都主动地做作业，复习功课。边写作业还边哼哼歌，表明她的心情很好。

妈妈再也不催促她了，让她自己管理好自己的生活和学习，还主动地问小惠学校的事情、同学怎么样、老师如何。

由于妈妈对小惠的态度明显改变了，母女之间的关系也好转了。小惠也学会关心父母，主动盛饭，收拾碗筷，有好吃的先让父母尝。

小惠还学会了帮助别人。有一次她去邮局订学习辅导材料，正遇上一个老太太寄包裹，把邮单填错了，她发现了，主动告诉老人并帮助改正过来。这是她第一次在陌生的场合主动帮助别人。

妈妈也发现自己以前性格内向，除去自己分内的事，其他什么事都不关心，通过学习，妈妈的性格也比以前开朗多了，和周边人的关系也融洽多了。

有时候面对调皮不听话或者让父母不满的孩子，父母很恼火，于是在教育孩子上就容易出现偏差，动辄打骂，这样容易给孩子心里留下阴影。

其实，父母的微笑教育是给孩子最好的礼物。父母可以通过语言、表情等方式与孩子进行平等的沟通，对培养孩子的健康心理至关重要。

当家长们理解了微笑的重要性后，还必须认真学习微笑，正确利用微笑，用微笑来培育孩子，教孩子学会微笑，以此来培育孩子健康的生理和健全的品德。

1. 对孩子多报以微笑

孩子们应该会微笑。他们心地单纯，就像晶莹剔透的美玉。孩子们喜欢笑，也期望四周的人们给他们以微笑。在他们的世界里，微笑就是阳光和雨露，是生活中不可或缺的养分。

微笑可以消弭亲子间的争执、冲突、气愤等不良的感情，拉近父母和孩子之间的距离，使亲子关系更和谐，使孩子更喜欢你。

当你面对不小心做错事的孩子时，如果你面带微笑地跟孩子说："宝贝，妈妈知道你想做好，但这次的事的确是你做错了。我们吸取这件事的教训，下次就不会再发生了。"你的孩子可以从你的微笑中感到你的热诚和激励，其结果比单纯说教要好很多。

所以，无论我们内心有多少的困苦，都要向孩子展开你热诚的笑颜。从父母的脸上，他看到的是激励、支撑和热忱。

2. 教孩子用微笑面对困境

百货店里，有个贫苦的妈妈带着一个4岁的男孩在闲逛，他们买不起什么东西。

他们走到一架快速照相机旁，正好一个公司在做活动，免费给孩子照相。

男孩拉着妈妈的手说："妈妈，让我照一张相吧。"妈妈弯下腰，把孩子额前的头发拢在一边，很慈爱地说："不要照了，你的衣服太旧了。"孩子沉默了一下，抬起头来跟妈妈说："但是，妈妈，我依然会面带微笑的。"

相信每一个读过这个故事的人，都会被这个乐观的小男孩所打动。

人生难免遭遇困难和波折，但我们必须保持微笑。我们不必诉说生命中太多的挫折，只要教会孩子用微笑面对困境，用微笑寻觅一个坚韧的支点，我们的孩子也能像故事中的小男孩那样，即使身处困境，也能安然并从容地微笑。

3. 让孩子学会对陌生人微笑

在生活中，我们时时都会面对陌生人，对陌生人微笑是最动人、最热诚的问候。当我们对陌生人微笑的时候，不但把温暖给了他人，也将快乐留给了自己。

现代人生活节奏快，生存压力大，人们常常忘记了微笑。都市里人们的冷漠只能给自己带来更多的孤单和孤傲，因此我们要教会孩子对陌生人微笑，让每个人都感受到我们的热诚和善意。

就像小惠妈妈说的：“微笑确实是一个好方法，当你用微笑面对孩子的时候，确实是给了孩子最大的善意、最好的风景。在好的风景中，孩子自然会健康成长。”

别让孩子吝惜他们的微笑。如果孩子不会微笑，那么你只需要告诉孩子，只要他发自内心地扬起嘴角，这便是微笑。

未来的道路需要孩子自己开拓

孩子就好比父母精心制作的一个风筝，非常精美，令人爱不释手。但无论怎样精美的风筝，它终究是要飞起来，去实现它自己的理想。因为“风筝”的真正意义就是翱翔蓝天。

如果你怕把它放出以后经受不了狂风的肆虐，把它收藏起来，你自己去替它远征高空，风筝也就失去了它本身的意义。

每个家长都期望孩子能够上一所好学校，将来可以取得更大的成功。但孩子的路最终要他们自己走，家长无法替他们做出选择，只能用自己的经验去帮助孩子规划人生，实现他的梦想。

所有的父母从孩子出生后，就应树立这样的观念：孩子是一个独立的个体，他必须独立面对世界，独立走自己的人生道路。因此，独立性应从小就开始培养，那么应该怎么做呢？

1. 要让孩子具备独立面对困难的勇气

当孩子开始接触生活时，父母要注意独立性的培养，最重要的是灌输命运要靠自己来开拓的思想，让孩子独立面对世界时，树立一切都要自己去奋斗去努力才能得到的观念，摆脱“饭来张口，衣来伸手”的坏习惯和消极等待的心理。

一分耕耘就有一分收获，时机再好，如果没有自己主观的努力，也只会坐失良机，因为机会只会光顾有准备的人。

2. 给孩子创造能独立自主的环境

孩子在认识世界、接触社会、了解人生的过程中，免不了要犯这样那样的错误，有些错误在大人看来是很可笑的，有的家长就喋喋不休地说个不停，搞得孩子左右为难、无所适从。

家长们一味以大人的标准来要求孩子，只能造成孩子畏首畏尾或不敢独立面对世界，最终与家长的意愿背道而驰。

因此，我们应以宽容大度的心，去容纳孩子的幼稚，再加以适当的指导，使孩子在一个宽松和谐的环境，带着勇敢坚定的心，以及坚强有力的后盾，去完成他独立面对世界的历程。

3. 要学会赞美孩子

在培养孩子独立性时，称赞非常重要，任何人都有值得骄傲的地方，如果被人肯定就会感到信心十足。当孩子开始独立面对世界时，免不了会惊慌、不知所措，自信心动摇，家长如能及时对他的行为表示赞许，便能坚定他的信心，使他能毫不犹豫地走下去。

孩子和成人一样，甚至更加需要鼓励和称赞，在成功和顺利的时候，他需要称赞，这能让他更坚定地走自己的路；在处于失败和逆境时，他更需要称赞和鼓励，这样他才能克服气馁和消极情绪，走出低谷。因此，父母的鼓励与称赞是孩子们独立走向成功的添加剂。

许多家长往往忽略了称赞的作用，对孩子总是指责、不满、唠叨，以为这便是严格要求，却得到相反的效果，引起孩子反叛。

每个人都有他的长处和短处，家长们必须了解孩子的性格特征和优缺点，再加以正当的褒贬，特别是适当的鼓励、称赞，能使孩子信心百倍，独立勇敢地面对人生。

4. 要给孩子发挥独立自主精神的机会

激流的水可以使石头动起来，是因为水势的原因，水势只要善加利用与引导，就能产生惊人的效果。同样，人亦如此，适当的鼓励和刺激能让孩子心中的“势”更加强烈，以使他能独立完成任务。

小刚才上一年级，老师让每个小朋友带一张全家福照片来，别的小朋友都带了，就小刚没有带来，因为小刚的照片让爸爸拿去乡下给奶奶看了。

小刚怕老师会责备他，想让妈妈跟老师说说，妈妈让小刚自己去跟老师说。小刚在经过妈妈的鼓励和引导后，有点不情愿地找到老师并把情况告诉了老师。老师听后，笑眯眯地说："没关系，等你有时间去奶奶家拿回来，记得一定要带来给小朋友看，好吗？"

小刚看老师没有批评自己，很高兴地回来告诉了妈妈。

一般情况下，当孩子需要帮助时，母亲的第一冲动就是想帮助孩子。但是小刚的妈妈却没有，她给孩子提供一个独立解决问题的机会。小刚朝独立自主精神迈出了坚实的一步，妈妈也对此感到由衷的满足。

无论如何，在有机会发挥孩子独立自主精神时，请家长放开你们的手，让孩子自己往前走。

5. 要让孩子充满自信地成长

要培养孩子的独立能力，就要舍得把孩子放于"险地"，让他们有危机感，孩子才能走出一条属于他自己的成功之道。但很多父母往往对孩子缺乏信心，常常以保护者自居，使孩子丧失独立的机会。

"妈妈，我想去楼下踢足球，好吗？""不行，车太多了。"

"妈妈，我想去买果汁喝。""不行，我不能让你单独去商店。"

妈妈害怕失去孩子，总想保护他们免遭危险，妈妈的这种愿望是自然而正常的，但这样不利于孩子成长。

妈妈把孩子藏起来，让孩子免遭各种可能发生的危险，这样会使孩子丧失面对困难的勇气和能力，会使他们成为一个软弱无能、束手无策的人。家长的这种错误行为，往往潜藏着对孩子个性形成的极其严重的危险，会对孩子一生产生负面的长远影响。父母应该放手让孩子面对困境独立去解决，开创出一个新的局面。

某些父母把孩子培养成软弱无能、依附于人的人却振振有辞，美其名曰“关心孩子的幸福”，这种过分看管的原因之一就是他们对自己解决个人问题的能力缺乏信心或信心不足，因此就更加不相信小孩子能自己照顾自己了。

一个人心理健康的标准是良好的智力、性格和适应力的完美结合。孩子的未来需要自己去开拓，家长可以帮孩子学会分享和合作，懂得欣赏别人的优点和长处，学会避免和解决冲突，学会做人，从而更好地融入社会，最终实现自己的梦想。

家长不可能也不应该把自己的孩子放置于真空之中，使他们与生活隔绝，家长的责任是把孩子培养成勇敢和有力的人，使他们能勇敢直面人生。

家长们，为了孩子将来能有一个健康而美满的人生，为了孩子将来能勇敢面对种种困难挫折，请放开你们的手，让孩子自己学会走路、学会交往、学会做人、学会生活。

缺乏伙伴的童年，会对孩子的健康成长产生不良影响

有一个两三岁的孩子，家住在楼上，他经常要求下楼去跟小哥哥们玩。每当妈妈让他下楼玩时，他就像飞出笼子的小鸟一样，高兴极了。

楼下的孩子们都比他大，他这个“小不点儿”来到楼下，那些小朋友都顾不上理会他。为了引起小朋友的注意，有天他把从家里拿来的玩具放在显眼的地方，但当他发现这样做也未能引起别人的注意时，便将玩具摔一下，发出响声来引起别人注意。

当他独自一个人游戏的时候也常会假想有伙伴与他同玩，他一面动作，一面口中念念有词，有问有答，玩得十分投入。

从这些举动中便可看出幼儿是多么渴望与伙伴交往和玩耍。

国内一项针对孩子的生活现状的调查显示，所有孩子几乎都希望有伙伴和自己一起玩耍。但有半数的孩子缺乏玩伴，这种缺乏同伴的“伙伴危机”，会对孩子的成长产生不良影响。

孩子缺乏伙伴，原因很多，其中独生子女家庭、居住环境、升学压力和家长的过多干预是众多原因中最重要的四个因素。

很多城镇家庭都是独生子女家庭，孩子没有兄弟姐妹，又多居住在相对封闭的单元房里，这种环境使得许多孩子缺乏与人交往的机会，造成交往能力低下，这个问题必须引起家长的足够重视。

因为孩子社会化的成长主要是在与小伙伴交往中发展起来的，他们通过彼此的交往认识自己、了解他人；他们跟小伙伴相互交流知识、经验与技能；他们在交往中体验各种欢乐与苦恼，培养起诸如同情、分享、合作、友爱等良好的社会情感和行为。总之，培养孩子交往能力关系到孩子的身心健康与生活的幸福，并将影响孩子成年后人际关系的好坏与事业的成败。这是幼儿社会性发展的重要内容，家长的陪伴是无法取代伙伴关系的。

在孩子的伙伴关系里，孩子们大体可以分为三类：一类是他喜欢大家，大家也喜欢他，善于跟小朋友交往，共同游戏；第二类是喜欢参与伙伴游戏，但大家不喜欢他，因为这类幼儿常出现不友好行为；第三类是极少数表现孤独的孩子，不喜欢跟其他孩子交往、共同游戏，总是一人独处。第一类孩子大多活泼开朗、善于交往，一般生活得非常愉快，而后两类孩子，尤其是第三类孩子，身心不是很愉快，就不可能健康发展。

因此，培养孩子与小伙伴交往的能力，是家长必须重视的一个重要问题。

很多妈妈认为培养儿童交往能力，改善其人际关系是学校的事，便忽视了家庭教育在这一方面的作为。国内外大量研究表明，学龄前期是儿童接受社会化的最佳时期，而这一阶段儿童在家庭中接受的早期生活经验，将深刻地影响其一生。学龄前的儿童最初是在与妈妈、家人接触中学习交往的，所以妈妈和家人要经常与孩子交谈、玩耍，在家庭这个群体中培养孩子交往的能力。

但孩子与家人之间的交往与和小伙伴的交往是不一样的，孩子的交往能力更需要在儿童小社会中培养，而伙伴交往对幼儿发展具有很大的必要性，是幼儿的一种心理需要。孩子从两三岁起就有了与小伙伴交往的愿望，此后，这种愿望不断增长，成为他们强烈的心理需要。因为幼儿最喜爱游戏，而小伙伴就是他们最理想的游戏伴侣，幼儿与小伙伴在游戏中交往可使其获得许多欢乐与满足。良好的同伴关系能使孩子具有安全感和归属感。这种归属感只能在群体中获得，它能减轻孩子由于孤独而出现的焦虑和恐惧。

孩子同伴的经验有利于自我概念和人格的发展。在孩子与他人的相互作用中，孩子才能根据自己与妈妈、老师、伙伴的交往经验确立他们的自我，从而促进人格的健康发展。而不良的同伴关系有可能导致孩子对将来学校生活的不适应。

另外，幼儿在与伙伴交往中往往更有利于促进其发展。孩子与家人交往不能代替与伙伴交往，因为成人与幼儿不是一种对称型关系，如成人绝不会与孩子争抢玩具、食品等，在很多问题上成人与幼儿不可能“一般见识”。而小伙伴在一起有着差不多的心理发展水平、兴趣、需要等，会遇到许许多多和成人在一起不可能遇到的矛盾，而处理这些伙伴间的矛盾，学习协调人际关系，正是孩子实现社会化不可少的课程。

作为教师和家长，应鼓励孩子和同伴玩耍，并有目的地加以引导，使孩子玩得健康，玩得快乐。

首先，要充分利用家庭周围的条件让孩子去找小玩伴。可以请别的小朋友来家玩，也可以让孩子去别的小朋友家玩，有条件的最好能让孩子和别的小朋友一起去院子里玩。同时，家长应该教给孩子一些基本的交往策略，比如诚实守信、乐于助人等，这些都是孩子交往中的必备品质。

其次，要经常带孩子到公园、儿童乐园、亲友家走走，让孩子有更多机会接触别的小朋友，并和他们一起玩一会儿。政府应从资金上支持社区，帮助社区专为儿童游戏开辟一些公共场所，并由专职社区人员保证孩子的安全。还可以组织一些鼓励社区儿童参与的公共活动，如球赛、游园活动等，为孩子们创造交往的平台。

再次，即使家里有条件照看孩子，也最好能在孩子1岁半以后送孩子上一个时期幼儿园，使他能有经常和别的小朋友在一起玩的机会。学校也应在儿童聚集的公共空间，尤其要多开展一些集体活动，增加孩子们在一起玩的机会，让孩子从中学会交往。在班级中，教师可以适当地加入合作学习的内容，培养孩子的团结协作意识。

总之，家长、学校和社会都要积极创造条件，帮助孩子特别是独生子女克服缺少小玩伴的缺陷，以利于儿童语言、个性等方面的健康发育和发展。

在团队活动中培养孩子的信心和领导能力

很多父母都希望自己的孩子将来具有领导力。除了个别人具备特殊的禀赋，大多数人的领导才能不是天生的，而是后天培养的。家长想让孩子有一个美好的未来，就不能只重视开发孩子的智能，而忽略了对孩子领导才能的培养。一个有领导才能的孩子，将来会更容易获得成功。

一群女孩子在山里野餐，结果天黑后迷了路，找不到出山的路，只能在潮湿与饥饿中度过恐怖的一夜。天亮之后，她们失声痛哭，充满绝望。一个女孩哭着说：“人们永远也找不到我们了。”另一个哭着说：“我们会死在这儿。”

十一岁的伊芙蕾·汤擦干眼泪坚定地说：“我不想死！我爸爸说过，只要沿着小溪走，小溪会流向大河，最终你一定会能看到一个小市镇，这样就能够找到回家的方向。我打算沿着小溪向下游走，如果你们愿意，可以跟我一起走。”

最终，在伊芙蕾·汤的带领下，所有女孩走出了森林，她们的欢呼声帮她们招来了前来营救他们的人员。

可以肯定的是，伊芙蕾·汤是个具有领导才能的孩子。

在孩子的群体中，孩子的领导地位和领导能力的体现跟成人世界有所不同，它不是由权力因素所决定的，是自然形成的。具有这种能力的孩子通常自信、有主见，而且他们的应变、交往、语言表达等能力也比其他孩子强，常常使同伴对其产生亲切感、信赖感和佩服感。

领导才能对孩子的现在和将来的其他发展，都有积极意义。孩子在他的伙伴群体里所表现出来的领导才能，比智力或成绩更能准确地预测他们的未来。

家长应该怎样做，才能帮助孩子锻炼他们的领导才能呢？

1. 培养孩子的自信心

有领导能力的孩子通常对自己充满信心，能够独立思考、独立行动。当面对挑战的时候，他们总是勇于参加，而且表现得跃跃欲试，不成功誓不罢休。而另外一些孩子却缺乏自信或者依赖性很强，很怕独立去完成任务。依赖性是孩子丧失自信的一个重要原因。所以，父母如果期望孩子具有领导才能，就要让孩子摆脱对父母的依赖，对孩子不应娇惯。即使孩子生病，对他关心之外，还应尽量让他去做自己的事情。

2. 培养孩子的沟通能力

领导者需要带领他人，因此更需要有优于常人的理解他人、与人沟通、协调矛盾，解决分歧的能力。唯有如此，他才能赢得别人的尊敬和服从。因此，父母要培养孩子的领导能力，就必须在以上方面对孩子加强教导。

3. 培养孩子的责任意识

孩子的责任感主要体现在他对自己、对周围的人和日常事物的态度方面，为培养孩子的责任意识，父母要让孩子学会对自己和对他人负责，对父母和学校所交予的任务要认真完成。

4. 培养孩子的知识能力

现代社会知识更新日新月异，想要成为领导者，就必须具有丰富的知识和把知识运用到实践中，解决实际问题的能力，所以，家长想让孩子具备领导能力，必须让孩子认真学习，积累知识，提高运用知识的能力。

5. 培养孩子的决策能力

很多孩子觉得，当小孩真不好，什么都得听大人的，长大就好了……关键在于很多父母总以为孩子小，总喜欢替他们安排一切，甚至孩子玩都不由自己决定，跟谁玩、怎么玩、玩什么都是父母决定。殊不知孩子拥有自己独特的世界，具有强烈的独立行动的愿望。父母如果希望提高孩子的领导才能，就必须信任孩子，尊重孩子的自我选择，并给予孩子必要的指导，促进孩子独立决策能力的发展。

6. 培养孩子的创新能力

孩子天性好奇，所以天然地潜藏着创新能力，而创新能力是一个领导者必不可少的素质之一。为了培养孩子的领导才能，家长应及时、科学地对孩子的创新能力进行开发和培养，呵护并鼓励孩子的好奇心和探索精神，这有助于培养孩子的创新能力，同时可以增强孩子的自信心。

7. 培养孩子的组织能力

作为领导者，需要组织大家合理分工，协调众人的力量去完成工作，必须具有知人善任、善于组织的能力。家长可以让孩子多参加各种群体活动，或者家长跟孩子一起玩，让孩子做领导者，给孩子创造锻炼的机会。

别让孩子输在诚信上

“儿子，这回考试你好好考，要是能考进前10名，妈妈给你买变形金刚模型。”

上个月初，家长赵女士对上二年级的儿子许诺。

月考成绩公布后，儿子考了第7名，于是高兴地要求妈妈带他去买变形金刚模型，但是赵女士却因为怕影响孩子学习而不同意买。

孩子听了之后很气愤，大吵大闹一番之后好几天都不和她说话，后来即使说话了，对母亲所说的话通常也是无动于衷。

美国著名心理学家大卫·艾尔金德认为，要想让孩子有教养，守道德，父母首先必须是一个品德高尚的人。俗话说，其身正，不令而行；其身不正，虽令不从。可见，家长的示范作用很关键，家长的承诺很随意，然后又不兑现，久而久之，家长在孩子心目中就没有了威信。所以，要想在孩子心中树立威信，就要对孩子做到言而有信，答应孩子的事情就一定要做到，而不能失信于孩子以后又摆出一副家长式的做派，认为这只是一件不值得一提的小事。要知道，在教育孩子的过程中，没有任何一件事是小事。

“记得有一次，妈妈对我说要是我期中考试能考进前5名，‘十一’放假时就带我去大连玩。我努力地去学习，期中考试考了第2名。可‘十一’到了，妈妈却说节假日出门人太多，不如在家看书。我想不通为什么大人说变就变呢？”

一位小学五年级女生把自己的不满发到了网上，引起了很多家长的议论，有位妈妈说：“教育孩子的过程，对我们大人也是一个无形的督促，有时为了打发孩子，也曾经有过想随便找一个借口蒙混的时候，可是儿子不依不饶地跟我说：‘你还是妈妈呢，竟然说话不算话。’说得我很汗颜。所以最好的办法就是能从自身做起，注意言传身教，不让孩子挑出毛病。这样教育起孩子来，不仅省去了不少口舌，而且还培养了孩子诚信的美德。”

所以，家长对孩子一定要言而有信，这是培养孩子诚信品格的基础。欺瞒哄骗，是起不到任何教育的效果的。

诚信是一个人最起码的品德，一个人只有做到诚信才能在社会上立足，才能取得别人的信任。所以，每个人都应该具有诚信的品质。孩子的诚信品质在很大程度上取决于妈妈的教育。

有些家长为了让孩子高兴或是诱导孩子做某件事，常常随便答应孩子的要求，轻易地许诺孩子某些条件，说完后又立刻忘记，这样会在无意中伤害孩子。这时，孩子受到这种不守信行为的暗示，就会跟着模仿。那么，孩子的诚信品质就很难培养了。

家庭教育中的诚信教育很重要，对孩子的一生都有影响，因此，妈妈在教育孩子的过程中，一定要遵守诚信的原则，这既是表达对孩子的尊重，也是妈妈责任感的体现。具体来说，妈妈在要求孩子诚实的同时，自己首先要做一个诚实、守信的人，对孩子言而有信。“人无信不立”，对孩子也是一样。所以，在平时生活中，妈妈一定要对孩子说话算数，也就是承诺给孩子的事情就必须把它办好，要把说话算数当成内心深处强烈的责任感。妈妈履行诺言，既能保护孩子的自尊心，也能维护作为妈妈在孩子心目中的威信，同时又教育孩子学会诚信。

因此，但凡答应孩子的事情，家长无论如何都一定要做到，不能百般推诿寻找借口，更不能在失信过后孩子怪罪时给孩子一通责骂，否则后果会很可怕。再有，家长一定不要给孩子开“空头支票”，没有可能实现的事情，就不要答应孩子，如果承诺之后又因为某种原因而导致承诺无法兑现的话，要及时向孩子说明原因，真诚地向孩子道歉求得孩子的原谅，并且和孩子讨论出一套代替方案或尽快弥补他。只有这样，家长才能取信于孩子，才能做好诚实守信的典范，才能起到好的教育作用。